FOLIO JUNIOR

Philip Pullman

SALLY LOCKHART
Le mystère de l'Étoile Polaire

Traduit de l'anglais par Jean Esch

FOLIO JUNIOR/**GALLIMARD** JEUNESSE

A mes parents

I

Un insondable mystère

Au printemps de l'année 1878, par une matinée ensoleillée, le bateau à vapeur *Ingrid Linde*, fierté de la Compagnie de navigation anglo-baltique, disparut en mer Baltique.

Il transportait de Hambourg à Riga des pièces de machines et un ou deux passagers. Le voyage s'était déroulé sans encombre jusqu'à présent ; vieux de deux ans seulement, le navire était bien entretenu et capable de tenir la mer.

Le lendemain de son appareillage, il fut aperçu par une goélette qui faisait route dans la direction opposée. Les deux bateaux échangèrent un signal. Une barque qui se trouvait dans la même zone aurait dû apercevoir l'*Ingrid Linde* deux heures plus tard, si celui-ci avait poursuivi sa course. Mais la petite embarcation ne croisa aucun navire.

Il disparut sans laisser la moindre trace, de manière si soudaine que les journalistes de l'époque flairèrent une histoire aussi savoureuse que celle de l'Atlantide, du *Mary Celeste* ou du Hollandais volant. Ayant appris que le président de la Compagnie anglo-baltique se trouvait à bord avec son épouse et leur fille, certains remplirent les colonnes de leurs journaux en racontant que c'était le premier voyage de la fillette ; pour d'autres journalistes, la malheureuse n'était pas une fillette, mais une jeune fille de dix-huit ans, atteinte d'une maladie mystérieuse. Une malédiction pesait sur le navire, jetée par un ancien marin ; le chargement se composait d'un dangereux mélange d'explosifs et d'alcool ; dans la cabine du capitaine se trouvait une idole venant du Congo, qu'il avait volée à une tribu africaine, ou bien il existait à cet endroit de la mer un tourbillon aussi monstrueux qu'imprévisible qui surgissait tout à coup et engloutissait les bateaux à l'intérieur d'une monstrueuse caverne au centre de la terre, etc.

Cette histoire eut un grand retentissement. De temps en temps, elle était ressuscitée par un écrivain spécialisé dans un ouvrage intitulé *Les Étranges Horreurs des profondeurs.*

Mais, privé de données concrètes qui puissent alimenter ses facultés d'interprétation, l'esprit journalistique, même le plus inventif, finit par se tarir ; or, il n'y avait rien à se mettre sous la dent dans cette affaire : seulement un navire qui avait disparu d'une seconde à l'autre, le soleil et la mer déserte.

Quelques mois plus tard, par une froide matinée, une vieille dame frappa à la porte d'un cabinet situé dans le quartier financier de Londres. Sur la porte était peinte l'inscription suivante : *S. Lockhart, conseil en finance.* Après quelques secondes, une voix féminine lança : « Entrez ! » et la vieille dame poussa la porte du cabinet.

S. Lockhart (le S signifiait Sally) se tenait debout derrière son bureau encombré. C'était une jeune femme d'environ vingt-deux ans, remarquablement belle, avec des cheveux blonds et des yeux noisette. La vieille femme fit un pas à l'intérieur de la pièce, puis s'arrêta, car devant la cheminée où brûlait un feu de charbon se dressait le plus gros chien qu'elle ait jamais vu : un mélange de limier, de danois (et sans doute de loup-garou) noir comme la nuit.

– Couché, Chaka, ordonna Sally Lockhart.

La grosse bête s'assit tranquillement sur son arrière-train. Même dans cette position, la tête du chien lui arrivait à la taille.

– Mademoiselle Walsh, c'est bien cela ? Comment allez-vous ?

La vieille dame serra la main que lui tendait Sally.

– Pas très bien, répondit-elle.

– Oh, je suis navrée, dit Sally. Je vous en prie, asseyez-vous.

Elle débarrassa quelques papiers qui s'entassaient sur une chaise et les deux femmes prirent place de chaque côté de la cheminée. Le gros chien se coucha et posa son museau sur ses pattes.

– Si je me souviens bien – je vais retrouver votre dossier dans une minute – je vous ai conseillé des investissements l'an dernier, dit Sally. Vous aviez trois cent mille livres à placer, n'est-ce pas ? Et je vous avais suggéré d'investir dans une compagnie maritime.

– Oui, hélas, dit Mlle Walsh. J'ai acheté des actions d'une compagnie nommée Anglo-baltique, sur votre recommandation.

Sally ouvrit de grands yeux. Mlle Walsh, qui avait enseigné la géographie à des centaines de jeunes filles avant de prendre sa retraite et qui était fort perspicace, connaissait bien cette expression : c'était celle d'une personne qui vient de comprendre qu'elle a commis une grosse erreur et qui est prête à en assumer les conséquences.

– L'*Ingrid Linde*, dit Sally. Oui, bien sûr... N'y a-t-il pas un autre bateau à vapeur qui a coulé ? Je me souviens d'avoir lu un article dans le *Times*... Oh, bon sang.

Elle se leva pour aller chercher un épais recueil de coupures de presse qui se trouvait sur l'étagère derrière elle. Pendant que Sally le feuilletait, Mlle Walsh, les mains croisées sur les genoux, regardait autour d'elle. La pièce était propre et bien rangée, même si les meubles et le tapis étaient usés. Un feu brûlait joyeusement dans la cheminée et juste à côté, une bouilloire sifflait ; les livres et les dossiers disposés sur les étagères, ainsi que la carte d'Europe fixée au mur, conféraient à l'endroit une atmosphère de sérieux et de professionnalisme.

Quant à Miss Lockhart, elle faisait grise mine. Elle coinça une mèche blonde derrière son oreille et se rassit, le classeur ouvert sur les genoux.

– La Compagnie anglo-baltique a fait faillite, dit-elle. Pourquoi suis-je passée à côté... Que leur est-il arrivé ?

– Vous avez parlé de l'*Ingrid Linde.* Un autre navire a disparu également, une goélette, pas un bateau à vapeur. Et un troisième bateau a été confisqué par les autorités russes à Saint-Pétersbourg ; j'ignore pour quelle raison, mais la compagnie a dû verser une très forte amende pour sa restitution... Plus une dizaine d'autres menues catastrophes. Quand vous m'avez conseillé d'investir dans cette compagnie, elle était prospère et j'étais ravie de suivre votre conseil. Un an plus tard, elle n'existe plus.

– Je vois qu'elle a changé de mains. Je l'apprends à l'instant. Je découpe souvent ce genre d'articles pour ma documentation, mais je n'ai pas toujours le temps de les lire. La compagnie n'était pas assurée contre la perte de ces bateaux ?

- Il y a eu des complications. La Lloyds a refusé de payer, mais les détails m'échappent. Une telle accumulation de malchance, en si peu de temps ! J'ai presque fini par croire à une malédiction. A un sort funeste.

Droite comme i dans le fauteuil élimé, la vieille femme contemplait le feu de charbon. Soudain, elle se tourna vers Sally.

– Évidemment, je sais bien que c'est grotesque, repritelle. Être frappé par la foudre aujourd'hui ne vous empêche pas d'être frappé à nouveau demain ; je connais la théorie des probabilités. Mais il n'est pas facile de garder la tête froide quand vous voyez votre argent se volatiliser sans comprendre pourquoi et sans rien pouvoir faire. Il ne me reste plus rien maintenant, à part une petite rente. Ces trois cent mille livres étaient un legs de mon frère, les économies de toute une vie.

Sally ouvrit la bouche, mais Mlle Walsh l'arrêta d'un geste et enchaîna :

– Comprenez bien, miss Lockhart, que je ne viens pas vous adresser des reproches. Si j'ai choisi de spéculer, je dois accepter le risque de perdre mon argent. Et, à l'époque, la Compagnie anglo-baltique semblait un excellent investissement. La première fois que je suis venue vous trouver, c'était sur les conseils de M. Temple, avocat à Lincoln's Inn, car je défends depuis toujours l'émancipation des femmes et rien ne me fait plus plaisir que de voir une jeune fille gagner sa vie de manière si audacieuse. Si je suis là aujourd'hui, c'est pour réclamer un conseil : existe-il un moyen de récupérer mon argent ? Car, voyez-vous, je crains qu'il s'agisse d'une escroquerie... et non pas de malchance.

Sally posa son classeur par terre et prit un carnet et un crayon.

– Dites-moi tout ce que vous savez sur cette compagnie, demanda-t-elle.

Mlle Walsh s'exécuta ; elle présenta les faits avec ordre et clarté. Il faut dire qu'ils n'étaient pas très nombreux. Vivant à Croydon, sans aucun lien avec le monde des affaires, elle était obligée de se fier à ce qu'elle pouvait glaner dans les journaux.

La Compagnie anglo-baltique avait été créée vingt ans auparavant, rappela-t-elle à Sally, pour tirer profit du commerce du bois. Elle avait connu un essor modeste, mais régulier, en transportant des fourrures et du fer en plus du bois, au départ des ports de la Baltique, et des machines-outils et autres produits industriels venant de Grande-Bretagne.

Deux ans plus tôt, elle avait été reprise (ou devait-on dire « rachetée » ? Mlle Walsh ne savait pas trop) par l'un des premiers actionnaires, à la suite d'une dispute. A partir de ce moment-là, la compagnie avait fait un énorme bond en avant, comme une locomotive dont on a enlevé les freins : elle commanda de nouveaux bateaux, trouva de nouveaux clients, établit une liaison avec l'Atlantique nord. Les bénéfices s'accrurent de manière remarquable durant la première année sous l'impulsion de la nouvelle direction ; c'était d'ailleurs ce qui avait incité Mlle Walsh, et des centaines d'autres, à investir dans cette compagnie.

Puis survint le premier des coups durs, apparemment sans lien entre eux, qui avaient conduit la compagnie à la faillite. Mlle Walsh connaissait tout dans les moindres détails et Sally fut impressionnée par la maîtrise dont faisait preuve la vieille dame : maîtrise des faits et d'elle-même, car il était évident qu'elle se trouvait désormais au bord de la misère.

Vers la fin du récit de Mlle Walsh, le nom d'Axel Bellmann fut prononcé ; Sally, aussitôt, dressa l'oreille.

– Bellmann, avez-vous dit ? Le fabricant d'allumettes ?

– J'ignore quelles sont ses autres activités, répondit Mlle Walsh. Il n'avait pas de liens très importants avec la compagnie ; je suis tombée sur son nom dans un article. Je crois que le chargement qui se trouvait à bord de l'*Ingrid Linde* lors du naufrage lui appartenait. Des sortes de machines, je crois. Pourquoi me demandez-vous cela ? Vous connaissez ce M. Bellmann ? Qui est-ce ?

– L'homme le plus riche d'Europe, dit Sally.

Mlle Walsh resta muette pendant un moment.

– Lucifer, finit-elle par dire. Les allumettes au phosphore.

– Exactement. Il a fait fortune dans le commerce des allumettes. Il y a eu une sorte de scandale dans le temps, mais ça ne me revient pas. J'ai entendu des rumeurs il y a un an, quand il s'est montré à Londres pour la première fois. Le gouvernement suédois a fait fermer ses usines à cause des conditions de travail dangereuses...

– Oui, des jeunes filles souffraient de nécroses de la mâchoire, confirma Mlle Walsh. J'ai lu aussi un article là-dessus, les pauvres. Il existe de sales façons de s'enrichir. Mon argent a servi à cela ?

– Autant que je sache, M. Bellmann s'est retiré du marché de l'allumette depuis un certain temps déjà. Et nous ne savons pas quels sont ses liens avec la Compagnie anglo-baltique, de toute façon. Je vous suis reconnaissante pour toutes ces informations, mademoiselle Walsh. Et vous ne pouvez pas savoir combien je suis navrée. Je vais récupérer cet argent et...

– Non, ne dites pas cela, la coupa Mlle Walsh avec le ton qu'elle devait employer face aux frivoles écolières qui s'imaginaient pouvoir réussir leurs examens sans réviser.

Je ne veux pas de promesses. Je veux des réponses. Je doute fort de retrouver un jour cet argent, mais j'ai très envie de savoir ce qu'il est devenu, et c'est ce que je vous demande de découvrir.

Elle avait un air si sévère que la plupart des jeunes filles auraient capitulé. Mais Sally était différente (c'était pour cette raison que Mlle Walsh s'était adressée à elle en premier lieu) et elle répliqua :

– Quand une personne vient me réclamer des conseils financiers, je trouve inacceptable de lui faire perdre tout son argent. Et quand ce genre de chose arrive, je ne veux pas qu'on me cherche des excuses. C'est un sale coup pour moi, mademoiselle Walsh, autant que pour vous. Certes, il s'agit de votre argent, mais il s'agit de mon nom, de ma réputation, de mon gagne-pain. Voilà pourquoi j'ai l'intention de fourrer mon nez dans les affaires de la Compagnie anglo-baltique pour savoir ce qui s'est passé. Et si c'est humainement possible, je récupérerai votre argent et je vous le rendrai. Et *je* doute fort que vous refusiez de le reprendre.

La vieille femme se cantonna dans un silence glacial, mais Sally demeura inflexible et l'obligea à baisser les yeux. Au bout de quelques instants, un scintillement chaleureux apparut dans le regard de Mlle Walsh. Elle joignit les extrémités de ses doigts et dit :

– Vous avez raison.

Elles échangèrent un sourire. Sally se leva pour ranger ses notes.

– Voulez-vous un peu de café ? proposa-t-elle. C'est assez primitif de le faire sur le feu, mais c'est très bon.

– Avec grand plaisir. Nous préparions toujours le café sur le feu quand j'étais étudiante. Cela fait des années et des années. Je peux vous aider ?

Moins de cinq minutes plus tard, Sally et Mlle Walsh bavardaient comme deux vieilles amies. Le chien s'était réveillé et elles durent le chasser de leurs jambes ; elles firent le café et se servirent, savourant cette complicité que seules peuvent éprouver les femmes qui ont dû lutter pour acquérir un savoir. Mlle Walsh avait enseigné au North London Collegiate College, sans jamais obtenir de diplôme ; tout comme Sally, bien que cette dernière ait étudié à Cambridge, passé et réussi les examens. L'université permettait aux femmes d'étudier, mais ne leur délivrait pas de diplômes.

Sally et Mlle Walsh étaient d'accord pour penser que ce jour viendrait… mais il était difficile de dire quand.

Finalement, Mlle Walsh se leva pour prendre congé ; Sally remarqua alors ses gants soigneusement reprisés, l'ourlet élimé de sa robe et ses vieilles chaussures qui brillaient mais auraient eu grand besoin d'un ressemelage. Elle n'avait pas seulement perdu de l'argent ; elle avait perdu la possibilité de vivre dans un confort modeste, sans se faire de souci, après une vie passée à aider les autres.

Malgré son âge et son angoisse, la vieille dame se tenait droite et digne, et la jeune fille se surprit à redresser les épaules. Elles échangèrent une poignée de main et Mlle Walsh se tourna vers le chien qui s'était levé en même temps que Sally, comme s'il attendait quelque chose.

– Quel animal extraordinaire. Je vous ai entendue l'appeler Chaka, c'est bien ça ?

– Chaka était un général zoulou, expliqua Sally. J'ai trouvé que ça lui allait bien. On me l'a offert. Pas vrai, mon gars ? Il est né dans un cirque, je crois.

Elle lui caressa affectueusement les oreilles et le gros chien se retourna pour lui lécher la main avec sa grande langue ; ses yeux noirs brillaient d'affection.

Mlle Walsh sourit.

– Je vous enverrai tous les documents en ma possession, dit-elle. Je vous suis extrêmement reconnaissante, miss Lockhart.

– Je n'ai encore rien fait, à part perdre votre argent. Et peut-être n'y a-t-il rien de louche derrière tout cela, comme c'est souvent le cas. Mais je verrai ce que je peux trouver.

Sally avait un passé inhabituel, même pour quelqu'un qui, comme elle, menait une vie hors du commun. Elle n'avait jamais connu sa mère et son père, un militaire, lui avait enseigné un grand nombre de choses dans le domaine des armes à feu et de la finance, et fort peu dans tout le reste. Il avait été assassiné quand elle avait seize ans et elle s'était retrouvée empêtrée dans un écheveau de dangers et de mystères. Son habileté à manier le pistolet l'avait sauvée, ainsi qu'un hasard bienveillant qui lui avait permis de rencontrer un jeune photographe nommé Frederick Garland.

Frederick dirigeait avec sa sœur le studio de photo de leur oncle mais, malgré tout son talent de photographe, il était incapable d'assumer l'aspect financier de l'entreprise. Résultat : le magasin était au bord de la faillite quand Sally était apparue, seule et en danger de mort. En échange de leur aide, elle avait pris en main la gestion de l'entreprise familiale ; sa maîtrise de la comptabilité et son sens des affaires les avaient sauvés de la ruine.

Le studio avait prospéré. Il employait maintenant une demi-douzaine d'assistants et Frederick pouvait se consacrer à sa véritable passion : jouer les détectives privés. Le jeune homme était aidé en cela par un autre ami de Sally, un garçon nommé Jim Taylor, qui avait été autrefois garçon de course dans la société du père de la jeune fille ; il raffolait des feuilletons à sensation et n'avait pas sa langue dans sa poche, surtout lorsqu'il s'agissait de lancer quelques jurons bien sentis. Au cours de leur première aventure, Frederick et Jim avaient combattu et tué le criminel le plus dangereux de Londres. Tous deux avaient failli mourir eux aussi, mais chacun savait désormais qu'il pouvait compter sur l'autre jusqu'à la mort.

Sally, Fred et Jim partageaient beaucoup de choses. Et Frederick aurait bien voulu partager davantage avec Sally. Il le lui avait avoué franchement : il était amoureux d'elle depuis leur première rencontre et voulait l'épouser. Les sentiments de Sally étaient plus complexes. Parfois, elle avait l'impression d'adorer Frederick, il n'existait personne d'aussi fascinant, brillant, courageux et drôle que lui ; mais à d'autres moments, elle était furieuse de le voir gâcher ainsi son talent en jouant avec des mécanismes, en se déguisant ou en rôdant dans Londres avec Jim. Bref, en se comportant comme un petit garçon qui ne sait pas comment s'occuper. En revanche, elle aimait profondément l'oncle de Fred, Webster Garland, officiellement son associé dans le studio de photo, un génie plein de douceur et de nonchalance, capable de créer une poésie extraordinaire à partir de la lumière, des ombres et des expressions humaines. Webster Garland et Chaka, elle les aimait, oui. Et elle adorait son travail.

Mais Fred... Jamais elle n'épouserait quelqu'un d'autre, mais elle ne deviendrait pas son épouse. En tout cas, tant que ne serait pas votée la loi concernant la propriété des femmes mariées.

Non qu'elle manquât de confiance en lui ; elle lui avait expliqué cent fois que c'était une question de principe.

Sally était une femme indépendante, associée dans une entreprise commerciale, elle avait de l'argent et des biens et, du jour au lendemain, tout ce qu'elle possédait appartiendrait (aux yeux de la loi) à son mari ! C'était intolérable. Frederick avait protesté en vain, proposant même de rédiger un document dans lequel il ferait serment de ne jamais toucher aux biens de Sally. Il l'avait suppliée, s'était mis en colère, avait jeté des objets contre le mur, puis avait fini par se moquer de lui-même et d'elle : rien à faire. Elle demeurait intraitable.

En fait, il existait depuis 1870 une loi concernant les biens des femmes mariées qui supprimait certaines injustices, mais pas les plus criantes. Frederick ne connaissait rien au droit et il ne savait pas que Sally pouvait conserver légalement ses biens sous certaines conditions. Mais comme elle doutait de ses propres sentiments, Sally s'en tenait au principe qu'elle avait affirmé, et elle redoutait l'adoption d'une nouvelle loi, car alors elle serait obligée de faire un choix.

Récemment, ce sujet avait provoqué un froid entre eux, et ils ne s'étaient pas vus ni adressé la parole depuis des semaines. Sally avait été surprise de découvrir combien Frederick lui manquait. Elle aurait tellement aimé lui raconter cette histoire de Compagnie anglo-baltique..

La jeune fille débarrassa les tasses à café, les faisant s'entrechoquer, car elle songeait avec humeur à la désinvolture de Frederick, à ses facéties et à ses cheveux couleur paille. Qu'il fasse le premier pas, se dit-elle : elle avait un travail sérieux qui l'attendait.

Elle s'installa à son bureau, posa devant elle le recueil de coupures de presse et entreprit de lire tout ce qui concernait Axel Bellmann.

2

Le Magicien du Nord

Jim Taylor, l'ami de Sally, passait une grande partie de son temps (quand il n'était pas occupé à cultiver ses relations parmi les criminels, à parier sur des chevaux de course ou à flirter avec des danseuses et des servantes d'auberge) à écrire des mélodrames. Il avait une passion pour le théâtre. La sœur de Frederick, Rosa (mariée maintenant à un très respectable pasteur), était actrice à l'époque où Jim et elle s'étaient rencontrés et elle avait attisé en lui ce penchant, déjà encouragé par la lecture fervente des magazines populaires où foisonnaient les récits d'aventures. Il avait déjà écrit plusieurs pièces à vous glacer le sang et, ne voulant pas gaspiller son génie avec des compagnies théâtrales de seconde zone, avait envoyé ses créations directement au Lyceum Theatre pour les soumettre au grand Henry Irving. Jusqu'à présent, il n'avait obtenu que des accusés de réception polis mais évasifs.

Jim passait ses soirées au music-hall, non pas dans le public, ce qui manquait par trop d'intérêt, mais dans les coulisses, au milieu des machinistes, des accessoiristes et des éclairagistes, sans parler des artistes et des danseuses. Il avait travaillé dans plusieurs théâtres, apprenant sur le tas divers petits métiers.

Le soir du jour où Mlle Walsh rendit visite à Sally, Jim exerçait ses multiples talents dans les coulisses du Britannia Music Hall de Pentonville. C'est ainsi qu'il tomba, lui aussi, sur un mystère.

Un des artistes à l'affiche, ce soir-là, était un prestidigitateur nommé Alistair Mackinnon, un jeune homme apparu depuis peu sur les scènes londoniennes et qui avait connu un succès fulgurant. L'une des fonctions de Jim consistait à aller prévenir les artistes dans leur loge quelques instants avant leur entrée en scène. Lorsqu'il frappa à la porte de la loge de Mackinnon en criant : « Rideau dans cinq minutes ! », il s'étonna de n'obtenir aucune réponse.

Il frappa de nouveau, plus fort cette fois. Toujours pas de réponse. Jim, qui savait qu'aucun artiste n'aurait raté un lever de rideau, du moins de son plein gré, ouvrit la porte de la loge.

Mackinnon s'y trouvait : face à son miroir, en smoking et maquillage blanc, ses yeux semblables à des pierres noires, il agrippait les bras de son fauteuil. A ses côtés se tenaient deux autres individus en tenue de soirée : un petit homme à l'air doux portant bésicles, et un costaud qui essayait de dissimuler derrière son dos une sorte de matraque en plomb. Mais il n'avait pas pensé au miroir.

– Rideau dans cinq minutes, monsieur Mackinnon, répéta Jim, dont le cerveau fonctionnait à toute allure. J'ai cru que vous n'aviez pas entendu.

– Très bien, répondit le magicien. Laisse-nous, s'il te plaît.

Jim hocha la tête, jeta un regard indifférent aux deux autres personnages et sortit.

« Et maintenant, qu'est-ce que je fais ? » se dit-il.

Dans les coulisses, plusieurs machinistes attendaient la fin du numéro qui se déroulait sur la scène pour changer le décor. Au-dessus d'eux, dans les cintres, les éclairagistes guettaient le moment d'intervenir ; leur travail consistait à changer les gélatines colorées devant les puissantes lampes à gaz et à régler l'intensité de l'éclairage en fonction du niveau de lumière souhaité. Certains artistes attendaient eux aussi, impatients d'assister au numéro du phénoménal Mackinnon. Jim se fraya un passage dans la pénombre des coulisses pendant que, sur scène, la soprano attaquait le dernier refrain de sa chanson, et il se posta à côté d'une grande roue en fer installée près du rideau.

Il demeura là, tendu, une lueur inquiète dans ses yeux verts. Ses doigts pianotaient nerveusement sur la roue.

Soudain, un murmure s'éleva près de lui.

– Jim, chuchota Mackinnon, peux-tu m'aider ?

Le garçon se retourna : dans l'obscurité, les yeux sombres du magicien étaient la seule chose visible dans la tache floue de son visage pâle.

– Ces hommes... reprit Mackinnon en montrant du doigt une loge dans laquelle deux personnes étaient en train de prendre place, ils veulent me tuer. Pour l'amour du ciel, aide-moi à fuir dès que le rideau sera retombé. Je ne sais pas quoi faire...

– Chut ! fit Jim. Restez caché, ils regardent par ici.

La chanson était terminée ; la flûte de l'orchestre lança un dernier trille et le public se mit à applaudir et à siffler. Les mains de Jim se refermèrent sur la roue.

– Entendu, dit-il. Je vous ferai sortir. Faites bien attention...

Il commença à tourner la grande roue et le rideau s'abaissa.

– On partira de ce côté-ci, dit-il en forçant sa voix pour dominer le bruit des applaudissements et le grondement des poulies. Vous voulez récupérer quelque chose dans votre loge ?

Mackinnon fit « non » de la tête.

A l'instant où le rideau atteignit les planches, la scène fut inondée d'une lumière blanche ; on roula la toile peinte représentant un salon à la mode, et les hommes qui se trouvaient dans les coulisses s'activèrent, dépliant un grand écran de velours, installant sur la scène une table qui paraissait étonnamment lourde pour ses dimensions et déroulant un grand tapis turc. Jim se précipita pour arranger le bord du tapis et tenir l'écran de velours pendant que quelqu'un réglait le contrepoids de l'autre côté. Le tout n'avait pas pris plus de quinze secondes.

Le régisseur fit un signe aux éclairagistes qui glissèrent de nouvelles plaques de gélatine dans les cadres métalliques, tout en diminuant la pression des jets de gaz ; une mystérieuse lumière rose se répandit derrière le rideau. Mackinnon prit sa place dans les coulisses et Jim la sienne près de la roue, tandis que, sur scène, le présentateur achevait son introduction et que, dans la fosse, le chef d'orchestre levait sa baguette.

Une salve d'applaudissements retentit dans la salle : Mackinnon faisait son entrée. Le public se tut dès qu'il commença son numéro.

Jim le regarda quelques instants, émerveillé comme toujours par la puissance que ce personnage frêle et maladif dégageait une fois sur scène. Sa voix, ses yeux, ses mouvements incarnaient l'autorité et le mystère ; il était facile de croire qu'il commandait à une multitude d'esprits invisibles, et que les tours, les transformations qu'il exécutait étaient l'œuvre de démons... Jim l'avait vu faire son numéro une bonne douzaine de fois et il était toujours aussi impressionné. S'arrachant à contrecœur à ce spectacle, il se glissa sous la scène. Il se faufila parmi les poutres, les cordes et toutes sortes de tuyaux, sans un bruit, et il émergea de l'autre côté au moment où se déchaînait un tonnerre d'applaudissements.

Il s'épousseta et franchit une petite porte qui donnait dans la salle puis une autre qui permettait d'accéder à un escalier. Arrivé en haut des marches, il recula prestement dans l'ombre. Devant la porte de la loge où attendaient les poursuivants de Mackinnon, un troisième homme, un balèze à la mine patibulaire, montait la garde.

Après avoir réfléchi un instant, Jim s'avança dans le couloir éclairé par des lampes à gaz et fit signe à l'homme. Perplexe, le gorille inclina la tête sur le côté.

– On a appris que Mackinnon avait fait venir des amis à la rescousse. Ils vont essayer de le faire sortir par-devant, murmura le garçon. D'une minute à l'autre, il va exécuter son numéro de disparition et il va descendre sous la scène pour ressortir au fond de la salle, derrière le public, et ensuite, ses copains vont s'emparer de lui pour le faire monter dans un fiacre. Vous n'avez qu'à aller l'attendre au foyer, pendant que je vais vite prévenir le patron.

C'était merveilleux, tout ce qu'on pouvait faire avec un peu de culot, se dit Jim, tandis que l'homme s'éloignait d'un pas lourd. Jim se retourna vers la porte. Son plan était risqué : quelqu'un pouvait surgir à tout moment. Il sortit de sa poche un petit paquet de fil de fer, s'accroupit devant la serrure et tortilla le fil à l'intérieur jusqu'à ce qu'il sente quelque chose bouger ; il le ressortit alors pour le tordre de manière plus adaptée, l'introduisit de nouveau dans la serrure et, alors que montaient de nouveaux applaudissements, il verrouilla la porte de la loge.

Il se releva juste à temps, car le régisseur du foyer venait d'apparaître dans le couloir.

– Qu'est-ce que tu fiches ici, Taylor ?

– J'avais un message pour les messieurs de la loge, expliqua Jim. C'est fait, je retourne dans les coulisses.

– Ce n'est pas ton travail de porter les messages.

– C'est M. Mackinnon qui me l'a demandé.

Sur ces mots, Jim tourna les talons et s'en alla. Il redescendit l'escalier et franchit la porte des coulisses. Où en était Mackinnon dans son numéro ? Encore cinq minutes, estima Jim. C'était le moment d'aller jeter un coup d'œil dehors.

Ignorant les jurons et les cris qui lui ordonnaient de faire attention, bon Dieu, où il mettait les pieds, il se fraya un chemin au milieu de la cohue des machinistes jusqu'à l'entrée des artistes. Elle donnait sur une ruelle derrière le théâtre ; le mur d'en face était l'arrière d'un entrepôt de meubles, et il n'y avait qu'une seule sortie.

Deux hommes étaient adossés contre le mur. En entendant la porte s'ouvrir, ils levèrent la tête.

– Salut ! leur lança Jim d'un air affable. Fait sacrément chaud là-dedans. Vous attendez Miss Hopkirk, messieurs ?

Miss Hopkirk était la soprano. Très souvent, des admirateurs l'attendaient devant l'entrée des artistes avec des fleurs ou des demandes en mariage, ou les deux.

– Qu'est-ce que ça peut te faire ? rétorqua l'un des deux hommes.

– Je dis ça pour rendre service.

– Le spectacle est bientôt terminé ? demanda l'autre.

– D'une minute à l'autre. D'ailleurs, je ferais bien d'y retourner. B'soir ! dit Jim.

Et il rentra.

Il se frotta le menton pour stimuler sa réflexion : si la sortie de derrière était bloquée et celle de devant bien gardée, il ne restait qu'une seule issue. C'était risqué, mais ça pourrait être amusant. Il traversa les coulisses en courant jusqu'à ce qu'il tombe sur quatre ouvriers assis dans un petit cercle de lumière, en train de jouer aux cartes sur une caisse à thé renversée.

– Salut, Harold ! dit-il. Ça t'ennuierait de me prêter ton escabeau ?

– Pourquoi faire ? répondit l'homme sans lever les yeux de son jeu.

– Pour aller ramasser des œufs dans les nids.

– Hein ? (Cette fois, l'ouvrier leva la tête.) N'oublie pas de me le rapporter surtout.

– Euh, c'est ça le problème... Dis-moi, combien tu as gagné grâce au tuyau que je t'ai filé la semaine dernière ?

L'homme posa ses cartes et se leva en marmonnant.

– Où tu veux aller avec mon escabeau ? J'en ai besoin dans dix minutes, dès que le spectacle sera terminé.

– Dans les cintres, répondit Jim en entraînant à l'écart le dénommé Harold pour lui expliquer ce qu'il attendait de lui.

Il jeta un coup d'œil par-dessus l'épaule de l'ouvrier : le numéro de Mackinnon touchait à sa fin. Harold se gratta la tête, puis il balança son escabeau sur son épaule et grimpa dans l'obscurité des cintres, tandis que Jim s'empressait, juste à temps, de regagner son poste.

Un dernier accord de l'orchestre, un nouveau tonnerre d'applaudissements, un salut de l'artiste et le rideau tomba. Abandonnant sur scène le fouillis d'objets qu'il avait fait apparaître – un sphinx, un bocal de poissons rouges et des dizaines de bouquets de fleurs –, Mackinnon se précipita dans les coulisses où Jim le saisit par le bras pour le pousser vers l'échelle.

– Grimpez ! Allez-y ! Il y a des types derrière et devant, mais par ici, la voie est libre. Dépêchez-vous !

Mackinnon s'était, encore une fois, métamorphosé : dans la pénombre des coulisses, il paraissait à nouveau frêle, étrange et maladif.

– Je ne peux pas, murmura-t-il.

– Quoi donc ?

– Je ne peux pas monter là-haut. J'ai le vertige...

Il regarda autour de lui en tremblant. Jim, impatienté, lui donna une bourrade.

– Montez et arrêtez de faire des histoires, pour l'amour du ciel ! Y a des gars qui montent et qui descendent par ici des centaines de fois par jour. Vous préférez sortir par-derrière et tenter votre chance avec les deux coupe-jarrets que j'ai aperçus dehors ?

Mackinnon secoua faiblement la tête et se mit à gravir l'échelle. Jim tira sur le rideau de scène latéral ; il ne voulait pas qu'un machiniste soit témoin de la fuite de Mackinnon. Il grimpa à la suite du magicien ; ils ne tardèrent pas à prendre pied sur une étroite plate-forme munie d'un garde-fou, qui courait sur toute la longueur de la scène et sur laquelle des éclairagistes étaient occupés à éteindre leurs lampes et à récupérer les plaques de gélatine. L'odeur du métal brûlant, mêlée aux relents de transpiration et à l'apprêt des toiles de fond, était âpre et piquante, presque suffocante.

Mais les deux fugitifs ne s'attardèrent pas. Une autre petite échelle conduisait à une autre passerelle en fer, à laquelle étaient suspendues des poulies et des cordes. Sous leurs pieds, ils apercevaient la scène, où les menuisiers étaient en train de disposer des châssis destinés au décor de la pièce dramatique qui devait débuter le lendemain. L'obscurité était presque complète, toute la lumière étant dirigée vers le bas, et la chaleur était étouffante. Les cordes, les énormes solives qui supportaient le poids des décors, tout ce dédale de passerelles, de galeries et de caves que l'on imaginait se succédant à l'infini dans les ténèbres, et les abîmes béants tout en bas, où des silhouettes noires de suie s'activaient à la lueur des flammes, tout cela évoquait dans l'esprit de Jim une image représentant l'enfer qu'il avait vue un jour dans la vitrine d'une imprimerie.

Mackinnon titubait et il était obligé de s'accrocher des deux mains au garde-fou.

– Je ne peux pas ! gémissait-il. Laisse-moi descendre !

Sa voix traînante aux intonations raffinées avait cédé la place à un accent écossais.

– Un peu de courage, lui dit Jim. Vous ne risquez pas de tomber. On y est presque. Allez...

Le magicien avançait d'un pas chancelant, suivant aveuglément les instructions de Jim. Harold les attendait au bout de la passerelle avec son escabeau ; il tendit la main pour guider Mackinnon. Celui-ci s'y accrocha et la serra entre les siennes.

– C'est bon, lui dit Harold. Je vous tiens, m'sieur. Accrochez-vous à l'escabeau...

– Non ! Je ne veux plus monter ! Je ne peux pas... je ne peux pas...

– Silence, dit Jim qui avait entendu du bruit en bas.

Il se pencha par-dessus le garde-fou, mais ne vit que les rideaux et les cordes qui se balançaient.

– Écoutez...

Des voix montaient vers eux, indistinctes.

– On a environ deux minutes d'avance sur eux. Tiens-le bien, Harold.

Jim gravit rapidement les marches de l'escabeau et ôta le loquet d'une petite fenêtre qui se découpait dans l'obscurité du briquetage poussiéreux. Après l'avoir ouverte, il redescendit sur la passerelle et poussa Mackinnon en avant. L'opération était plutôt risquée, car l'escabeau était posé à cheval entre l'extrémité de la passerelle et le mur ; pour sortir par la fenêtre, il fallait lâcher prise et tendre les deux bras dans l'obscurité. En cas de chute...

C'est alors qu'un grand bruit se produisit en bas : quelqu'un gravissait la première échelle.

– Montez ! ordonna Jim. Ne restez pas là à mouiller votre culotte ! Montez et sortez par cette fenêtre. Vite !

Le magicien, terrifié, posa les pieds sur les premières marches de l'escabeau.

– Merci, Harold, dit Jim. Tu veux un autre tuyau ? Belle Carnival dans le handicap du Prince de Galles.

– Belle Carnival ? J'espère que la cote sera meilleure que la dernière fois, grommela Harold.

Jim agrippa l'escabeau.

– Allez-y ! Montez, pour l'amour du ciel !

Mackinnon commença à monter, Jim sur ses talons Mais, quand ils arrivèrent en haut, le magicien s'affaissa incapable de continuer.

Jim lui dit à l'oreille :

– Ils arrivent ! Ils vont nous rattraper ! Cinq gros costauds avec des couteaux et des matraques. Tendez les mains jusqu'à ce que vous trouviez une fenêtre ouverte et ensuite, hissez-vous à la force des bras. De l'autre côté, il y a un saut de un mètre pour arriver sur le toit voisin. Continuez... oui, comme ça... maintenant !

Les pieds de Mackinnon quittèrent l'escabeau et s'agitèrent violemment dans le vide ; il s'en fallut de peu qu'ils expédient Jim vers sa mort, mais après quelques soubresauts, les jambes du magicien disparurent dans les hauteurs obscures et Jim comprit qu'il avait franchi la fenêtre.

– C'est bon, Harold ? chuchota-t-il. J'y vais !

– Grouille-toi, répondit une voix rauque et basse.

Prenant appui contre le mur, Jim chercha la fenêtre à tâtons et se hissa. Une ou deux secondes plus tard, la moitié de son corps avait franchi l'ouverture. Il n'avait plus qu'à se laisser tomber sur la toiture, à l'air libre.

Mackinnon était en train de vomir à côté de lui.

Jim se redressa prudemment et s'écarta d'un pas. Ils se trouvaient dans une sorte de ravin entre le mur du théâtre et les toits en pente de la conserverie voisine, semblables à des vagues dessinées par un enfant, qui s'étendaient sur une vingtaine de mètres.

– Alors, ça va mieux maintenant ? demanda Jim.

– Oui. C'est l'altitude, je...

– Qu'est-ce qui se passe ? Qui sont ces types ?

– Le plus petit s'appelle Windlesham. C'est une histoire compliquée... Il s'agit d'un meurtre.

Mackinnon, avec son visage blanc comme un linge, ses yeux et ses lèvres noirs, son costume noir et sa chemise blanche, avait un aspect inquiétant, presque inhumain. Jim le dévisagea.

– Un meurtre ? répéta-t-il. Le meurtre de qui ?

– On ne pourrait pas descendre ? proposa Mackinnon en regardant autour de lui.

Jim se massa le menton et répondit :

– Il y a une échelle d'incendie à l'autre extrémité de ce toit. Mais ne faites pas trop de bruit ; il y a un veilleur de nuit, quelque part là-dessous.

Jim gravit en courant la pente du premier toit et se laissa glisser en silence sur l'autre versant. Chaque pente mesurait environ deux mètres de haut et les pluies récentes les avaient rendues glissantes. Mackinnon glissa et tomba à deux reprises avant qu'ils atteignent enfin l'échelle d'incendie. « Pourquoi est-ce que je fais ça ? » se demanda Jim, alors qu'il aidait le magicien à se relever. Tant de fragilité l'intriguait ; l'homme ne pesait pas plus lourd qu'un enfant.

Mais il paraissait sincère, et l'altitude n'était pas la seule cause de sa terreur.

L'escalier d'incendie était fixé sur le mur de la conserverie. Il donnait dans une petite cour obscure et déserte. Tremblant, ruisselant de sueur et livide de peur, Mackinnon avança centimètre par centimètre jusqu'au bord du toit, posa le pied sur la première marche et descendit ensuite sur les fesses en fermant les yeux. Arrivé en bas avant lui, Jim le prit dans ses bras pour l'aider à franchir les derniers mètres.

– Du brandy… du brandy, marmonnait le magicien.

– Ne dites pas de bêtises, répondit Jim. Vous ne pouvez pas entrer dans un pub habillé comme ça. Où est-ce que vous habitez ?

– A Chelsea. Dans Oakley Street.

- Vous avez de l'argent sur vous ?

– Pas un penny. Oh, Seigneur…

– C'est rien, venez avec moi. Je vais vous emmener dans un endroit où vous pourrez vous changer et boire un verre. Et on parlera de ce meurtre. Ça m'a l'air d'être une sacrée histoire.

Privé de toute volonté et même de toute capacité à s'étonner, Mackinnon n'eut aucune réaction quand le jeune machiniste aux yeux verts le conduisit dans la rue, héla un fiacre et, d'un ton sans réplique, donna au cocher une adresse à Bloomsbury.

3
Les photographes

Jim paya le cocher et descendit du fiacre dans Burton Street, une petite rue tranquille bordée de commerces et de maisons à trois étages, non loin du British Museum. Mackinnon le suivit, jetant des regards inquiets autour de lui. Le jeune garçon ouvrit la porte d'une jolie boutique, sur la vitrine de laquelle était peinte l'inscription suivante : GARLAND ET LOCKHART, PHOTOGRAPHES. Après avoir traversé la boutique plongée dans l'obscurité, ils débouchèrent dans une pièce bien éclairée.

C'était une sorte de laboratoire, qui devait servir aussi de cuisine et de salon. Une paillasse encombrée de produits chimiques occupait l'un des murs ; un évier était installé dans un coin ; enfin, un fauteuil et un canapé usés jusqu'à la trame flanquaient une cuisinière en fonte noircie. Une odeur âcre flottait dans l'air.

Cette odeur, point désagréable au demeurant, provenait de la courte pipe en terre que fumait l'un des deux hommes présents dans la pièce. Agé d'une soixantaine d'années, il était grand et solidement bâti, avec une masse de cheveux gris et une barbe assortie.

– Bonsoir, monsieur Webster, dit le garçon. Salut, Fred.

L'autre homme était beaucoup plus jeune : il devait avoir environ vingt-cinq ans, l'âge de Mackinnon. Svelte, de taille moyenne, il arborait une expression sardonique ; les traits de son visage reflétaient tour à tour un humour cinglant, un sérieux décontracté et une intelligence aiguë. Il y avait quelque chose en lui qui retenait l'attention peut-être ses cheveux blonds ébouriffés de manière théâtrale, ou bien son nez cassé.

– Bienvenue, ô personnage étrange... Oh, je vous demande pardon, je ne vous avais pas vu... bredouilla-t-il en découvrant Mackinnon qui se tenait dans l'encadrement de la porte, tel un spectre.

Jim fit les présentations.

– M. Webster Garland et M. Fred Garland, artistes photographes. Messieurs, voici M. Mackinnon, le Magicien du Nord.

Les deux hommes se levèrent pour serrer la main du visiteur. Webster dit avec enthousiasme :

– Je vous ai vu sur scène la semaine dernière. Formidable ! A l'Alhambra. Voulez-vous un verre de whisky ?

Le magicien, épuisé, s'assit dans le fauteuil. Jim, lui, se percha sur un tabouret près de la paillasse. Pendant que Webster remplissait les verres, le jeune garçon expliqua :

– On a dû sortir par les toits... M. Mackinnon a été, euh, obligé de partir précipitamment et il a laissé ses vêtements de ville dans sa loge, sans parler de son argent et d'autres petites choses. Je pourrai sûrement aller les récupérer demain matin, mais actuellement, il est dans un sacré pétrin. Alors, je me suis dit qu'on pourrait peut-être l'aider.

Voyant l'air dubitatif de Mackinnon, Frederick dit :

– Nous sommes l'Agence de détectives Garland, monsieur Mackinnon. Nous avons déjà résolu un certain nombre d'affaires. Quel est votre problème ?

– Je ne suis pas sûr que... Je ne sais pas si cette affaire convient à une agence de détectives. C'est... très vague, très... mystérieux. Et je me demande si...

– Racontez toujours, ça ne peut pas faire de mal, dit Jim. On ne vous fera rien payer si on ne prend pas l'affaire ; vous n'avez donc rien à perdre.

Webster haussa légèrement les sourcils, surpris par la sécheresse du ton du jeune garçon. En effet, les manières fuyantes et la pusillanimité du magicien commençaient à exaspérer Jim.

Frederick intervint :

– Jim a raison, monsieur Mackinnon. Pas d'enquête, pas d'honoraires. Et vous pouvez compter sur notre discrétion. Tout ce que vous nous direz restera secret.

Mackinnon regarda Frederick et Webster, puis il prit enfin une décision.

– Très bien, dit-il. Je vais tout vous raconter, mais je ne suis pas sûr de vouloir engager des détectives. Peut-être serait-il préférable de laisser cette affaire éclater. Nous verrons.

Il vida son verre d'un trait et Webster le remplit à nouveau.

– Vous avez parlé d'un meurtre, dit Jim pour l'aiguillonner.

– Je vais y venir. Que savez-vous du spiritisme, messieurs ?

Frederick haussa les sourcils.

– Le spiritisme ? C'est curieux que vous abordiez ce sujet. Aujourd'hui même, un homme m'a chargé de m'occuper d'une affaire de spiritisme. Une escroquerie, à mon avis.

– Les escroqueries sont nombreuses, en effet, concéda Mackinnon. Mais certaines personnes possèdent un véritable don de médium, et j'en fais partie. Dans ma profession, cela constitue un handicap, contrairement à ce que vous pourriez penser. J'essaye de maintenir une barrière entre ces deux activités. Ce que je réalise sur scène ressemble à de la magie, mais en vérité, ma virtuosité est uniquement technique. N'importe qui pourrait en faire autant avec un peu d'entraînement. Mais l'autre aspect, ajouta-t-il, l'aspect parapsychologique... c'est un don. Cela s'appelle la psychométrie. Connaissez-vous ce terme ?

– J'en ai entendu parler, répondit Frederick. Vous prenez un objet dans la main et, grâce à cet objet, vous pouvez deviner un tas de choses, c'est bien ça ?

– Je vais vous montrer, dit Mackinnon. Avez-vous de quoi faire un test ?

Frederick tendit le bras au-dessus de la paillasse devant laquelle il était assis et saisit un petit objet circulaire en cuivre, qui ressemblait vaguement à une grosse montre de gousset sans cadran. Mackinnon le prit, se pencha en avant sur son siège et ferma les yeux en fronçant les sourcils.

– Je vois... des dragons. Des dragons rouges sculptés. Et une femme... une Chinoise. Elle est digne et immobile ; elle observe, elle ne fait qu'observer... Il y a un homme allongé sur un lit ou une sorte de couche. Il dort... Non, il bouge, il rêve. Il crie... Quelqu'un vient. Un domestique. Un Chinois. Avec... une pipe. Il s'agenouille. Il enflamme une longue allumette avec la lampe... Il allume la pipe. Une odeur douceâtre, écœurante, s'élève... de l'opium. Voilà, l'image a disparu. (Il rouvrit les yeux et releva la tête.) Cet objet a un rapport avec l'opium, déclara-t-il. Ai-je vu juste ?

Frederick passa sa main dans ses cheveux, trop stupéfait pour dire quoi que ce soit. Son oncle se renversa contre le dossier de sa chaise en éclatant de rire. Jim lui-même était impressionné par l'intense concentration du magicien.

– Vous avez mis dans le mille ! s'exclama Frederick en se penchant pour récupérer l'objet dans la main de Mackinnon. Savez-vous ce que c'est ?

– Je n'en ai pas la moindre idée.

Frederick remonta un mécanisme à l'aide d'une petite clé située sur le côté et il appuya sur un bouton. Un long et fin ruban de métal blanchâtre sortit de l'objet et s'enroula en spirale sur la paillasse devant lui.

– Il s'agit d'un brûleur au magnésium, expliqua-t-il. Vous en allumez l'extrémité et ça se consume. Le ressort qui se trouve à l'intérieur le dévide toujours à la même vitesse, ce qui permet d'avoir une lumière constante pour prendre des photos. La dernière fois que je m'en suis servi, c'est dans une fumerie d'opium de Limehouse où je m'étais rendu pour photographier les pauvres diables qui fument ce poison... C'est donc ça, la psychométrie ? J'avoue que je suis impressionné. Comment cela fonctionne-t-il ? Une image se forme dans votre esprit ?

– Oui, en quelque sorte, répondit Mackinnon. C'est comme un rêve éveillé. Je ne peux pas le contrôler... Ces images, ces visions, surgissent dans mon esprit aux moments les plus insolites. Et le problème vient de là : j'ai vu un meurtre, et le meurtrier le sait, mais je ne connais pas son nom.

– C'est un bon début, dit Frederick. Très prometteur. Racontez-nous tout. Encore un peu de whisky ?

Il remplit le verre de Mackinnon et se rassit pour écouter la suite.

– Cela s'est passé il y a six mois. Je me produisais dans une soirée privée, engagé par un membre de la noblesse.

C'est une chose que je fais de temps en temps. Évidemment, je suis considéré comme un invité, comprenez-le bien, et non comme un simple amuseur.

– Vous voulez dire que vous faites ça sans être payé ? ironisa Jim.

Les manières condescendantes de Mackinnon lui tapaient sur les nerfs et il avait de plus en plus de mal à supporter son accent affecté et sa voix grinçante.

– Je perçois un dédommagement, naturellement, répondit Mackinnon d'un ton cassant.

– Qui était ce membre de la noblesse ? demanda Frederick.

– Je préfère ne pas le dire. Il s'agit d'un personnage qui occupe une place éminente dans la vie politique. Inutile de mentionner son nom.

– Libre à vous, répondit Frederick, affable. Continuez, je vous prie.

– Le soir de la représentation, j'étais invité au dîner. C'est mon habitude. Je fais partie des convives, tout le monde l'accepte. Après le dîner, alors que les dames se retiraient et que les messieurs restaient au salon, je me suis rendu dans le salon de musique pour préparer les accessoires dont j'avais besoin. J'ai remarqué que quelqu'un avait laissé un étui à cigares sur le piano. Je l'ai pris, avec l'intention de le ranger... et, aussitôt, j'ai été victime d'une des plus fortes expériences psychométriques que j'aie jamais connues.

J'ai vu... une rivière, dans une forêt : une forêt du Nord avec des sapins sombres et de la neige, sous un ciel de plomb très bas. Deux hommes marchaient au bord de l'eau ; ils parlaient avec colère. Je ne les entendais pas, mais je les voyais aussi nettement que je vous vois en ce moment. Soudain, l'un des deux hommes a sorti une épée de sa canne et a transpercé l'autre homme sans le moindre avertissement, en pleine poitrine, trois fois, quatre fois, cinq fois, six fois. Je voyais le sang noir couler dans la neige…

Quand la victime a cessé de bouger, le meurtrier a regardé autour de lui. Il a essuyé son épée sur la mousse, puis il a traîné le cadavre, par les pieds, jusqu'à la rivière. La neige commençait à tomber. J'ai entendu un grand « plouf » au moment où le meurtrier a jeté le corps dans l'eau.

Il s'interrompit et but une gorgée de whisky.

« Soit c'est vrai, se dit Jim, soit il est meilleur acteur que je le pensais », car Mackinnon suait à grosses gouttes sous l'effet de la peur et son regard était halluciné. Mais c'était un artiste, bon sang de bois ! L'illusion était son métier…

Mackinnon reprit son récit :

– Au bout de quelques instants, je suis revenu à moi et je me suis aperçu que je tenais toujours l'étui à cigares. La porte du salon de musique s'est alors ouverte et l'homme que je venais de « voir » est entré. Il faisait partie des invités ; c'était un homme grand, fort, avec des cheveux blonds et lisses. Voyant l'étui, il s'est approché de moi ; et quand nos regards se sont croisés, il a *compris* ce que j'avais vu… Il n'a pas prononcé une parole, car au même moment un domestique est entré. L'homme s'est retourné et lui a dit : « Merci, je viens de le retrouver » et, après m'avoir adressé un dernier regard, il est ressorti. Mais il savait.

J'ai quand même exécuté mon numéro ce soir-là, mais partout où je posais les yeux, je croyais voir cette mise à mort furieuse et soudaine et le sang noir qui jaillissait dans la neige. Et pendant ce temps-là, *il* ne cessait de me regarder. Bien entendu, je n'ai pas fait faux bond à mon hôte, ma prestation a été un grand succès et j'ai été applaudi chaleureusement par toutes les personnes présentes. Plusieurs gentlemen ont eu la bonté de me dire que le grand Maskeyline lui-même n'avait jamais fait mieux. Une fois mon numéro terminé, j'ai rassemblé mes accessoires et je suis parti aussitôt, au lieu de me mêler aux invités comme je le fais habituellement. Je commençais à avoir peur de cet homme. Et depuis, ajouta Mackinnon, je vis dans la terreur de le rencontrer de nouveau. Il y a quelques jours, le petit homme aux lunettes, Windlesham, est venu me voir pour m'informer que son patron souhaitait me rencontrer. J'ai deviné de qui il s'agissait, bien qu'il ne m'ait pas dit son nom. Et ce soir, il est revenu avec sa bande. Tu les as vus, Jim. Il m'a dit qu'il était obligé de me conduire auprès de son patron pour régler une question d'intérêt mutuel – c'est l'expression qu'il a utilisée. Ils veulent me tuer. Ils vont m'emmener et me tuer, j'en suis sûr. Que puis-je faire, monsieur Garland ? Que puis-je faire ?

Frederick se gratta la tête.

– Vous ne connaissez vraiment pas le nom de cet homme ?

– Il y avait de nombreux invités ce soir-là. On me l'a peut-être dit, mais je ne m'en souviens pas. Et Windlesham n'a rien voulu me dire.

– Qu'est-ce qui vous fait croire qu'ils veulent vous tuer ?

– Ce soir, il m'a dit que si je refusais de les suivre après le spectacle, les conséquences seraient extrêmement graves. Si j'étais une personne ordinaire, je me cacherais. Je pourrais même changer de nom. Mais je suis un artiste ! Je suis obligé de me montrer pour gagner ma vie. Et comment pourrais-je me cacher ? La moitié de Londres connaît mon nom.

– Voilà qui devrait assurer votre sécurité, souligna Webster Garland. Cet homme, quel qu'il soit, n'osera pas s'attaquer à vous.

– Pas cet homme. Je n'ai jamais vu une expression aussi impitoyable sur un visage humain. De plus, il a des amis puissants et il est riche ; moi, je ne suis qu'un modeste prestidigitateur. Oh, que faire ?

Réprimant la suggestion qui lui venait à l'esprit, Jim se leva et quitta la pièce. Il avait de plus en plus de mal à maîtriser son agacement face à ce type. Il lui aurait été difficile de dire pourquoi, mais il avait rarement éprouvé pareille antipathie pour quelqu'un.

Il alla s'asseoir dans le jardin de derrière et s'amusa à lancer des graviers à travers la fenêtre sans vitre du nouveau studio de photographie que Webster faisait construire, jusqu'à ce qu'il entende un fiacre s'arrêter devant la boutique. Mackinnon était parti ; il retourna à l'intérieur où il trouva Webster en train d'allumer sa pipe et Frederick occupé à enrouler la bande de magnésium à l'intérieur du brûleur de poche.

Frederick leva la tête et dit :

– Voilà un joli petit mystère, Jim. Pourquoi es-tu parti ?

Jim se laissa tomber dans le fauteuil.

– Il commençait à me taper sur le système. Mais ne me demande pas pourquoi, parce que j'en sais rien. J'aurais mieux fait de le laisser se débrouiller au lieu de risquer de me briser le cou pour le traîner sur les toits. « J'ai le vertige ! Oooh, je veux redescendre ! Je veux redescendre… ! » Et ce snobisme insupportable : « Je suis traité comme un invité, vous comprenez… » Espèce de sale froussard ! Tu ne vas pas travailler pour lui, j'espère, Frederick ?

– Il ne le voulait pas, enfin, pas vraiment. Ce qu'il cherche, c'est une protection, et je lui ai dit que ce n'était pas notre domaine. Mais j'ai noté son adresse et je lui ai promis qu'on ouvrirait l'œil. A ce stade, je ne vois pas ce qu'on peut faire de plus.

– L'envoyer au diable, pour commencer.

– Pourquoi donc ? S'il dit la vérité, c'est intéressant, et s'il ment, c'est encore plus intéressant. Toi, tu es persuadé qu'il ment, je suppose ?

– Évidemment, répondit Jim. Je n'ai jamais entendu un tel paquet de bobards de toute ma vie !

– Tu parles de la psychométrie ? demanda Webster en se carrant confortablement sur le canapé. Et sa petite démonstration, alors ? Tu n'as peut-être pas été impressionné, mais moi, si.

– Ah, vous êtes une cible facile, dit Jim. Je vous plains si un jour vous tombez sur un joueur de bonneteau. Ce type est un prestidigitateur, non ? Les petits mécanismes astucieux, c'est son truc, il s'y connaît encore plus que Fred. Ce machin, il savait ce que c'était et il a vu la photo dont vous êtes si fiers. Il a fait le rapprochement et il vous a bluffés comme deux péquenauds !

Webster leva les yeux vers le manteau de la cheminée où Fred avait accroché un tirage de l'une des photos qu'ils avaient prises à l'intérieur de la fumerie d'opium. Il éclata de rire et lança un coussin sur Jim, qui l'attrapa avec adresse et le coinça derrière sa tête.

– D'accord, dit Frederick, admettons. Mais son autre histoire, dans la forêt, le meurtre dans la neige... Qu'est-ce que tu en fais ?

– Pauvre idiot ! Ne me dis pas que tu y as cru ! Ah, tu me désespères, Fred. Moi qui pensais que tu avais quelque chose dans la calebasse. Puisque tu ne vois pas ce qui est évident, je suis obligé de t'expliquer. Il sait quelque chose de compromettant sur ce type, le gars invité au dîner. Une histoire de chantage, tu vois ? Naturellement, l'autre veut le liquider, et franchement, je ne peux pas lui en vouloir. Si cette explication ne te plaît pas, j'en ai une autre : il a batifolé avec l'épouse de ce type, et il s'est fait pincer.

– Voilà ce que j'aime chez Jim, dit Frederick en s'adressant à son oncle. Il va directement à l'essentiel. Pas de complications inutiles, pas de motivations cachées...

– Tu l'as vraiment cru ! railla Jim. Tu deviens idiot, mon vieux, aucun doute. Sally, elle, ne goberait jamais une histoire pareille. Elle a la tête sur les épaules.

Le visage de Frederick s'assombrit.

– Ne me parle pas de cette friponne capricieuse !

– Sally ? Elle est bien bonne, celle-là ! De quoi l'as-tu traitée la dernière fois ? De machine à calculer fanatique et bornée ? Et elle t'a traité de fantaisiste irresponsable et écervelé, alors tu l'as traitée de...

– Ça suffit, nom d'un chien ! Je ne veux plus entendre parler d'elle. Parle-moi plutôt de...

– Je te parie que tu iras la voir avant la fin de la semaine !

– Pari tenu. Une demi-guinée que je n'irai pas.

Ils se tapèrent dans la main pour sceller le pari.

– Tu crois vraiment ce qu'a raconté cet homme, Fred ? demanda son oncle.

– Je ne suis pas obligé de le croire pour m'intéresser à cette histoire. Je l'ai dit tout à l'heure, mais Jim ne s'en souvient plus : s'il ment, ça rend la chose encore plus intéressante. De toute façon, je suis déjà sur une histoire de spiritisme et quand ce genre de coïncidence survient, je considère cela comme le signe qu'il se passe quelque chose.

– Pauvre vieux Fred, soupira Jim. Le déclin d'un bel esprit…

– Ce spiritisme dont tu parles, est-ce une chose intéressante ? demanda Webster.

– Très ! répondit Frederick en remplissant son verre. On y trouve de tout : l'escroquerie, la crédulité, la peur – non pas la peur de la mort, mais la peur qu'il n'y ait rien après –, la solitude, l'espoir, la vanité, et peut-être aussi, au milieu de tout cela, quelque chose de vrai.

– Arrête un peu ! s'exclama Jim. Sornettes !

– Si tu veux le savoir, il y a une réunion demain soir à la Ligue de spiritisme de Streatham..

– N'importe quoi !

– … qui pourrait intéresser ton esprit compatissant, large et ouvert. Surtout qu'il se passe quelque chose d'étrange. Alors, ça te dit de venir y jeter un coup d'œil ?

4
Nellie Budd

Frederick n'était pas le seul à s'intéresser au spiritisme. C'était une des préoccupations les plus brûlantes de l'époque. Les foyers modestes, les salons à la mode comme les laboratoires des universités résonnaient tous des coups frappés par les esprits, qui n'avaient rien de mieux à faire que d'essayer de communiquer avec les vivants, et des histoires circulaient au sujet de manifestations encore plus étranges : des voix spectrales lançant de vibrants appels et des médiums capables d'exsuder une substance mystérieuse baptisée ectoplasme…

Y avait-il une vie après la mort ? Les fantômes et autres apparitions existaient-ils réellement ? L'humanité était-elle sur le point de faire la plus grande découverte de tous les temps ? Un grand nombre de personnes scrupuleuses prenaient cela très au sérieux, et il n'y avait pas plus scrupuleux que la Ligue de spiritisme de Streatham, qui se réunissait au domicile de Mme Jamieson Wilcox, veuve d'un respectable épicier.

Frederick avait été invité par un des membres de la Ligue, un employé de la City très troublé par ce qu'il avait entendu au cours d'une séance. L'homme avait insisté pour que Frederick se déguise ; il était gêné d'espionner ses amis mais, comme il l'avait expliqué au jeune détective des questions capitales étaient en jeu, des affaires aux conséquences financières énormes, et il ne pouvait pas faire la sourde oreille. Frederick avait accepté de bon cœur. Il se transforma ainsi en scientifique le temps d'une soirée et Jim joua le rôle de son assistant.

– La seule chose que tu auras à faire, lui expliqua Frederick, c'est d'écouter. Souviens-toi de chaque mot. Ignore les tambourins volants et les mains fantomatiques, on les ramasse à la pelle dans ce genre de soirée ; concentre-toi sur les paroles de la médium.

Frederick avait lissé ses cheveux avec de la gomina et chaussé une paire de grosses lunettes qui lui donnait un air de chouette. Jim, intéressé malgré lui, portait une petite boîte cerclée de cuivre et une caisse contenant une batterie, et il ne cessa de ronchonner à cause du poids durant tout le trajet jusqu'à Streatham.

Au dernier coup de sept heures, le petit salon de Mme Jamieson Wilcox était bondé : douze personnes serrées comme des sardines, qui pouvaient à peine bouger. Les meubles les plus petits avaient été déplacés pour l'occasion, mais il restait encore une table aux dimensions considérables, un piano, trois fauteuils, un appareil en fonte et un buffet sur lequel trônait un portrait, drapé de noir, de feu M. Jamieson Wilcox, flanqué d'un ananas à l'air solennel.

Il régnait dans la pièce une chaleur étouffante. Les lampes à gaz fixées sur les appliques décoratives étaient réglées au maximum et un feu de charbon brûlait dans la cheminée. Fortifiés par le repas qu'ils avaient avalé un peu plus tôt, les spirites eux-mêmes dégageaient une intense chaleur corporelle, et des odeurs de saumon en boîte, de langue de bœuf en gelée, de crevettes conservées dans du beurre, de betterave et de blanc-manger flottaient lourdement dans l'air. Tout le monde s'épongeait le front ou s'éventait, mais nul n'aurait songé un seul instant à quitter sa veste ou à desserrer sa cravate.

La séance devait débuter à dix-neuf heures trente. Un monsieur corpulent ouvrit sa montre de gousset et toussa bruyamment pour attirer l'attention de l'assemblée. Il s'agissait de M. Freeman Humphries, marchand de nouveautés à la retraite et président de la Ligue.

– Mesdames et messieurs ! Amis et camarades réunis par la quête de la vérité ! Permettez-moi de commencer en remerciant en votre nom à tous Mme Jamieson Wilcox pour le repas substantiel et délicieux que nous venons de savourer. (Il y eut des murmures d'assentiment.) Ensuite, permettez-moi de souhaiter la bienvenue à Mme Budd, la célèbre médium et voyante, dont les messages nous ont si profondément réconfortés lors de sa dernière visite. (Il se retourna et s'inclina légèrement pour saluer une femme brune et grassouillette, au regard espiègle, qui lui rendit son sourire d'un petit air impertinent. L'homme toussota de nouveau et remit de l'ordre dans ses notes.) Pour finir, je suis sûr que vous êtes tous impatients de faire la connaissance du Dr Herbert Semple et de son assistant, de la Royal Institution. Je donne la parole au Dr Semple : il vous expliquera mieux que je ne saurais le faire le but de la réunion de ce soir et nous parlera de ses passionnantes recherches !

C'était à Frederick d'entrer en scène. Il se leva et balaya du regard la pièce bondée : les commerçants et les fonctionnaires accompagnés de leurs épouses, le jeune homme au teint blafard qui faisait la moue et la jeune femme pâle comme une morte qui jouait nerveusement avec son collier de jais, Mme Budd (dont les yeux détaillaient avec admiration l'élégante silhouette de Frederick), Mme Jamieson Wilcox et, pour finir, l'ananas.

– Merci, monsieur Humphries, dit-il d'un ton doctoral. Excellent repas, madame Wilcox. Un régal. Mesdames et messieurs, je vous suis très reconnaissant de m'avoir invité. Mon assistant et moi, nous nous intéressons depuis un certain temps déjà à l'état de transe, en relation avec la conductivité électrique de la peau. Cette boîte... (Jim la souleva pour la poser sur la table et Frederick l'ouvrit, laissant apparaître une bobine de cuivre, un amas de fils électriques entortillés, des contacteurs en laiton et un gros cadran en verre)... renferme une version améliorée de l'Électro-Dermographe inventé par le professeur Schneider de Boston.

Il tendit un fil électrique à Jim pour que celui-ci le branche sur la batterie, puis il déroula quatre autres fils qui se terminaient tous par un petit disque en laiton. Ils étaient rattachés à la bobine en cuivre.

– Nous allons fixer ces fils autour des chevilles et des poignets de la médium, expliqua-t-il. La résistance sera indiquée par le cadran. Madame Budd, peut-on vous connecter ?

– Vous pouvez me connecter à votre engin quand vous voudrez, très cher, répondit-elle gaiement.

Frederick se racla la gorge.

– Hmmm... Bien. Une des dames pourrait peut-être avoir l'obligeance d'attacher les fils aux chevilles de Mme Budd ? C'est une opération un peu délicate, je sais...

Mais Mme Budd ne voulait pas entendre parler de délicatesse.

– Oh, non ! s'exclama-t-elle. Faites-le vous-même, très cher. Je ne veux pas être électrocutée. D'ailleurs, vous avez le don, n'est-ce pas ? Je l'ai senti dès que je vous ai vu... vous irradiez la spiritualité !

– Ah, fit Frederick, qui devinait le grand sourire de Jim à ses côtés. Eh bien, dans ce cas...

Traînant les fils derrière lui, il plongea sous la nappe, pendant que les dames et les messieurs de la Ligue de spiritisme, qui auraient réprouvé une telle indécence (un jeune homme touchant les chevilles d'une dame !) si la spiritualité des deux protagonistes n'avait été aussi évidente, toussotaient, échangeaient quelques mots et détournaient le regard. Une minute plus tard, Frederick émergea de sous la nappe et annonça que les fils étaient attachés.

– Avec beaucoup de délicatesse, précisa Mme Budd. J'ai à peine senti qu'il me touchait. Il a des doigts d'artiste !

– Bon, dit Frederick en décochant un petit coup de pied dans le tibia de Jim, si nous testions l'appareil ?

Il abaissa un interrupteur et l'aiguille décolla du zéro pour se mettre à trembloter au centre du cadran.

– Ça alors ! s'exclama Mme Budd. Ça ne chatouille même pas.

– Oh, il n'y a aucun danger, madame Budd. Le courant est très faible. Maintenant, mesdames et messieurs, si nous prenions place ?

On tira des chaises et les spirites, ainsi que leurs invités, se tassèrent aussi confortablement que possible autour de la table. Frederick était assis à côté de Mme Budd avec l'Électro-Dermographe devant lui ; avant que Jim puisse s'esquiver, une main puissante, ornée d'une bague, le retint et l'assit fermement de l'autre côté.

– Les lumières, madame Wilcox, je vous prie, dit M. Freeman Humphries.

Leur hôtesse éteignit une à une les lampes à gaz avant de prendre sa place. Seule une faible lueur éclairait maintenant la pièce. Le silence s'abattit sur l'assemblée.

– Voyez-vous votre appareil, docteur Semple? demanda une voix spectrale.

– Parfaitement bien, merci. L'aiguille est recouverte de peinture lumineuse. Quand vous voulez, madame Budd.

– Merci, très cher, répondit-elle avec placidité. Donnez-vous la main, mesdames et messieurs.

Autour de la table, les mains se cherchèrent à tâtons et les paumes se joignirent. Le cercle se referma. Frederick gardait les yeux fixés sur la boîte, sa main droite prisonnière de celle de Mme Budd, chaude et moite, tandis que sa main gauche serrait les doigts osseux de la jeune fille au teint pâle.

Le silence retomba.

Une minute à peine s'était écoulée lorsque Mme Budd laissa échapper un long soupir tremblotant. Sa tête avait basculé vers l'avant et elle semblait somnoler. Soudain, elle s'anima et se mit à parler... avec une voix d'homme.

– Ella ? dit-elle. Ella, ma chérie ?

C'était une voix profonde, bien timbrée, et plusieurs personnes dans l'assistance en eurent la chair de poule. Mme Jamieson Wilcox sursauta et dit d'une voix faible :

– Oh, Charles... Charles ! C'est toi ?

– Oui, c'est moi, ma chérie, répondit la voix, une voix d'homme qu'aucune femme n'aurait pu imiter, une voix modelée par soixante-sept ans de porto, de fromage et de raisins. Ella, ma chérie, bien que le voile nous ait séparés, ne laissons pas mourir notre amour...

– Oh, jamais, Charles ! Jamais !

– Je suis auprès de toi nuit et jour, ma chérie. Dis à Filkins, à la boutique, de faire attention au fromage.

– Attention au fromage… bien.

– Et surveille bien notre fils, Victor. Je crains qu'il ait de mauvaises fréquentations.

– Oh, Charles ! Que puis-je…

– Ne crains rien, Ella. La lumière bénie nous illumine, la terre idyllique nous appelle et je dois m'en aller… Souviens-toi du fromage, Ella. Filkins ne fait pas suffisamment attention à ses serviettes de table. Je m'en vais… je pars…

– Oh, Charles ! Charles ! Adieu, mon bien-aimé !

Il y eut un soupir et l'esprit de l'épicier s'envola. Mme Budd secoua la tête comme pour remettre de l'ordre dans ses pensées, Mme Jamieson Wilcox étouffa quelques sanglots dans un mouchoir bordé d'un liséré noir, puis le cercle se reforma.

Frederick regarda autour de lui. Dans la pénombre, il était impossible de discerner les visages, mais l'atmosphère avait changé : les assistants étaient excités, impatients et prêts à se laisser convaincre. Cette femme était très douée. Frederick était absolument persuadé qu'elle jouait la comédie, mais il n'était pas venu ici pour entendre des épiciers morts parler de fromage.

C'est alors que Mme Budd fut prise d'un tremblement convulsif ; elle se mit à parler à voix basse, avec sa propre voix cette fois, une voix qui frémissait de peur et d'horreur.

– L'étincelle… Il y a un fil électrique et le compteur tourne… cent un, cent deux, cent… non, non, non… Une cloche. Des cloches. L'homme aux cloches. Quel beau bateau, et la petite fille morte… Ce n'est pas Hopkinson, mais ils ne doivent pas le savoir. Non. Il doit rester dans l'ombre. Une épée dans la forêt… Oh, du sang sur la neige, et la glace… il est encore là-bas, dans un cercueil de verre… Le régulateur. Trois cents livres… quatre cents… L'étoile Polaire ! Il y a une ombre au nord… un brouillard de feu… de la vapeur, porteuse de mort, comprimée dans des tuyaux… des tuyaux à vapeur, sous l'étoile Polaire… Oh, c'est affreux…

Sa voix s'éteignit peu à peu, puis mourut dans un murmure d'une tristesse infinie.

Voilà ce que Frederick était venu entendre et, même s'il ne comprenait rien, le ton de cette femme lui donnait la chair de poule. On aurait dit une personne prise dans les rets d'un cauchemar.

Les autres spirites demeuraient figés dans une posture d'attention respectueuse. Aucun n'osait bouger. Puis, avec un profond soupir, Mme Budd se réveilla et reprit les choses en main.

Le piano fit entendre un puissant accord. Tout le monde sursauta et les trois photos posées sur l'instrument, dans leur cadre en argent, vibrèrent.

Des coups furieux retentirent au centre de la table. Des têtes se tournèrent sous l'effet de la surprise ; une lueur pâle et tremblotante se matérialisait lentement au plafond. Mme Budd, les yeux fermés, semblait se trouver au cœur d'un ouragan invisible. Frederick avait beau se dire que c'était elle qui contrôlait ce phénomène, il était impressionné : les rideaux s'agitaient, les cordes du piano tintaient furieusement, puis la lourde table, sous la nappe damassée, se mit à tanguer comme un bateau sur une mer déchaînée. Un tambourin posé sur la cheminée tomba dans l'âtre avec fracas.

– Une manifestation physique ! s'exclama M. Humphries. Que personne ne bouge ! Observez le phénomène ! Les esprits ne nous feront aucun mal…

Mais, de toute évidence, les esprits avaient d'autres intentions concernant l'Électro-Dermographe car, soudain, un éclair aveuglant en jaillit, accompagné d'un claquement sec et d'une forte odeur de brûlé. Mme Budd poussa un cri d'effroi et Frederick se leva d'un bond.

– Rallumez les lumières ! Les lumières, s'il vous plaît, madame Wilcox !

Alors que la maîtresse de maison allumait la lampe à gaz la plus proche, Frederick se pencha vers la médium pour défaire les fils électriques fixés autour de ses poignets.

– Merveilleux résultat ! commenta-t-il. Madame Budd, vous avez dépassé toutes mes espérances ! Une expérience sans égale ! Vous n'êtes pas blessée ? Non, évidemment. Mon appareil est cassé, mais ça n'a aucune importance. Il n'a pas résisté à votre fluide. L'aiguille a traversé le cadran ! Magnifique !

Rayonnant de joie triomphante, Frederick regarda les spirites hébétés qui clignaient des yeux dans la lumière. Jim débrancha les fils de la batterie, pendant que Mme Budd se massait les poignets.

– Désolé, madame Wilcox, ajouta Frederick. Je ne voulais pas interrompre la séance, mais voyez-vous, il s'agit d'une preuve scientifique ! Quand je publierai mon article, cette réunion de la Ligue de spiritisme de Streatham sera considérée comme un tournant dans l'histoire de la recherche psychique. Cela ne me surprendrait pas du tout. Un merveilleux résultat !

Enthousiasmés par ces paroles, les spirites brisèrent le cercle, et Mme Jamieson Wilcox, dont la nature généreuse s'orientait automatiquement vers la nourriture dans les moments de crise, proposa une bonne tasse de thé. Il fut bientôt servi, pendant que Mme Budd se remettait, entourée d'un petit groupe d'admirateurs, que Frederick et M. Humphries devisaient sérieusement près du feu, et que Jim rangeait l'Électro-Dermographe avec l'aide de la plus jolie fille de l'assistance.

Au bout d'un moment, certains des invités commencèrent à se lever pour prendre congé et Frederick les imita. Il serra des mains de tous les côtés, arracha Jim à la jeune fille et rendit un hommage particulier à Mme Budd avant de partir.

Un homme d'un certain âge, mince et nerveux, quitta la maison en même temps qu'eux et les accompagna jusqu'à la gare. Dès qu'ils eurent tourné le coin de la rue, Frederick s'arrêta et ôta ses lunettes.

– Ah, c'est mieux, dit-il en se frottant les yeux. Alors, monsieur Price, est-ce ce que vous attendiez ? Se comporte-t-elle toujours ainsi ?

Le dénommé Price hocha la tête.

– Je suis désolé pour votre appareil.

Il avait l'air de se désoler pour un tas de choses.

– Vous n'avez pas à être désolé. Que connaissez-vous à l'électricité ?

– Rien du tout, je le crains...

– Comme la plupart des gens. Je pourrais brancher cet appareil sur un concombre et leur dire qu'il renferme l'âme de leur oncle Albert ; si l'aiguille se met à bouger, ils ne feront pas la différence. Il s'agit en fait d'un appareil photo.

– Oh ! Mais je croyais qu'il fallait utiliser un tas de produits chimiques et toutes sortes de...

– Oui, dans le temps, avec les vieilles plaques au collodion. Il fallait les badigeonner de produit à chaque fois. Mais cet appareil contient une plaque de gélatine, c'est une nouvelle invention. Beaucoup plus pratique.

– Ah...

– Et l'éclair était volontaire. C'était un flash. On ne peut pas prendre de photos dans le noir. J'ai hâte de voir

Nellie Budd en train d'exécuter ses tours quand je développerai la plaque... Mais cette histoire d'étincelles, d'ombres et d'étoile Polaire, c'est différent.

– En effet, monsieur Garland. C'est cela qui a provoqué mon inquiétude au départ. C'est la quatrième fois que je vois Mme Budd ; à chaque fois, elle est entrée en transe de cette façon, très différente du reste de sa prestation, et elle a évoqué des détails concernant des affaires de la City dont j'ai connaissance, des transactions financières et des choses hautement confidentielles. C'est inexplicable.

– Avez-vous compris de quoi elle parlait ce soir ? Qui est ce M. Hopkinson, par exemple ?

– Ce nom ne me dit rien, monsieur Garland. Le discours de Mme Budd était confus et obscur. A part l'allusion aux cloches, à l'étoile Polaire..

– Ah bon ?

– Si vous vous souvenez bien, elle a parlé de « l'homme aux cloches », autrement dit le *bellman*. C'est le nom de mon patron, M. Bellmann. Axel Bellmann, le financier suédois. Et l'Étoile Polaire, c'est le nom d'une nouvelle société qu'il vient de fonder. Ce que je crains, monsieur Garland, c'est que la nouvelle ne se répande, et que les soupçons se portent sur moi. Un employé de la City n'a que sa bonne réputation comme recommandation. Mon épouse n'est pas très bien portante, et s'il devait m'arriver quelque chose, je n'ose pas imaginer...

– Oui, je comprends.

– Je crains que cette pauvre femme, je parle de Mme Budd, ne soit sous le contrôle d'une intelligence désincarnée, dit M. Price en clignant des yeux sous le lampadaire à gaz.

– C'est fort possible, répondit Frederick. En tout cas, vous m'avez montré une chose très intéressante ce soir, monsieur Price. Laissez-nous faire… et cessez de vous inquiéter.

– D'accord, dit Jim dix minutes plus tard dans le train, j'ai changé d'avis. Il y a effectivement quelque chose dans tout ça.

Frederick, son appareil photo en équilibre sur ses genoux, venait de lire les paroles prononcées par Nellie Budd au cours de son étrange état de transe. Jim était doté d'une excellente mémoire et avait tout retranscrit avec précision. C'est ainsi qu'il avait remarqué une chose bizarre.

– Il y a un rapport avec Mackinnon ! s'exclama-t-il soudain.

– Ne dis pas de bêtises, répondit Frederick.

– Je t'assure que si, nom d'une pipe ! Écoute ça : « Une épée dans la forêt… Oh, du sang sur la neige, et la glace… il est encore là-bas, dans un cercueil de verre… »

Frederick semblait dubitatif.

– Oui, ça se pourrait. Mais je ne comprends pas l'allusion au cercueil de verre. Je croyais que c'était *La Belle au bois dormant*. Du sang sur la neige… C'est l'histoire de, comment s'appelle-t-elle ? Blanche-Neige ? Ce sont des contes de fées. Et puis tu as répété sur tous les tons que ce type était un menteur…

– Peut-être, mais il y a un rapport, ça crève les yeux. Tiens, je te parie dix shillings !

– Non. Je ne parie pas au sujet de Mackinnon. J'ai l'impression que ce type est capable de surgir à n'importe quel moment. Je suis impatient de faire développer cette plaque. Rapporte la batterie à Burton Street, je vais prendre un fiacre jusqu'à Piccadilly, pour voir Charlie.

5
Une consultation

Sally Lockhart, ce jour-là, travaillait tard. Au-dehors, la City était paisible et plongée dans l'obscurité ; dans la cheminée, un feu de charbon se consumait doucement. De nombreuses feuilles de papier étaient éparpillées sur le tapis, certaines froissées et roulées en boule, les autres disposées en petits tas, selon un système complexe. Sally était installée à sa table de travail, une paire de ciseaux et un pot de colle à sa droite, un paquet de journaux, de lettres, d'actes officiels et de dossiers à sa gauche ; un atlas ouvert sur la carte des pays baltes occupait le sous-main, devant elle.

Chaka était couché à sa place devant la cheminée, sa grosse tête reposant sur le plancher, et ses pattes avant s'agitaient parfois de manière convulsive, car il rêvait.

Sally avait des problèmes avec ses cheveux : ils échappaient sans cesse aux épingles qui fixaient son chignon et retombaient devant son visage. Elle avait les yeux fatigués. Pour la vingtième fois au moins, elle regarda la lampe à gaz et évalua la distance qui la séparait du bureau en se demandant si déplacer le meuble en vaudrait la peine. Mais, dans ce cas, il faudrait aussi changer de place les piles de feuilles qui s'amoncelaient sur le sol.

Elle renonça, prit une grosse loupe et reporta son attention sur l'atlas.

Soudain, le chien se dressa sur son arrière-train en grognant.

– Que se passe-t-il, Chaka ? demanda Sally à voix basse.

Elle tendit l'oreille. Quelqu'un frappait à la porte d'entrée, tout en bas. Elle se leva, alluma une bougie et l'introduisit dans une petite lanterne pour la protéger des courants d'air.

– Viens, mon vieux, dit-elle au chien en prenant une clé sur la table. Allons voir qui est là.

L'animal bâilla et s'étira, puis il suivit à pas feutrés sa maîtresse qui descendait les deux étages. L'obscurité et le silence de la maison vide auraient pu sembler menaçants, mais Sally n'était pas peureuse.

Elle ôta le verrou de la porte d'entrée et posa un regard froid sur son visiteur.

– Oui ? fit-elle.

– Tu veux que je reste sur le perron pour te parler ? demanda Frederick Garland. Ou bien tu m'invites à entrer ?

Elle s'écarta sans un mot. Chaka grogna et Sally referma la main sur son collier, tandis que Frederick la précédait dans l'escalier.

Arrivé dans le bureau de Sally, Frederick laissa tomber son chapeau et son manteau par terre et posa soigneusement son appareil photo sur une petite table, avant de tirer une des chaises vers le feu. Le chien émit un nouveau grognement.

– Dis à ton molosse que je suis un ami, dit-il.

Sally caressa la tête du chien et Chaka s'assit à ses côtés, sur ses gardes. La jeune fille resta debout.

– J'ai du travail, dit-elle. Qu'est-ce que tu veux ?

– Que sais-tu sur le spiritisme ?

– Oh, franchement, Fred ! s'exclama-t-elle d'un ton exaspéré. C'est encore un jeu idiot, ou quoi ? Je t'ai dit que j'avais du travail.

– Connais-tu un nommé Mackinnon ? Un magicien ?

– Je n'en ai jamais entendu parler.

– Essayons encore : connais-tu un certain Bellmann ? Et l'Étoile Polaire ?

Les yeux de Sally s'écarquillèrent. Elle recula vers sa chaise et s'assit lentement.

– Lui, je le connais, dit-elle. Et alors ?

Frederick lui résuma la séance de spiritisme qui avait eu lieu à Streatham et lui tendit la feuille sur laquelle Jim avait noté ce qu'il avait entendu. Sally plissa les yeux.

– C'est Jim qui a pris ces notes ? demanda-t-elle. Habituellement, j'arrive à déchiffrer son écriture, mais là...

– Il a écrit ça dans le train, expliqua Frederick. Tu devrais faire installer un éclairage correct dans ce bureau. Rends-moi la feuille, je vais te lire ce qui est écrit.

Quand il eut terminé, il leva la tête et discerna sur le visage de Sally une certaine excitation.

– Alors ? demanda-t-il.

– Que sais-tu sur Axel Bellmann ?

– Quasiment rien, avoua Frederick. C'est un financier et mon client travaille pour lui. C'est tout ce que je sais.

– Et tu oses te dire détective ?

La jeune fille se pencha pour fouiller dans un paquet de feuilles éparpillées à ses pieds. Une mèche de cheveux retomba une fois de plus sur son front, et elle la repoussa avec agacement. Quand elle releva la tête, elle avait les joues empourprées et le regard pétillant. Frederick sentit alors monter en lui le sentiment familier de l'amour impuissant, suivi d'une colère tout aussi familière. Comment cette fille désordonnée, à demi ignorante, obsédée par la finance, pouvait-elle exercer sur lui un tel pouvoir ? se demanda-t-il.

Il poussa un soupir et remarqua qu'elle lui tendait une feuille. Il la prit et lut quelques lignes tracées d'une petite écriture nette :

Axel Bellmann – né en Suède (?) en 1835 (?) – s'est fait remarquer pour la première fois dans le commerce du bois dans les pays baltes – fabriques d'allumettes à Göteborg, Stockholm, celle de Vilnius a été fermée sur ordre du gouvernement après un incendie ayant provoqué la mort de 35 ouvriers – possède des intérêts dans le transport maritime : Compagnie anglo-baltique de navigation à vapeur – exploitations minières et fonderies – achète à bas prix des entreprises sur le déclin, les met en faillite et revend leurs actifs – premier séjour en Angleterre : 1865 – scandale impliquant les chemins de fer mexicains – disparition – on suppose qu'il a été emprisonné au Mexique entre 1868 et 1869 – réapparaît en Russie, associé à Arne Nordenfels, dans une combine concernant encore une fois les chemins de fer (?) – aucune trace de Nordenfels, ni avant ni après – installation de Bellmann à Londres en 1873, apparemment avec des fonds illimités – les journaux l'ont surnommé Le Roi de la Vapeur – il a créé de nouvelles sociétés, principalement minières et chimiques – possède des participations financières dans les moteurs à vapeur, les chemins de fer, etc. – Étoile Polaire (?) – célibataire – adresses : 47, Hyde Park Gate et Baltic House, Threadneedle Street.

Frederick rendit sa feuille à Sally.

– Un personnage assez louche, commenta-t-il. Pourquoi t'intéresses-tu à lui ?

– Une de mes clientes a perdu toutes ses économies dans la faillite de la Compagnie maritime anglo-baltique. A cause de moi, Fred. C'est affreux. Je lui ai conseillé d'investir dans cette société et, quelques mois plus tard, elle coulait. Sans le moindre avertissement. Je me suis renseignée et je pense que Bellmann a liquidé la société. Des milliers de personnes ont dû être ruinées. Il a procédé très habilement, on ne pouvait se douter de rien. Mais plus j'y regarde de près, plus je sens qu'il y a anguille sous roche. Ça reste flou, mais il se passe des choses pas très jolies. Ce Nordenfels…

– Son associé en Russie ? L'homme qui a disparu sans laisser de traces ?

– Oui. J'ai découvert une chose à son sujet aujourd'hui. Nordenfels a conçu des moteurs à vapeur. C'est lui qui a mis au point celui de l'*Ingrid Linde*, le navire de la Compagnie anglo-baltique qui a disparu en faisant route vers Riga. Le bateau était mal assuré ; c'est une des choses qui ont précipité la ruine de la compagnie. Mais Nordenfels, lui, s'est volatilisé.

Frederick se gratta la tête, se renversa contre le dossier de sa chaise et étendit les jambes en prenant bien soin d'éviter Chaka.

– Pourquoi as-tu mis un point d'interrogation après « Étoile Polaire » ?

– Parce que j'ignore de quoi il s'agit, tout simplement. Voilà pourquoi ta séance de spiritisme est si excitante. Qu'a dit exactement cette médium ?

Elle lui reprit la feuille et la lut attentivement.

– « Ce n'est pas Hopkinson, mais ils ne doivent pas le savoir »… Et ensuite, elle a dit : « Le régulateur. » C'est stupéfiant, Fred. Cette société – l'Étoile Polaire – personne ne sait ce que c'est, ni à quoi elle sert, pas les journaux en tout cas. La seule chose que j'ai pu découvrir, c'est qu'elle est liée d'une manière quelconque à une machine, à un procédé, bref à un engin qui s'appelle l'autorégulateur de Hopkinson...

– Les moteurs à vapeur sont dotés de régulateurs, dit Frederick. Et ce Bellmann est surnommé le Roi de la Vapeur, n'est-ce pas ?

– Oui, dans le temps. Je pense qu'il avait quelqu'un à sa solde, un journaliste peut-être, qui diffusait dans la presse de petites anecdotes destinées à le rendre plus intéressant et important, pour en faire un personnage en vue. Quand Bellmann a débarqué ici, il y a cinq ou six ans, et qu'il a créé ses premières sociétés, c'est le surnom qu'on lui a donné, en effet. Mais plus personne ne l'emploie. Et les choses qu'on publie à son sujet, maintenant, sont généralement de vraies infos, même si elles sont rares. Il est quasiment invisible. Mais c'est l'homme le plus riche d'Europe, et c'est un scélérat, Fred. Il aime détruire. Combien de personnes ont investi leur argent dans sa compagnie, comme ma cliente ? Pour qu'il puisse les ruiner délibérément ? Mais je vais le coincer. Je lui ferai payer.

Sally avait serré les poings sur ses genoux et ses yeux lançaient des éclairs. Le gros chien, à ses côtés, gronda.

– Et cette histoire de spiritisme ? demanda Fred après quelques instants de silence. Cette médium, Mme Budd, elle a vraiment pioché tout ça dans les espaces sidéraux, ou bien alors elle ment ?

– Je ne sais pas, avoua Sally. Mais je connais des gens à Cambridge, des scientifiques, qui ont travaillé sur ces questions. Il y a quelque chose d'intéressant là-dedans, j'en suis sûre. Cette femme lit peut-être dans les pensées de ton client ; il doit connaître toutes ces informations sur le bout des doigts.

– Oui, c'est possible... Mais il n'était pas au courant de cette histoire d'*étincelle*. Ni des trois cents livres. C'est une somme d'argent ridicule, d'ailleurs, quand on parle de l'homme le plus riche d'Europe.

– Il ne s'agit peut-être pas d'argent, fit remarquer Sally.

– De poids, alors ? Il serait obèse ?

– Les moteurs à vapeur...

– Ah ! La pression. Trois cents livres par pouce carré... Impossible. Voilà peut-être à quoi sert cet Autorégulateur. A empêcher la pression de monter aussi haut. Mais il existe des soupapes pour ce genre de chose. J'ai un autre cas intéressant, Sally. Pas plus tard qu'hier, j'ai eu un nouveau client, enfin, pas vraiment un client, c'est un type que Jim a ramené du music-hall, un prestidigitateur. Il a des sortes de visions ; il appelle ça de la psychométrie. Et il pense avoir été témoin d'un meurtre. Je ne sais pas ce qu'il attend de moi au juste...

– Hmmm, fit Sally qui semblait penser à autre chose. Tu as l'intention d'accepter cette affaire de spiritisme ? demanda-t-elle.

– C'est déjà fait. J'irai trouver Nellie Budd dès que j'aurai développé la photo, et je verrai bien ce qu'elle a à dire. Pourquoi ?

– Ne te mets pas sur mon chemin.

Fred se leva, furieux.

– Ah, elle est bien bonne celle-là ! Je pourrais t'en dire autant, espèce de souillon mal fagotée, si je n'étais pas aussi poli. Mais tant pis, je le dis quand même : ne te mets pas sur mon chemin !

Elle sourit.

– D'accord. Paix. (Puis son sourire s'évanouit et elle retrouva son air fatigué.) Mais je t'en supplie, Fred, sois prudent. Il *faut* que je récupère cet argent. Et si tu découvres quelque chose d'utile, je serai ravie d'en être informée.

– Travaillons ensemble, dans ce cas.

– Non. Nous avancerons plus vite séparément. J'en suis convaincue.

Fred savait qu'elle ne se laisserait pas fléchir et il se prépara à prendre congé. Sally le raccompagna jusqu'en bas ; ils étaient précédés par l'énorme chien noir qui descendait à pas feutrés dans l'obscurité. Arrivé sur le perron, Fred se retourna en tendant la main et après une seconde d'hésitation, elle la prit.

– Nous partagerons nos informations, dit-elle, mais c'est tout. Oh, au fait…

– Quoi ?

– J'ai vu Jim ce matin. Tu lui dois une demi-guinée.

6
Lady Mary

Frederick éclata de rire.

– Quoi ? Qu'y a-t-il ? demanda Webster.

C'était le lendemain de la séance de spiritisme et Frederick, qui avait donné le matin même une demi-guinée à un Jim triomphant, développait la photo de Nellie Budd.

– Elle a quatre mains, commenta-t-il. L'éclairage est bon, soit dit en passant.

– Ce n'est pas fiable, répondit son oncle. Si tu veux un conseil, il vaut mieux t'en tenir au magnésium. (Il s'essuya les mains et s'approcha pour examiner le cliché que Frederick tenait à bout de bras.) Ma parole, cette femme a plusieurs tours dans son sac !

La médium avait été prise sur le fait : d'une main, elle soulevait le bord de la table, et de l'autre, elle tirait sur un fil attaché aux rideaux. Jim, assis à côté d'elle, serrait dans sa main ce qui ressemblait à un gant rembourré.

– Ça semble idiot maintenant, dit Frederick, mais la main que je tenais ressemblait à une vraie main Hé, regarde un peu la tête de Jim…

Les traits joyeux du garçon étaient figés en une expression à mi-chemin entre la piété respectueuse et l'inquiétude de quelqu'un qui est sur le point de perdre son pantalon. L'oncle Webster rit à son tour.

– Tu en as eu pour ta demi-guinée, Fred, dit-il. Alors, que vas-tu faire, maintenant que tu as cette photo ? Tu vas mettre cette femme au chômage ?

– Oh, non. Elle me plaît trop. Si les membres de la Ligue de spiritisme de Streatham sont assez idiots pour tomber dans le panneau, bonne chance à Nellie Budd, voilà ce que je dis. Je crois que je vais faire plusieurs tirages pour les vendre. J'appellerai ça : « Angoisse, ou Jim et les esprits ». En attendant, je m'en servirai comme carte de visite quand j'irai la voir.

Frederick avait l'intention de se rendre chez Nellie Budd le jour même, mais en milieu de matinée se produisit un événement qui compromit ses plans : Mackinnon débarqua dans la boutique, enveloppé dans une longue cape et coiffé d'un chapeau à large bord. Il s'était déguisé pour ne pas être reconnu, mais son entrée furtive en cet équipage attira davantage l'attention que s'il avait été accompagné d'un régiment de cavalerie.

Webster travaillait dans le studio et Jim était absent ; Frederick reçut donc le magicien dans l'arrière-boutique.

– J'ai besoin de votre aide, déclara Mackinnon d'un ton pressant dès qu'il eut pris un siège. J'ai un engagement privé ce soir et j'aimerais que vous soyez présent. Au cas où cet homme… enfin, vous voyez.

– Un engagement privé ?

– Un gala de charité chez Lady Harborough. Avec une centaine d'invités. Chacun verse cinq guinées qui sont ensuite données à un hôpital. Moi, je me produis gratuitement, bien sûr. Je ne réclame qu'une somme symbolique, pour mes frais.

– Qu'attendez-vous de moi ? Je vous ai déjà dit que je ne m'occupais pas de protection. Si vous voulez un garde du corps...

– Non, non, je ne cherche pas un garde du corps. Mais je me sentirais plus en sécurité si quelqu'un surveillait cet homme. S'il essaye de se rapprocher de moi, vous pourriez peut-être engager la conversation avec lui. Pour détourner son attention, vous comprenez ?

– Je ne sais même pas à quoi ressemble cet homme. Vous êtes resté extrêmement vague, monsieur Mackinnon. Vous pensez qu'il vous pourchasse car il sait que vous l'avez « vu », si je puis dire, en train d'assassiner quelqu'un, mais vous ne savez pas qui, vous ne savez pas où, vous ne savez pas quand, vous ne savez même pas comment il s'appelle, et vous ne savez pas...

– Je vous engage pour découvrir toutes ces choses, dit Mackinnon. Si vous ne pouvez pas le faire, soyez assez aimable pour me recommander un autre détective qui pourra s'en charger.

Il avait un air sévère et autoritaire, et un peu ridicule aussi, avec sa grande cape et son grand chapeau. Frederick ne put s'empêcher de rire.

– Très bien, dit-il. Puisque vous le prenez ainsi, j'accepte. Mais je ne vous servirai pas de garde du corps, que ce soit bien clair. Si ce type essaie de vous embrocher avec une épée, je détournerai le regard en sifflotant. J'ai eu ma dose de bagarre.

En prononçant ces paroles, Frederick massa son nez, cassé six ans plus tôt au cours d'un affrontement sur un quai désert du quartier de Wapping, auquel il avait eu la chance de survivre.

– Vous viendrez, alors ? demanda Mackinnon.

– Oui. Mais vous devez me dire ce que je dois faire.

Voulez-vous que je me fasse passer pour votre assistant, par exemple ?

L'expression dégoûtée du magicien montrait bien ce qu'il pensait de cette idée. Il sortit d'une poche un carton d'invitation.

– Présentez cela à l'entrée et payez vos cinq guinées ; vous pourrez entrer avec les autres invités. Tenue de soirée exigée, évidemment. Ensuite... ouvrez l'œil. Surveillez tout le monde. Faites en sorte que je puisse vous voir facilement. Je trouverai un moyen de vous montrer l'homme. J'ignore s'il est invité ou non. Si vous le voyez, essayez de découvrir son identité et... vous savez ce que vous avez à faire.

– Ça m'a l'air assez simple, dit Frederick. Juste un détail : ce sont *vos* cinq guinées que je donnerai à l'entrée, pas les miennes.

– Oui, évidemment, répondit Mackinnon avec impatience. C'est entendu. Vous serez là, donc ? Je compte sur vous.

A cette époque, quiconque se rendait dans Burton Street pour se faire tirer le portrait avait toutes les chances de rencontrer un jeune homme brun solidement bâti nommé Charles Bertram, que Webster Garland tenait en très haute estime. Il avait de l'imagination et du talent ; ses portraits étaient pleins de vie. Comme Sally avant lui, Charles avait des raisons d'apprécier le mode de vie bohème des Garland, car son père était baron et lui-même portait le titre de *Honourable*[1] ; et s'il n'avait pas rencontré Webster, il aurait été condamné à rester un aristocratique amateur. Mais dans le monde des artistes

1. Terme employé devant le nom de certains membres de l'aristocratie britannique (*N.d.T.*)

et des techniciens, seul le savoir-faire comptait, et Charles Bertram en avait à revendre. C'est ainsi qu'il avait pris sa place au sein de cette « société », aux côtés de Jim le machiniste, Frederick le détective, Webster le génie et, de temps à autre, Sally l'as de la finance.

Il n'aspirait pas uniquement à devenir photographe professionnel, bien entendu. Tirer le portrait des bons bourgeois pour deux shillings et six pence, ce n'était pas un objectif digne de lui. Webster et Charles travaillaient sur un projet beaucoup plus ambitieux : capturer le mouvement sur une plaque photographique. Le jeune aristocrate avait investi un peu d'argent dans ce projet et les deux compères faisaient construire dans le jardin, derrière la boutique, un studio plus grand, qui serait prêt le jour où leurs expériences exigeraient davantage de place. En attendant, il donnait un coup de main à la boutique et il accomplissait sa part des tâches quotidiennes. Ce matin-là, il fixait un nouvel objectif sur l'appareil principal du studio.

Frederick se trouvait dans la cuisine, en train de griffonner sur un papier ses réflexions concernant Mackinnon et Nellie Budd ; il se demandait si les deux affaires étaient liées, comme le pensait Jim, lorsque Charles glissa la tête par l'entrebâillement de la porte.

– Fred ?

– Salut, Charlie. Tu t'y connais en spiritisme ?

– Pas du tout, et je m'en réjouis. Dis, tu pourrais me donner un coup de main avec le nouveau Voigtländer ? J'ai besoin de quelqu'un pour...

– Avec plaisir. Ensuite, tu pourras faire quelque chose pour moi, dit Frederick en l'accompagnant dans la pièce encombrée, assombrie par d'épais rideaux, qui leur servait de studio.

Quand Charles eut terminé, Frederick lui parla du travail pour lequel Mackinnon l'avait engagé.

– Ce type m'a l'air louche, dit Charles. J'ai assisté à son numéro il y a une ou deux semaines, au Britannia, sur les conseils de Jim. Il possède un talent stupéfiant... Et tu dis que quelqu'un le pourchasse ?

– C'est lui qui le dit.

– C'est Méphistophélès. Mackinnon a vendu son âme et le diable vient la réclamer.

– Ça ne m'étonnerait pas. Toi, Charles, tu connais tous ces gens, Lord Chose, la comtesse Machin, tu pourrais m'accompagner à cette soirée et me les montrer, qu'en penses-tu ? Envoie-moi dans une réunion de courses hippiques ou dans une fumerie d'opium et je saurai me débrouiller, mais l'aristocratie britannique, pour moi, c'est un continent inexploré. Tu es pris, ce soir ?

– Non. Je t'accompagnerai volontiers. Tu crois que ça risque de chauffer ? Dois-je me munir d'un pistolet ?

Cette question déclencha l'hilarité de Frederick.

– C'est toi qui connais les manières de tes pairs, mon ami, dit-il. Si telle est la coutume dans les galas de charité, tu as intérêt à te préparer. Mais si jamais ça dégénère, je fiche le camp dare-dare, comme je l'ai déjà expliqué à Mackinnon.

La maison de Lady Harborough, située dans Berkeley Square, était déjà pleine de monde quand ils arrivèrent. Ils présentèrent leur invitation à un valet de pied, payèrent le droit d'entrée et furent introduits dans un salon surchauffé où la lumière des lampes à gaz et des lustres se reflétait sur les bijoux des femmes et les boutons de chemise des hommes. Une porte à double battant s'ouvrait sur une salle de bal ; un petit orchestre, caché derrière des plantes en pot, jouait des valses, mais le bruissement des voix aristocratiques couvrait la musique.

Debout à l'entrée de la salle, Charles et Frederick prirent des coupes de champagne sur le plateau que leur présentait un valet de pied.

– Laquelle est Lady Harborough ? demanda Frederick. Autant que je connaisse la maîtresse de maison.

– La vieille chouette avec le face-à-main, répondit Charles, là-bas près de la cheminée. Elle papote avec Lady Wytham. Je me demande si sa fille est ici. C'est une beauté.

– La fille de qui ?

– De Wytham. C'est lui qui discute avec Sir Ashley Hayward, le propriétaire de chevaux de course.

– Ah, oui, je connais Hayward. De vue, je veux dire. L'année dernière, j'ai gagné dix livres grâce à son cheval, Grand d'Espagne. Et l'autre type, c'est donc Lord Wytham ? Le ministre ?

Lord Wytham, un homme de haute taille, aux cheveux blancs, semblait nerveux ; ses yeux ne cessaient de courir d'un point à un autre, il se mordillait fréquemment la lèvre et, de temps en temps, portait sa main à sa bouche et se rongeait les ongles comme un chien affamé.

A côté de Lady Harborough était assise une jeune fille immobile et muette ; Charles expliqua à Frederick qu'il s'agissait de Lady Mary Wytham. Dans le petit groupe qui se tenait près d'elle, deux jeunes hommes parlaient fort, visiblement désireux de se faire remarquer. Elle leur adressait parfois un sourire poli, puis baissait à nouveau la tête. Comme Charles l'avait proclamé, c'était une beauté, même si ce terme n'était pas le mieux adapté, songea Frederick en sentant sa gorge se serrer. Cette jeune fille possédait un irrésistible mélange de grâce et de timidité ; son teint de rose était si délicat que le jeune photographe eut aussitôt envie de faire son portrait, bien que rien, assurément, ne pût restituer le velouté de ses joues ni la tension nerveuse, presque animale, de sa nuque et de ses épaules.

« Peut-être que Webster le pourrait, se dit-il. Ou Charles. »

Quelle étrange famille ce devait être, pensa Frederick. Le père et la fille semblaient en proie au même désespoir, en dépit de leur maîtrise. Lady Wytham montrait, elle aussi, un visage tourmenté. Sans posséder le charme de sa fille, c'était une jolie femme, mais ses yeux sombres étaient habités par la même angoisse.

– Parle-moi un peu de Wytham, demanda-t-il à Charles.

– Comte, septième du nom, originaire d'un endroit quelconque à la frontière avec l'Écosse, ministre du Commerce, du moins il l'était. J'ai cru comprendre que Disraeli l'avait chassé du gouvernement. Lady Mary est son unique enfant ; sur son épouse, je ne sais pas grand-chose. D'ailleurs, c'est à peu près tout ce que je sais. Ce n'est pas le seul politicien présent ce soir. Regarde, Hartington est là aussi...

Charles mentionna ainsi une douzaine d'autres noms, dont n'importe lequel, supposait Frederick, aurait pu être celui du poursuivant de Mackinnon. Mais son regard était sans cesse attiré par la frêle silhouette immobile de Lady Mary Wytham, assise sur le divan près de la cheminée, dans sa robe du soir blanche.

Ils eurent le temps de boire une deuxième coupe de champagne, puis on annonça l'attraction principale de la soirée. Par la porte de la salle de bal, on apercevait plusieurs rangées de chaises disposées en demi-cercle face à une petite scène, derrière laquelle était tendu un rideau de velours noir; des fougères et de petits palmiers en pot étaient alignés sur le devant.

L'orchestre était parti; seul un pianiste attendait à côté de son instrument. Le public mit environ cinq minutes à prendre place; Frederick veilla à ce que Charles et lui soient suffisamment près de la scène pour que Mackinnon les vît distinctement, et à proximité de la sortie – pour pouvoir fuir en cas de besoin. Il expliqua les raisons de son choix à Charles, qui ne put s'empêcher de rire.

– A t'entendre, on a l'impression d'être dans une des histoires dont raffole Jim, dit-il. Si ça continue, on va voir surgir Jack l'Homme-Ressort ou bien Dick Bois-Mort, qui nous détrousseront en un rien de temps. Que va-t-il se passer, à ton avis?

– Je n'en ai pas la moindre idée, avoua Frederick. Mackinnon non plus, et c'est justement ça le problème. Tiens, voilà notre hôtesse...

Les domestiques ayant informé Lady Harborough que tout était prêt, la respectable dame monta sur l'estrade et prononça un discours dans lequel elle décrivit le travail remarquable accompli par son œuvre de charité. Apparemment, il s'agissait surtout de sauver de la misère morale de jeunes filles-mères en les réduisant à l'esclavage et en leur imposant par-dessus le marché le supplice d'un prêche quotidien infligé par des pasteurs évangélistes.

Le discours fut bref. On aida Lady Harborough à descendre de l'estrade, le pianiste prit place, ouvrit sa partition et joua une succession d'arpèges sinistres dans les basses. Puis le rideau s'ouvrit et Mackinnon apparut.

Il était métamorphosé. Frederick n'avait pas cru Jim quand celui-ci lui avait décrit ce phénomène mais, incontestablement, l'être effacé et furtif qu'il avait rencontré par deux fois irradiait à présent une telle autorité et une telle puissance que le jeune détective en resta muet de stupeur. Mackinnon portait son fameux maquillage blanc ; un coup de génie, car il permettait au magicien de paraître tour à tour sinistre, drôle ou attachant : tête de mort, clown ou Pierrot.

Mackinnon n'exécutait pas uniquement des tours ; bien sûr, il transformait des fleurs en bocal de poissons rouges, faisait apparaître des cartes à jouer dans le vide et disparaître des chandeliers en argent, mais ces manipulations n'étaient que le moyen d'atteindre le but de sa prestation, et ce but, c'était de créer un monde. Un monde dans lequel rien n'était figé, où tout était changeant, où les identités se mêlaient et se dissolvaient, où des notions comme le *dur* et le *mou*, le *haut* et le *bas*, la *tristesse* et la *joie* s'intervertissaient en un clin d'œil et perdaient toute signification, où le seul point de repère fiable était le soupçon, l'unique thème, la méfiance.

C'était un monde diabolique, se dit Frederick, car aucune joie ne se dégageait de la prestation de Mackinnon. Il rejeta cette pensée dès qu'elle traversa son esprit (est-ce qu'il devenait superstitieux ?), mais la vérité était là : Mackinnon faisait surgir des ombres effrayantes, même si on pouvait s'en moquer en pleine lumière.

Vint ensuite un tour pour lequel le magicien avait besoin d'emprunter une montre à une personne de l'assistance. Il regarda fixement Frederick ; ses yeux sombres lançaient des éclairs. Comprenant aussitôt ce qu'on attendait de lui, Frederick détacha sa montre de gousset de son gilet et la tendit à bout de bras. Une demi-douzaine d'autres mains s'étaient levées, mais Mackinnon sauta de la scène avec grâce et se dirigea vers le jeune détective.

– Merci, monsieur, dit-il à voix haute. Voici un gentleman qui se fie à la bienveillance du monde des merveilles ! Sait-il quelles terribles transformations va subir sa montre ? Non ! Va-t-il la retrouver sous la forme d'un chrysanthème ? Ou d'un hareng fumé et salé ? Ou d'un petit tas de ressorts et d'engrenages ? On a déjà vu des choses plus étranges !

Et soudain, Frederick entendit un murmure dans son oreille : « *Près de la porte. Il vient d'entrer.* »

Quelques secondes plus tard, Mackinnon était de retour sur scène et il enveloppait la montre dans les replis d'un grand mouchoir de soie, avec de grands gestes et des déclamations. Frederick se faisait-il des idées ou bien y avait-il réellement une note d'hystérie dans la voix du magicien ? Son débit s'était accéléré, ses gestes étaient plus exagérés, moins maîtrisés... Dès qu'il le put, Frederick tourna discrètement la tête.

Sur la chaise la plus proche de la grande porte à double battant était assis un homme solidement bâti, imposant, avec des cheveux blonds et lisses. Il regardait la scène d'un air impassible. En dépit de son impeccable tenue de soirée, il y avait en lui quelque chose de brutal. Non, pas brutal, se dit Frederick, car ce terme faisait penser à un animal, et cet homme était... mécanique.

D'où lui venait cette idée ?

Conscient de son regard insistant, il reporta son attention sur la scène. Mackinnon était en train d'achever un tour complexe avec la montre, mais il avait l'esprit ailleurs. Frederick vit sa main trembler lorsqu'il promena plusieurs fois le mouchoir au-dessus de la petite table qui se trouvait devant lui, et il remarqua également que les yeux du magicien ne cessaient de se poser sur l'homme assis près de la porte

Frederick se tourna de biais sur sa chaise, croisant les jambes comme s'il cherchait une position plus confortable. Ainsi, il englobait dans son champ de vision Mackinnon et l'homme blond; c'est ainsi qu'il vit ce dernier adresser un signe discret à un domestique. Le valet de pied se pencha vers lui et l'homme lui chuchota quelque chose à l'oreille, sans quitter le magicien du regard. Frederick savait que cette petite scène n'échapperait pas à Mackinnon; quand le domestique quitta la salle, le magicien se troubla et se mit à bafouiller. Tout se passait comme si les invités avaient soudain quitté la salle de bal, sauf trois personnes: l'homme blond, Mackinnon – et Frederick, qui assistait à leur étrange duel de volontés.

Le public sentait qu'il se passait quelque chose d'anormal. Le magicien s'était tu, le mouchoir pendait dans sa main et son visage, sous le maquillage, avait pâli. Soudain, il lâcha le carré de tissu et recula en titubant.

Le pianiste cessa de jouer et leva la tête d'un air hésitant. Mackinnon, cramponné au rideau, parvint à articuler:

– Je vous prie de m'excuser... indisposé... dois sortir de scène.

Il écarta le rideau d'une main tremblante et disparut.

Le public était trop bien élevé pour manifester sa surprise, mais un murmure de commentaires parcourut la salle. De son propre chef, le pianiste entama une valse et Lady Harborough, se levant de sa chaise, s'entretint à voix basse avec un homme âgé, probablement son mari.

Frederick pianotait nerveusement sur le bras de son fauteuil. Finalement, il prit une décision.

– Charlie, dit-il à voix basse. Ce type là-bas près de la porte, avec des cheveux blonds, costaud. Essaye de savoir qui c'est, tu veux bien? Nom, titre, adresse... tout ce que tu peux.

Charles hocha la tête.

– Et toi, qu'est-ce que tu...

– Je pars enquêter, répondit Frederick.

Quittant son siège, il se dirigea vers Lady Harborough. Cette dernière se tenait à côté du piano et semblait sur le point d'appeler un domestique. Pendant ce temps, les spectateurs, pour la plupart, échangeaient des regards polis et bavardaient comme si l'interruption du spectacle avait été la chose la plus naturelle au monde.

– *My lady* ? dit Frederick. Je suis désolé de vous interrompre, mais je suis médecin. Si M. Mackinnon est souffrant, il serait peut-être préférable que je l'examine.

– Oh ! Quel soulagement ! J'allais justement envoyer chercher un médecin. Suivez le valet de pied, docteur...

– Garland.

Un valet de pied à l'air guindé, les cheveux poudrés et les mollets gainés de bas blancs, le toisa d'un air morne et s'inclina légèrement pour le saluer. Alors que Frederick quittait la salle de bal à sa suite, il entendit Lady Harborough donner des ordres pour que l'orchestre se remît à jouer. Charles Bertram, lui, se trouvait en pleine conversation avec un invité assis au fond du salon.

Le valet de pied conduisit Frederick à travers le hall, puis dans un long couloir, et s'arrêta devant une porte située à côté de celle de la bibliothèque.

– M. Mackinnon a utilisé cette pièce comme loge, monsieur.

Il frappa à la porte, mais n'obtint aucune réponse. Frederick passa devant lui et appuya sur la poignée. La pièce était vide.

– N'y avait-il pas un autre valet dans le couloir ? demanda Frederick.

– Si, monsieur.

– Voulez-vous aller lui demander s'il a vu M. Mackinnon sortir de la salle de bal ?

– Certainement, monsieur. Mais si je peux me permettre, monsieur, il n'est certainement pas passé par là. Il aura plutôt traversé le salon en passant derrière la scène, comme nous l'avons fait, monsieur.

– Oui, je vois. Mais si M. Mackinnon voulait prendre l'air, il a forcément traversé le hall, n'est-ce pas ?

– Je peux affirmer que oui, monsieur. Voulez-vous que je me renseigne ?

– Faites, je vous en prie.

Dès que le valet eut disparu, Frederick balaya rapidement la pièce du regard. C'était une sorte de petit salon ; une lampe à gaz était allumée près de la cheminée, la cape et le chapeau de Mackinnon avaient été jetés sur le dossier d'un fauteuil, près du feu. Il y avait un panier en osier ouvert sur la table, un pot de maquillage à côté d'un petit miroir à main, mais pas de Mackinnon.

Au bout de quelques instants, le valet de pied frappa à la porte.

– Il semblerait que votre raisonnement soit le bon, monsieur. M. Mackinnon a couru vers la porte d'entrée et il est sorti.

– Je peux affirmer qu'il reviendra quand il se sentira mieux, dit Frederick. Je n'ai donc plus rien à faire ici. Pouvez-vous m'aider à regagner la salle de bal ?

Les domestiques étaient en train de débarrasser les chaises, pendant que l'orchestre prenait à nouveau place sur la scène. Des valets passaient entre les convives pour leur proposer du champagne ; le temps semblait avoir fait un bond d'une heure en arrière.

Frederick chercha du regard l'homme blond, mais il était introuvable. Tout comme Charles, d'ailleurs. Frederick prit un verre sur le plateau du domestique le plus proche et se promena à travers la salle en observant les visages des invités. « Une bande d'individus insipides, apparemment, commenta-t-il intérieurement. Lisses, vides et prétentieux... » Il voulut consulter l'heure, mais se souvint que sa montre était restée entre les mains du magicien. Si c'était toujours une montre et non un lapin ou une batte de cricket, songea-t-il avec un soupçon d'amertume.

C'est alors qu'il aperçut Lady Mary Wytham. Elle était assise non loin du piano, à côté de sa mère. L'une et l'autre souriaient poliment à une personne dissimulée derrière un palmier en pot. Le jeune détective fit un pas de côté et reconnut le colosse blond.

Assis face aux deux femmes, il tournait le dos à Frederick et bavardait avec décontraction. Frederick n'osait pas s'approcher ; il se sentait déjà suffisamment exposé. Faisant mine de hocher la tête en rythme comme s'il écoutait attentivement la musique, il continua à observer Lady Mary. Son visage, à l'instar de ses yeux, portait l'empreinte du désespoir, et elle n'ouvrait pas la bouche : quand il fallait répondre à une question, c'était sa mère qui s'en chargeait. Lady Mary écoutait la conversation, mais parfois, son regard s'évadait un court instant. Frederick se demandait quel âge elle avait ; par moments, elle semblait avoir quinze ans.

Soudain, le colosse blond se leva. Il s'inclina, prit la main que Lady Mary levait timidement vers lui et y déposa un baiser. Elle rougit, mais parvint à esquisser un sourire poli, tandis que l'homme faisait demi-tour et s'éloignait.

Frederick, au moment où l'homme passait devant lui, le regarda furtivement. Cet homme ressemblait à un raz-de-marée : il en avait la force et la puissance fluide.

Le jeune détective envisagea un instant de se lancer à sa poursuite, mais il rejeta aussitôt cette idée. L'homme avait certainement un attelage et, le temps que Frederick trouve un fiacre, il aurait disparu.

L'instant d'après, Charles Bertram lui tapait sur l'épaule.

– Alors, tu as trouvé Mackinnon ?

– Non. C'est un véritable feu follet. Mais il finira bien par réapparaître. J'espère, du moins. Je tiens à récupérer ma montre, nom d'une pipe ! Alors, qui est ce gars aux cheveux blonds ? Il était en train de flirter avec Lady Mary Wytham.

– Ah bon ? C'est intéressant, dit Charles. Je viens justement d'entendre quelques ragots concernant Wytham lui-même. Apparemment, il serait au bord de la faillite. Mais j'ignore si c'est vrai. Quant au type blond, c'est un homme d'affaires, une grosse pointure dans le domaine des chemins de fer, des mines et des allumettes. Un Suédois. Il s'appelle Bellmann.

7
Une étrange proposition

Le lendemain matin, Sally, lorsqu'elle arriva à son bureau, trouva un client qui l'attendait.

Du moins, elle crut qu'il s'agissait d'un client. Il dit se nommer Windlesham ; c'était un petit homme aux manières discrètes, qui portait des lunettes cerclées d'or. Il attendit poliment que Sally eût installé Chaka et ôté son manteau et son chapeau. Puis vint la surprise.

– Je représente M. Axel Bellmann, déclara-t-il. Je pense que ce nom ne vous est pas inconnu.

Sally s'assit lentement. *Qu'est-ce que ça signifiait ?*

– M. Bellmann a été averti, reprit-il, que vous meniez une enquête tout à fait obstinée et indiscrète sur les diverses affaires dont il s'occupe. C'est un homme très occupé qui a de grosses responsabilités et gère d'importants intérêts, c'est pourquoi des rumeurs infondées et malveillantes, comme celles que vous essayez de répandre, ne peuvent que provoquer des désagréments sans nombre. Aussi, afin de vous éviter l'embarras d'une assignation devant les tribunaux – nous pouvons aussi utiliser d'autres armes, bien entendu –, M. Bellmann m'a chargé de venir en personne vous faire part de son mécontentement, dans l'espoir que vous y serez sensible et que vous prendrez conscience que ce serait de la folie de persévérer dans cette entreprise aussi insensée que vaine.

Sur ces mots, il croisa les mains devant lui et adressa un doux sourire à Sally.

Le cœur de cette dernière battait à tout rompre. Elle ne trouva qu'une seule chose à dire :

– Vous avez appris tout ça par cœur ou les mots vous sont venus au fur et à mesure ?

Le sourire de l'homme s'effaça.

– Peut-être n'avez-vous pas bien compris, dit-il. M. Bellmann...

– Je comprends très bien. M. Bellmann n'a pas la conscience tranquille, alors il cherche à me faire peur. Mais je ne me laisserai pas intimider, monsieur Windlesham. J'ai une raison bien particulière de mener cette enquête et tant que je n'aurai pas atteint mon but, je continuerai. En revanche, j'aimerais savoir de quelles armes vous prétendez user contre moi.

Le sourire réapparut sur le visage de M. Windlesham.

– Allons, vous êtes trop intelligente pour croire que je vais vous le dire, à ce stade. M. Bellmann décidera s'il veut utiliser ou non cette arme quand je lui ferai part de votre réponse.

– Dites-moi juste une chose : quelle est votre fonction au sein de la société de M. Bellmann ?

Windlesham sembla trouver cette question sans intérêt.

– Je suis le secrétaire particulier de M. Bellmann. Pourquoi me demandez-vous cela ?

– Simple curiosité. Vous m'avez appris beaucoup de choses, monsieur Windlesham. Je sais maintenant que je suis sur la bonne voie. Je me demande ce qui rend M. Bellmann aussi nerveux. Serait-ce l'*Ingrid Linde* ?

C'était un coup au hasard mais, apparemment, il atteignit sa cible. Windlesham retint son souffle et de profondes rides barrèrent son front.

– Je me permets de vous conseiller la plus grande prudence, dit-il. Il est facile pour une personne inexpérimentée de commettre de graves erreurs dans l'interprétation de faits totalement dénués de mystère. A votre place, miss Lockhart, je m'en tiendrais à mon rôle de conseillère. Si je puis me permettre, ajouta-t-il en se levant et en récupérant sa canne et son chapeau, j'aimerais vous dire qu'à titre personnel, j'admire votre esprit d'initiative. J'ai toujours suivi et soutenu avec un grand intérêt la question de l'émancipation des femmes. Je vous souhaite la plus grande réussite dans votre domaine, miss Lockhart. Mais ne vous laissez pas entraîner par votre imagination.

Il la salua en levant sa canne. Chaka, qui se méprit sur le sens de ce geste, se dressa aussitôt sur ses pattes en grognant. Le petit homme ne cilla pas.

« Il ne manque pas de sang-froid, se dit Sally. Qu'est-ce que je fais maintenant ? »

La jeune fille ne fut pas longue à prendre une décision : elle remit son manteau et son chapeau et se rendit au cabinet de son ami M. Temple, l'avocat.

M. Temple était un vieux gentleman ironique qui se déplaçait en permanence dans un léger parfum de bougran, de gâteau au carvi et de tabac à priser. Il avait été l'avocat du père de Sally; quand le capitaine Lockhart avait été assassiné, six ans plus tôt, il avait soutenu et conseillé la fille de son vieil ami. Sally l'avait à ce point impressionné par ses connaissances de la Bourse et sa maîtrise des affaires qu'il avait dépassé ses préjugés démodés et l'avait aidée à mettre sur pied, d'abord son association avec Webster Garland, puis sa propre société.

Sally lui retraça rapidement les grandes lignes de l'affaire avant de lui narrer la visite de M. Windlesham, le matin même.

– Sally, dit M. Temple quand elle eut terminé son récit, vous serez prudente, n'est-ce pas ?

– *Il* m'a dit la même chose ! Je pensais que vous trouveriez quelque chose de plus original.

Le vieil homme sourit et tapota sa tabatière.

– La grande force de la loi, dit-il, réside dans le fait qu'elle laisse peu de place à l'originalité, Dieu soit loué. Racontez-moi ce que vous savez sur l'Étoile Polaire.

La jeune fille lui confia tout ce qu'elle savait, et qui se résumait à peu de choses. Elle omit de mentionner Nellie Budd, en se disant que M. Temple n'était pas du genre à se laisser influencer par des révélations venues du monde des esprits. Elle-même n'était pas certaine d'être convaincue.

– J'ignore s'il s'agit d'une industrie, d'une exploitation minière ou d'autre chose, dit-elle en guise de conclusion. Je sais seulement qu'il existe un lien avec une usine chimique. A votre avis, qu'est-ce qui pourrait les pousser à garder le secret ?

– Les produits chimiques, dit M. Temple d'un air songeur. Des saletés malodorantes qui fuient et qui empoisonnent l'eau et... Est-ce qu'il fabrique toujours des allumettes ?

– Non. Le gouvernement a ouvert une enquête en Suède et son usine a été fermée, mais Bellmann l'avait vendue l'année précédente et n'a donc pas été jugé responsable.

– Il se trouve que j'ai entendu parler de cette Étoile Polaire il y a un jour ou deux, dans un contexte différent. Un membre de mon club parlait de sociétés coopératives, de syndicats et ainsi de suite, et il a mentionné une entreprise récente, installée dans le Lancashire et fonctionnant de manière originale. Je n'ai pas suivi tout ce qu'il disait, car je ne vais pas à mon club pour suivre des cours de sociologie, mais l'idée principale est que cette entreprise a décidé d'organiser la vie de ses employés dans les moindres détails. Comme Robert Owen. Le contrôle absolu, vous voyez. J'ai trouvé ça effrayant. Mais si je vous en parle, c'est que l'entreprise en question se nomme l'Étoile Polaire...

Sally se redressa sur son siège, le visage rayonnant.

– Enfin ! s'exclama-t-elle.

– Je vous demande pardon ?

– Un indice ! Que fabrique cette entreprise ?

– Euh, il l'ignorait. Mais il pensait que cela avait un rapport avec les chemins de fer... Voulez-vous un verre de sherry ?

Sally accepta cette proposition et, pendant que l'avocat remplissait les verres, elle regarda les particules de poussière juridique flotter dans les rayons de soleil qui entraient par la fenêtre ouverte. M. Temple était maintenant un vieil ami et elle avait souvent dîné chez lui ; pourtant elle se sentait toujours mal à l'aise dès qu'ils cessaient de parler de sujets professionnels. La plupart des jeunes femmes savaient parler de la pluie et du beau temps, danser avec grâce, flirter avec un inconnu au cours d'un dîner tout en choisissant de manière infaillible les bons couverts, mais pas Sally. Ses rares tentatives dans ce domaine lui avaient valu de cuisantes humiliations. Loin de ses livres de comptes et de ses dossiers, elle ne se sentait véritablement à l'aise, véritablement elle-même, que dans le monde imprévisible et joyeux des Garland.

Elle sirota le nectar ambré en silence, pendant que M. Temple feuilletait les documents qu'elle avait apportés.

- Nordenfels... Qui est-ce ? demanda-t-il. Son nom revient plusieurs fois.

– Bellmann avait un associé nommé Nordenfels. C'était un ingénieur. Pas plus tard qu'hier, je suis tombée sur un article dans le *Journal de la Société royale des ingénieurs* où son nom était cité. Apparemment, il aurait inventé un nouveau type de valve de sécurité qui peut supporter des températures ou des pressions très élevées. Il faudra que je relise l'article dans le détail. Mais il a disparu... je parle de Nordenfels, il y a trois ou quatre ans. Peut-être ont-ils simplement mis fin à leur association. Mais j'ai un mauvais pressentiment...

– Hmm, fit M. Temple. Si j'étais vous, j'éviterais les pressentiments. Tenez-vous-en aux faits et aux chiffres. Vous êtes sur la piste de quelque chose avec cette Compagnie anglo-baltique, c'est évident. Avez-vous enquêté au sujet de l'assurance de l'*Ingrid Linde* ?

– C'est là, sur cette feuille jaune. Tout est en ordre. Il ne s'agit pas d'une escroquerie à l'assurance.

Après une minute de réflexion, elle reprit :

– Ce M. Windlesham m'a menacée. Peut-il réellement me traîner en justice ?

– J'en doute fort. Il devrait convaincre le tribunal que l'enquête que vous menez constitue un délit ou que vos intentions sont malveillantes, ce que vous nieriez, évidemment.

– Autrement dit, cette menace c'est du bluff ?

– Je le pense. Mais il a d'autres moyens de vous faire du mal, ma chère. C'est pourquoi je vous le répète : soyez prudente.

– Promis. Mais pas question d'arrêter de fouiller dans ses affaires. Cet homme mijote un mauvais coup, monsieur Temple. Je le sais !

– Vous avez peut-être raison. Je ne veux pas vous retenir plus longtemps, mais je compte parmi mes clients un certain M. O'Connor qui a reçu mille livres sterling en héritage. Dois-je vous l'envoyer afin que vous puissiez lui expliquer comment faire fructifier cette somme ?

Au même moment, en plein cœur financier de la City, l'ancien ministre, Lord Wytham, était assis dans un couloir devant la porte d'un bureau ; ses doigts ne cessaient de pianoter nerveusement sur son chapeau haut de forme et il se levait d'un bond chaque fois qu'un employé surgissait au coin du couloir ou sortait d'une pièce voisine.

Lord Wytham était un homme séduisant, doté de cette beauté distinguée et virile qu'on ne trouve plus de nos jours que sur les photos de mannequins d'un certain âge. Sur un véritable visage, cette beauté ressemble à de la faiblesse. L'ancien ministre avait les ongles rongés jusqu'au sang ; ses grands yeux sombres étaient cernés de rouge et sa moustache grise irrégulière à force d'être mâchonnée. Il ne tenait pas en place, se levant pour examiner l'une des gravures accrochées au mur, ou plongeant alternativement ses regards par la fenêtre qui donnait sur Threadneedle Street et dans la cage d'escalier en marbre.

Enfin, une porte s'ouvrit, un employé apparut et dit :

– M. Bellmann va vous recevoir, *my lord.*

Lord Wytham récupéra prestement son haut-de-forme posé sur la chaise, sa canne, et traversa à la suite de l'employé une antichambre qui donnait sur un grand bureau aux meubles flambant neufs. Axel Bellmann s'avança pour serrer la main de son visiteur.

– Merci d'être venu, Wytham, dit-il en lui faisant signe de prendre place dans un fauteuil. Curieuse soirée chez Lady Harborough, n'est-ce pas ?

L'industriel avait une voix grave, presque sans accent ; son visage était lisse, ses cheveux blonds épais et raides. Il pouvait avoir n'importe quel âge entre trente et soixante ans A l'image de son bureau, il y avait en lui quelque chose d'imposant, de poli et de brillant, comme s'il avait été fait d'acier usiné. Le regard de ses yeux proéminents était direct, intense et intimidant ; leur expression ne trahissait rien de son état d'esprit, de son humeur ou de son tempérament. Il clignait rarement des paupières.

Lord Wytham se surprit à détourner les yeux, tout en tripotant nerveusement le bord de son haut-de-forme. Un employé se présenta pour l'en débarrasser. Bellmann regarda l'homme accrocher le haut-de-forme au portemanteau, puis ressortir ; il reporta alors son attention sur son visiteur.

– Soirée curieuse, mais intéressante, vous ne trouvez pas ? Chez Lady Harborough.

– Ah. Cet individu qui a subitement disparu ? Oui, en effet.

– Appréciez-vous les spectacles de magie, Wytham ?

– Je ne peux pas dire que je possède une grande expérience de…

– Vraiment ? Moi, je trouve cela très intéressant à observer. Peut-être auriez-vous dû être plus attentif.

Si cette phrase renfermait un sens caché, Lord Wytham ne s'en aperçut pas. Ses yeux sombres, injectés de sang, parcouraient la pièce comme s'il refusait de regarder Bellmann en face.

– Bien, fit celui-ci après quelques secondes de silence. Vous vous demandez peut-être pourquoi je vous ai prié de venir me voir ce matin. Je crois savoir que vous avez été exclu du gouvernement.

Le visage de Lord Wytham s'assombrit davantage.

– Le Premier Ministre souhaitait... euh, redistribuer les portefeuilles parmi... euh....

– C'est bien ce que je disais. Vous avez été renvoyé. Vous êtes donc libre désormais de jouer un rôle actif dans le monde des affaires, n'est-ce pas ?

– Je vous demande pardon ?

– Plus rien ne vous empêche de devenir le dirigeant d'une société.

– Euh, non. Sauf... Non, rien. Mais je ne comprends pas, Bellmann.

– Évidemment. Je vais vous expliquer tout cela plus clairement. Je connais votre situation financière dans les moindres détails, Wytham. Vos dettes se montent à quatre cent mille livres, à la suite d'une conjonction d'investissements idiots, de mauvaise gestion et de conseils incompétents. Sans emploi, vous n'avez aucun espoir de rembourser cette somme, et vous voyez se profiler la faillite comme solution ultime. Évidemment, cela entraînera pour vous le déshonneur. Intéressons-nous un instant à vos actifs : ils se composent presque exclusivement de votre maison de Londres et de votre propriété à la campagne. Mais l'une et l'autre sont déjà hypothéquées, n'est-ce pas ?

Lord Wytham hocha la tête. Comment cet homme savait-il tout cela ? se demandait-il. Mais il était trop effondré pour protester.

– Il y a aussi la propriété de votre fille, reprit Bellmann. Je crois savoir qu'elle possède des terres dans le Cumberland.

– Euh… oui. C'est exact. Mais ça ne change rien pour moi. Je ne peux pas y toucher… J'ai essayé. La propriété appartient à la branche maternelle de la famille et il existe une disposition juridique qui la rend inaliénable. Ce sont des mines, je crois, ce genre de choses.

– Du graphite.

– Oui, c'est ça, parbleu ! Je sais qu'il a été question de crayons…

– Les mines de votre fille sont les seules à renfermer une certaine forme pure de graphite.

– C'est possible. C'est mon agent, installé à Carlisle, qui s'occupe de cela. Depuis des années. Ils fabriquent des crayons avec ce… graphite. Mais c'est d'un rapport quasiment nul…

– Je vois, dit Bellmann. Il est inutile que je vous demande ce que vous avez l'intention de faire. Il est évident que vous n'en avez aucune idée.

Lord Wytham ouvrit la bouche pour protester, mais Bellmann leva la main pour le faire taire et enchaîna :

– C'est pourquoi je vous ai fait venir ce matin. Je peux vous offrir le poste de directeur d'une société que j'ai fondée. Même si vous ne faites plus partie du gouvernement, vos contacts à Whitehall[1] me seront très utiles. Je ne vous paierai pas en échange de vos qualités d'homme d'affaires, car vous n'en avez aucune. Le salaire que vous percevrez en tant que directeur sera lié à vos relations au sein de l'administration.

1. Cette rue réunit de nombreux services gouvernementaux. Le nom est souvent employé pour désigner le gouvernement (*N.d.T.*).

– Mes relations ? répéta Lord Wytham d'une petite voix.

– Avec les fonctionnaires du ministère du Commerce et des Affaires étrangères. Dans le domaine des licences d'exportation, pour être plus précis. Vous connaissez certainement les personnes concernées ?

– Oui, évidemment. Les directeurs de cabinet et ainsi de suite.

– Je ne vous demanderai pas d'exercer une influence, vous n'en seriez pas capable. Vous me fournirez les contacts, je me chargerai du reste. Voilà qui règle la question de vos revenus. Reste le problème de vos dettes. Vous ne pourrez pas les rembourser avec votre seul salaire, je regrette de devoir le dire. Mais il existe une solution. Je souhaite épouser votre fille.

Lord Wytham crut avoir mal entendu ; stupéfait, il se contenta de regarder Bellmann en clignant des yeux. Celui-ci ajouta :

– Voilà un certain temps déjà que j'ai l'intention de prendre femme. J'ai vu votre fille, elle me convient. Quel âge a-t-elle ?

Lord Wytham avala sa salive. C'était ridicule, c'était de la folie. Maudit soit cet homme ! Comment osait-il ? Puis il prit conscience de la catastrophe qui planait au-dessus de sa tête et il s'enfonça dans son fauteuil, impuissant.

– Dix-sept ans. Je... Monsieur Bellmann, vous connaissez ma situation. Je...

– Aussi bien que vous. Sans doute même mieux étant donné que vous êtes incompétent pour toutes les questions d'argent, ce qui n'est pas mon cas. Vous avez un mois pour trouver trois cent quatre-vingt-dix mille livres. Et vous ne les trouverez pas. Je ne vois pas comment vous pourriez faire. Tout votre crédit est épuisé.

– Je... Mary est... je vous en supplie, monsieur Bellmann. Si vous pouviez...

Sa voix mourut ; il n'avait pas la moindre idée de ce qu'il allait dire. Immobile dans son fauteuil, Bellmann l'observait attentivement. Finalement, il dit :

– Vous m'avez très bien compris. Votre fille, Lady Mary, me convient parfaitement. Quand nous serons mariés, je verserai quatre cent mille livres à votre compte. Trois cent quatre-vingt-dix mille pour couvrir vos dettes, plus dix mille en vue des frais que vous engagerez pour le mariage. Je pense que c'est tout à fait clair.

Lord Wytham en avait le souffle coupé. Jamais il n'avait reçu un tel choc depuis le jour où il était tombé de cheval, à la chasse, et avait perdu connaissance. Il éprouvait la même sensation : celle d'entrer tout à coup en collision avec une chose beaucoup plus grosse et plus puissante que lui. La douleur était presque physique.

– Je... vous êtes très persuasif. C'est une proposition intéressante. Évidemment, il faut que j'en réfère à mon avocat. Je...

– Votre avocat ? Pourquoi faire ?

– Il s'agit d'une affaire de famille ! Mon avocat doit examiner la proposition, vous le comprenez bien.

Il commençait à reprendre ses esprits. Et il se disait maintenant que si Bellmann était disposé à se séparer de quatre cent mille livres, il pouvait fort bien se montrer plus généreux.

– Oui, je comprends, répondit Bellmann. Vous voulez toucher un peu plus et vous pensez que votre avocat sera plus habile que vous pour obtenir une rallonge. Vous avez raison, sans aucun doute. A quelle somme pensiez-vous ?

Nouvelle chute. Bellmann était trop fort, trop rapide ; ce n'était pas juste, songeait Lord Wytham. Mais que dire maintenant ? S'il faisait marche arrière, il passerait pour un faible ; s'il ne réclamait pas assez, il passerait à côté d'une fortune, mais s'il demandait trop, il risquait de tout perdre. Son esprit filait comme un rat sur une succession de chiffres s'achevant par une rangée de zéros.

– Il faut que... je me protège, dit-il prudemment. Ma propriété, ma maison de Cavendish Square. Tout cela coûte beaucoup d'argent. Sans capital, je

Bellmann ne disait rien. Il ne volerait pas au secours de Lord Wytham. Celui-ci inspira à fond avant de se jeter à l'eau :

– Deux cent cinquante mille livres supplémentaires, dit-il.

C'était la moitié de la somme qu'il aurait voulu réclamer.

– Très bien, répondit Bellmann. Cela me paraît satisfaisant. Nous sommes donc d'accord pour estimer que votre fille vaut six cent cinquante mille livres. Je vous ferai un chèque de cinquante mille livres dès que les fiançailles seront annoncées, de quoi régler vos dettes les plus criantes. Trois cent cinquante mille livres vous seront versées le matin du mariage. Quant aux deux cent cinquante mille livres supplémentaires, vous les toucherez le lendemain matin, si je suis satisfait de... la conduite de Lady Mary. Me suis-je bien fait comprendre ?

Cette nouvelle chute fut la plus dure. L'ancien ministre se sentit foulé aux pieds. Bellmann était en train de dire que si Lady Mary n'était pas vierge, il n'y aurait pas de bonus. Lord Wytham avait la nausée, et il s'entendit gémir ; c'était trop cruel, trop humiliant, trop difficile à supporter... Personne n'avait le droit de se comporter ainsi... Effondré, hébété, il n'arrivait plus à réfléchir, il nageait en pleine confusion.

– Il faudra que vous parliez à ma fille, dit-il d'une voix faible.

– Évidemment.

– Et si... si elle...

– Si elle refuse ? dit Bellmann.

Lord Wytham répondit par un hochement de tête. Tout son être se refusait à prononcer ce mot.

– Si elle refuse ma demande en mariage, je respecterai sa décision, bien évidemment. Elle doit être libre de son choix. Vous n'êtes pas d'accord ?

– Oh, si, si. Bien sûr.

La voix de Lord Wytham était à peine perceptible. Il savait ce que signifierait un refus.

– Avec votre permission, je me présenterai à votre domicile de Cavendish Square vendredi matin pour faire ma demande à Lady Mary. Nous sommes mardi. Dans trois jours donc.

Lord Wytham déglutit. Chacun de ses longs cils retenait une larme.

– Très bien, dit-il d'une voix enrouée.

– Voilà qui est réglé. Parlons affaires maintenant. Nous rédigerons le contrat de votre nomination au poste de directeur demain ou après-demain, mais en attendant, j'aimerais vous dire quelques mots sur la société dans laquelle vous allez entrer. Je pense que vous trouverez cela intéressant. Je l'ai baptisée l'Étoile Polaire.

Bellmann se pencha pour prendre des documents dans un tiroir. Lord Wytham en profita pour sécher ses larmes. Son renvoi du gouvernement avait été douloureux, mais ces vingt minutes passées avec Bellmann l'avaient conduit au-delà de la souffrance, dans une région qu'il ne pouvait imaginer, où la décence, la dignité et l'équité étaient balayées comme feuilles mortes. Comment aurait-il pu se douter qu'avant la fin de la matinée, il aurait vendu sa propre fille et qu'il l'aurait vendue, qui plus est (et c'était cela le pire), pour un prix dérisoire. Et s'il avait réclamé un million ?

Non, il ne l'aurait pas obtenu. Bellmann savait tout ; jamais il ne pourrait avoir le dessus sur un homme comme lui. Lord Wytham avait l'impression d'avoir vendu son âme et découvert (il avait l'éternité pour se lamenter) que le prix qu'il en avait obtenu n'était qu'une bouchée de cendres.

Bellmann étala quelques documents sur le bureau. Lord Wytham plaqua sur son beau visage mou une expression d'intérêt et il se pencha en avant, feignant d'écouter, pendant que Bellmann commençait son explication.

8

Déclaration de guerre

Le dernier mélodrame écrit par Jim, *Le Vampire de Limehouse*, lui avait été renvoyé par le Lyceum Theatre, avec un mot signé d'un certain Bram Stoker, directeur.

– Qu'est-ce que vous en pensez, m'sieur Webster ? demanda-t-il. Ça lui plaît ou alors il trouve que c'est un ramassis d'âneries ?

Webster Garland prit la lettre que lui tendait Jim et la lut à voix haute :

– *Cher Monsieur Taylor, Merci de m'avoir permis de lire votre farce,* Le Vampire de Limehouse. *Malheureusement, le programme de notre compagnie est déjà plein pour les deux années à venir ; nous ne pouvons donc pas envisager de la monter. Néanmoins, j'ai trouvé qu'elle possédait une vigueur et une vie indéniables, même si je pense que les vampires sont un sujet éculé. Veuillez agréer, etc.* Je ne sais pas quoi penser, Jim. Il a au moins pris la peine d'écrire…

– Peut-être que je devrais y aller pour la lire devant lui. Je parie qu'il a manqué la moitié des bons passages.

– C'est la pièce avec le manutentionnaire buveur de sang et la péniche remplie de cadavres ?

– Ouais. Il ose appeler ça une « farce » ! Alors que c'est une vraie tragédie ! Une farce !

Frederick intervint :

– Une tragédie, c'est le mot qui convient. C'est plein de sang du début à la fin. Ce n'est plus une pièce, c'est du boudin !

– Vas-y, rigole, dit Jim d'un air sombre. Ça ne m'empêchera pas de faire fortune. Un jour, j'aurai mon nom en lettres lumineuses au fronton des plus célèbres théâtres.

On était mercredi matin et il y avait de l'animation dans la boutique. Le très solennel M. Blaine, leur gérant, et Wilfried, son assistant, servaient les clients qui souhaitaient acheter des produits chimiques, des appareils photo ou des accessoires, pendant que la raffinée Mlle Renshaw, debout derrière un autre comptoir, gérait les rendez-vous pour les portraits et les autres commandes. Arthur Potts, un homme jovial d'un certain âge, chargeait les appareils, préparait le studio et transportait le matériel pour les prises de vue en extérieur ; il s'occupait aussi du développement et du tirage. Un garçon de l'âge de Jim, un peu simplet, prénommé Herbert, complétait la petite équipe. Frederick l'avait engagé comme assistant et s'était aperçu très vite qu'il n'y avait rien à en tirer : il était lent, étourdi et maladroit. Mais il était la gentillesse même, et ni Frederick, ni Sally, ni Webster n'avaient eu le cœur de se débarrasser de lui.

Dans la boutique bien ordonnée et prospère, avec son personnel toujours occupé et sa réputation croissante, son studio bien équipé, régnait une atmosphère d'efficacité et d'optimisme. Frederick pensait au jour où Sally était entrée ici pour la première fois : méfiante, nerveuse, en danger de mort. Le magasin, alors, était miteux, la moitié des étagères étaient vides et la ruine se rapprochait un peu plus chaque jour. Grâce à une série de stéréogrammes comiques ayant connu un succès étonnant, ils avaient réussi à se maintenir à flot et, dès que Sally avait pu investir un peu d'argent dans l'entreprise, ils avaient commencé à prospérer. Depuis, ils avaient renoncé aux stéréogrammes, car le marché déclinait, remplacé par celui des petits portraits au format carte de visite. Mais ils manquaient d'espace. Bientôt, ils devraient s'agrandir, voire ouvrir une succursale.

Le jeune détective chercha sa montre à tâtons, étouffa un juron en se souvenant qu'elle était toujours en possession de Mackinnon et leva les yeux vers la pendule fixée au-dessus du comptoir. Il espérait une visite de Sally, car il avait le sentiment qu'elle mijotait quelque chose, et cela l'inquiétait.

M. Blaine, le gérant, se tenait derrière son comptoir et rédigeait une commande de papier photographique. Frederick s'approcha de lui.

– Monsieur Blaine, demanda-t-il, vous n'avez pas vu Miss Lockhart ce matin ?

– Non, et je le regrette, monsieur Garland, répondit M. Blaine d'une voix mélancolique. J'aurais aimé avoir avec elle une discussion concernant la nécessité d'engager un employé supplémentaire pour le travail administratif. Je crains que notre jeune ami Herbert ne soit pas très doué dans ce domaine et tous les autres sont déjà débordés. Quel est votre sentiment à ce sujet ?

– C'est une excellente idée. Mais où l'installerons-nous ? Nous n'avons plus de place. Il lui faudrait un bureau. Et aussi une machine à écrire, tout le monde s'en sert maintenant.

– Oui, en effet... Alors, peut-être qu'un agrandissement des locaux s'impose, monsieur Garland.

– C'est drôle, je pensais justement la même chose à l'instant. Écoutez... je dois m'absenter. Si Miss Lockhart vient, vous n'avez qu'à lui en parler. Et saluez-la de ma part.

Sur ce, Frederick alla chercher son manteau et prit le train pour se rendre à Streatham.

Nellie Budd était occupée à nourrir ses chats. Chacun d'eux, expliqua-t-elle à Frederick, était la réincarnation d'un pharaon égyptien. Leur maîtresse, elle, posait des regards admiratifs sur l'apparence ô combien plus contemporaine de son visiteur.

Frederick avait décidé de jouer franc-jeu dès le départ.

– Madame Budd, dit-il dès qu'ils furent assis sur un confortable sofa dans le salon, j'ai assisté l'autre soir à une séance de spiritisme à Streatham et je vous ai photographiée. Ce que vous manigancez dans le noir ne me regarde pas et si vos amis sont assez crédules pour tomber dans le panneau, c'est leur problème. Mais c'est une très jolie photo ; on voit la fausse main posée sur la table, le fil relié au tambourin, et je n'ose imaginer ce que fait votre jambe droite... Autrement dit, madame Budd, je viens pour vous faire chanter.

Elle lui adressa un sourire espiègle.

- Allez-y, continuez !

Dans sa voix perçait un léger accent du Nord, mais il n'aurait su dire si elle était originaire du Lancashire ou du Yorkshire, car elle avait atténué, raffiné et travaillé ses intonations pour les rendre plus théâtrales.

– Un beau jeune homme comme vous ! Vous n'êtes pas obligé de me faire chanter, voyons. Il suffit de demander gentiment. Qu'est-ce que vous voulez ?

– Je n'avais pas l'intention de vous faire chanter, en fait. Je m'intéresse à ce que vous avez dit pendant votre état de transe, votre véritable transe. Vous vous en souvenez ?

Elle ne répondit pas immédiatement. Elle semblait troublée, mais elle se ressaisit et son regard pétilla à nouveau.

– Fichtre ! Ne m'en parlez pas ! J'ai encore fait une de mes crises ? Ça dure depuis des années. D'ailleurs, c'est comme ça que j'ai débuté chez les médiums ; grâce à Josiah, mon mari, paix à son âme. Prestidigitateur, qu'il était. Il m'a appris des tours qui vous laisseraient baba. Alors, quand il s'agit d'agiter un tambourin ou de faire semblant de tenir des mains dans le noir, Nellie Budd est sans égale.

– Fascinant. Vous êtes également très douée pour esquiver les questions. Quelles sont ces crises dont vous parlez ?

– Franchement, très cher, je n'en ai pas la moindre idée. Tout à coup, j'ai la tête qui tourne, je perds conscience ; une ou deux minutes plus tard, je reviens à moi, mais je ne me souviens plus de ce que j'ai dit. Pourquoi ?

Frederick commençait à trouver cette femme sympathique. Il décida de dévoiler un peu plus son jeu.

– Connaissez-vous un certain M. Bellmann ? demanda-t-il.

Mme Budd secoua la tête.

– Jamais entendu parler.

– Et une société baptisée l'Étoile Polaire ?

– Ça ne me dit rien, désolée.

– Je vais vous lire ce que vous avez dit durant la séance.

Il sortit de sa poche une feuille pliée et lut à voix haute. Quand il eut terminé, il leva la tête et demanda :

– Alors ?

Elle semblait amusée.

– J'ai dit tout ça ? demanda-t-elle. Ça n'a ni queue ni tête !

– Vous ne vous souvenez vraiment de rien ?

– Peut-être que je lis dans l'esprit de quelqu'un d'autre... ce qu'on appelle de la télépathie, vous savez. En tout cas, je n'ai jamais entendu parler de cette histoire de cercueil de verre ou d'étincelles : pour moi, c'est du charabia. Mais pourquoi est-ce que ça vous intéresse tellement ?

– L'un des membres de la Ligue de spiritisme est employé dans une société de la City et il s'inquiète à cause de certaines choses qu'il a entendues de votre bouche. Apparemment, ce sont des informations... très confidentielles. Il pense que si elles sont divulguées, la faute en retombera sur lui.

– Nom d'une pipe ! Tout ça a un rapport avec les affaires, alors ?

– En partie, répondit Frederick, réticent.

Soudain, une pensée le frappa.

– Connaîtriez-vous par hasard un dénommé Mackinnon ?

Cette question prit la médium par surprise. Ses yeux s'écarquillèrent.

– Alistair Mackinnon ? dit-elle d'une toute petite voix Celui qu'on surnomme le Magicien du Nord ?

– Lui-même. Cet homme dont je vous ai parlé, Bellmann, semble le poursuivre. Sauriez-vous quelque chose sur lui ? Je parle de Mackinnon.

Mme Budd secoua la tête.

– Je… je l'ai vu sur scène. Merveilleusement habile. Mais ce n'est pas un homme digne de confiance, à mon avis. Pas comme mon Josiah, même si Josiah ne lui arrivait pas à la cheville. Mais je ne sais rien du tout sur ce Bellmann.

– Et… (Frederick repensait à la soirée chez Lady Harborough) … un certain Wytham ?

Cette fois, Mme Budd ne put cacher son étonnement. Elle retint son souffle et plaqua sa main sur sa poitrine ; Frederick constata qu'elle avait pâli sous son fard.

– Wytham ? Johnny Wytham ?

– Vous connaissez quelqu'un qui porte ce nom ?

– Johnny Wytham. *Lord* Wytham, désormais. Quand je l'ai connu, il s'appelait Johnny Kennett ; à l'époque où je faisais de la scène, il m'a demandé de l'épouser et… Ah, j'ai été heureuse avec mon brave Josiah. Mais Johnny Wytham… il était plein de charme et de joie de vivre en ce temps-là, et quel bel homme ! Mon Dieu qu'il était beau ! Quelle classe…

Nellie Budd, elle aussi, avait dû être une fille sensationnelle, songea Frederick. Pas véritablement jolie, mais pleine de vigueur et d'humour.

– Regardez, dit-elle en se penchant pour ouvrir le tiroir d'une petite table.

Elle en sortit une photo dans un cadre en argent, un ambrotype craquelé comme il en existait beaucoup une vingtaine d'années auparavant. Le cliché représentait deux jeunes femmes rondelettes et souriantes, âgées d'environ vingt ans, légèrement vêtues de tenues de danseuse qui laissaient voir leurs jambes bien galbées. C'étaient des jumelles parfaites. La légende sous le portrait indiquait : « Mlles Nellie et Jessie Saxon ».

– C'est moi à gauche, dit-elle. Jessie, elle, continue à se produire sur scène, dans le Nord. On formait une jolie paire, non ?

– On ne peut le contester. Votre sœur connaissait Lord Wytham, elle aussi ?

– Elle le connaissait, oui, mais c'était moi qu'il… Qui sait ? J'aurais pu être Lady Wytham aujourd'hui, si les choses avaient tourné autrement.

– Quand l'avez-vous vu pour la dernière fois ?

– C'est vraiment bizarre que vous me demandiez ça…

Elle se leva et marcha lentement jusqu'à la fenêtre. Le chat nommé Ramsès sauta sur le sofa et se coucha en boule à la place chaude qu'elle venait de quitter. Nellie Budd jouait distraitement avec un des glands du rideau en contemplant la rue paisible.

– Alors ? insista Frederick.

– C'était l'été dernier. En Écosse. Aux courses. Nous nous sommes juste croisés ; il m'a saluée de loin. Vous comprenez, il ne pouvait pas me parler à cause de sa famille et… c'est tout.

– Y a-t-il un lien entre lui et Bellmann ? Ou entre lui et Mackinnon ? Ces trois hommes se trouvaient au même endroit, l'autre soir.

– Non, répondit-elle. Je ne vois pas. Je ne sais pas du tout qui est ce Bellmann…

Son regard était toujours perdu dans le vague. Frederick laissa le silence durer, puis il dit doucement :

– Merci pour tout, madame Budd. Si jamais quelque chose vous revient, je vous serais reconnaissant de me contacter. Voici mon adresse…

Il déposa sa carte sur la table et se leva pour prendre congé. Nellie Budd se tourna vers lui ; elle avait perdu tout son allant et ressemblait presque à une vieille femme, poudrée, maquillée et effrayée.

– J'ai répondu à toutes vos questions, dit-elle, et vous ne m'avez rien dit. Qui êtes-vous ? Que cherchez-vous ?

– Je suis détective privé. Je travaille actuellement sur deux affaires qui semblent se rejoindre de manière étrange. Vous me préviendrez si quelque chose vous revient, n'importe quoi ?

Elle hocha la tête.

– J'essaierai, promit-elle. J'essaierai de me souvenir. Mais vous savez ce que c'est, ce sont des choses qu'on oublie... Si je retrouve la mémoire, je vous enverrai un mot.

Elle l'accompagna jusqu'à la porte avec un sourire faussement joyeux et lui dit au revoir.

Pendant ce temps, Sally rendait visite à Axel Bellmann. Elle s'était dit qu'elle n'avait rien à perdre en passant à l'attaque la première, et qu'elle pourrait peut-être même le prendre au dépourvu. C'était une tactique que lui avait enseignée son père ; elle l'utilisait quand elle jouait aux échecs avec Webster. Parfois, ça marchait.

Elle arriva à Baltic House à dix heures, accompagnée de Chaka. Un imposant portier était posté à l'entrée ; il la gratifia d'un salut plein d'élégance et ne fit pas le moindre geste pour l'empêcher de passer. Il était aussi solennel qu'un monument, et à peu près aussi dépourvu d'expression ; Sally en conclut qu'on recrutait les portiers en fonction de leur carrure et non pas de leur intelligence.

En revanche, le concierge fut plus rapide.

– Désolé, mademoiselle, dit-il. Personne ne peut voir M. Bellmann si le rendez-vous ne figure pas dans mon registre que voici.

Il secoua la tête et tenta de lui barrer le passage.

– Chaka ! dit Sally en lâchant le collier du chien.

L'énorme bête grogna et bondit en direction du concierge.

– Très bien ! Très bien ! Rappelez votre chien ! Je vais voir...

Sally reprit le collier de Chaka pendant que l'homme s'empressait d'aller quérir l'un de ses supérieurs. Il revint au bout d'une minute avec un jeune homme à moustache.

– Miss... Lockhart, c'est bien ça ? Je suis sincèrement navré, dit-il d'un ton mielleux, mais M. Bellmann n'est pas disponible pour l'instant...

– Ce n'est pas grave, répondit Sally. Je peux attendre cinq minutes.

– Oh, quel magnifique chien ! C'est un chien-loup irlandais ? demanda le jeune homme avec un sourire faux.

Il avança une main manucurée vers la gueule du chien.

– Malheureusement, dit-il, il ne s'agit pas simplement de cinq minutes... Oh, Seigneur ! Aidez-moi ! Vite ! Lâche-moi, sale bête ! Ohh !... Ahhh !

Chaka avait saisi la main tendue dans sa gueule, gentiment, et il s'amusait à la secouer comme il l'aurait fait avec un rat.

– Ne vous en faites pas, dit Sally. Il ne va pas vous manger, il n'aime que la viande fraîche.

En entendant la voix calme de sa maîtresse, Chaka lâcha sa prise et se rassit sur son arrière-train, satisfait, en la regardant d'un air joyeux. Le jeune homme tituba jusqu'à une chaise sur laquelle il se laissa tomber, sa main pressée contre sa poitrine.

– Regardez ! Je saigne !

– C'est étonnant. Peut-être M. Bellmann a-t-il terminé ce qu'il était en train de faire. Voulez-vous aller lui dire que je suis là et que je souhaiterais le voir immédiatement ?

La mine défaite, le jeune homme se leva et repartit aussi vite que ses jambes flageolantes le lui permirent

Deux minutes s'écoulèrent. Sally chercha dans son sac la carte que lui avait donnée Frederick, celle où figurait l'adresse de Nellie Budd ; peut-être pourrait-elle lui rendre visite ensuite. Comme des bruits de pas résonnaient dans le couloir, elle glissa prestement le bristol dans son gant.

La porte s'ouvrit et un homme d'un certain âge, corpulent, apparut. A en juger par ses manières, Sally devina qu'il occupait une place importante au sein de cette société ; ce n'était pas un sous-fifre.

Chaka s'était couché aux pieds de Sally. Finies les menaces, place à une autre tactique. Elle sourit et tendit la main.

Quelque peu perplexe, l'homme la serra.

– J'ai cru comprendre que vous souhaitiez voir M. Bellmann. Nous allons prendre rendez-vous. Peut-être pourriez-vous me dire de quoi il s'agit...

– Si je prends rendez-vous, c'est pour voir M. Bellmann dans trois minutes. Sinon, j'irai de ce pas à la *Gazette de Pall Mall* pour leur raconter précisément ce que je sais sur les liens entre M. Bellmann et la liquidation de la Société suédoise d'allumettes. Je ne plaisante pas. Trois minutes.

– Je...

Il déglutit, tira sur ses poignets de chemise et disparut.

A vrai dire, Sally n'avait aucune certitude ; il y avait eu des rumeurs concernant certaines irrégularités, mais rien de concret. Cependant, la tactique semblait efficace. Deux minutes et demie plus tard, on l'introduisit dans le bureau d'Axel Bellmann. Celui-ci ne se leva pas pour l'accueillir.

– Je vous avais pourtant mise en garde, miss Lockhart.

– Contre quoi, exactement ? Parlons clairement, monsieur Bellmann. Que voulez-vous que j'arrête de faire *exactement*, et que ferez-vous *exactement* si je refuse ?

Elle s'assit sans y avoir été invitée, calmement, bien que son cœur battît à tout rompre. L'attitude de Bellmann lui rappelait l'immobilité apparente de quelque énorme dynamo tournant si vite qu'elle donne l'impression de ne pas bouger. Il la regardait d'un air menaçant.

– Vous devez arrêter d'essayer de comprendre des choses trop complexes pour vous, répondit-il au bout d'un moment. Et si vous continuez, je ferai savoir à toutes les personnes susceptibles de vous aider ou de vous engager que vous êtes une dévergondée qui gagne sa vie de manière immorale.

– Pardon ?

Le contour de ses yeux se plissa de manière déplaisante ; Sally s'aperçut qu'il souriait. Il sortit d'un tiroir une chemise couleur chamois.

– J'ai ici la liste des visites effectuées par des hommes seuls à votre cabinet de North Street. Au cours du dernier mois, vous avez reçu pas moins de vingt-quatre visites de ce genre. Pas plus tard que l'autre soir, un homme s'est présenté fort tard, à une heure et demie du matin précisément ; vous lui avez ouvert vous-même la porte et il est resté presque une heure. Quand mon secrétaire, M. Windlesham, s'est rendu à votre prétendu « bureau », il a remarqué que celui-ci était meublé, entre autres choses, d'un grand divan. Et comme si cela ne suffisait pas, vous êtes associée avec un certain Webster Garland, un photographe dont la spécialité est... comment dirais-je... le nu.

Sally se mordit la lèvre. Prudence, prudence.

– Vous faites erreur, répondit-elle le plus calmement possible. M. Garland est spécialisé dans les portraits, figurez-vous. Quant au reste de ces accusations grotesques, si vous n'avez pas trouvé mieux pour me combattre, vous feriez bien de renoncer.

Il haussa les sourcils.

– Comme vous êtes naïve. Vous découvrirez vite les dégâts que peuvent provoquer ces allégations. Une jeune femme vivant seule, qui gagne de l'argent... des associés douteux...

Il sourit de nouveau et Sally fut parcourue d'un frisson glacé, car il avait raison. On ne pouvait pas se protéger contre ce genre de diffamation. « Ignore ses menaces, se dit-elle. Continue. »

– Je n'ai pas envie de perdre mon temps, monsieur Bellmann. Si je reviens vous voir, je souhaite être reçue immédiatement. Venons-en maintenant au but de ma visite. Vos agissements au sein de la Compagnie de navigation à vapeur anglo-baltique ont coûté toutes ses économies à l'une de mes clientes. Il s'agit de Mlle Susan Walsh. Elle était enseignante. C'est une femme honnête qui a consacré toute sa vie à ses élèves et à l'éducation des filles. Elle n'a jamais fait de mal à personne ; au contraire, elle a fait énormément de bien. Maintenant qu'elle est à la retraite, elle a le droit de profiter de l'argent qu'elle a économisé. Je lui avais conseillé d'investir dans les titres Anglo-baltique.

Elle marqua une courte pause.

– Voyez-vous maintenant en quoi vous êtes concerné ? Vous avez délibérément provoqué, en sous-main, la faillite de cette compagnie. Beaucoup de gens ont perdu tout leur argent à cause de vous et ils méritent d'être dédommagés, mais ce ne sont pas tous mes clients. Je vous demande de me faire un chèque de trois mille deux cent quarante livres à l'ordre de Mlle Susan Walsh. La somme est inscrite sur ce document.

Elle se pencha en avant et laissa tomber sur le bureau une feuille pliée. Bellmann ne réagit pas.

– Je veux ce chèque maintenant.

A ses pieds, Chaka émit un faible grognement.

Soudain, Bellmann bougea. Il déplia la feuille, y jeta un coup d'œil et, dans le même mouvement, il la déchira en deux et la lança dans la corbeille à papiers. Son visage au teint pâle s'était assombri.

– Sortez, ordonna-t-il.

– Sans le chèque ? Je suppose, dans ce cas, que vous me l'enverrez. Vous connaissez l'adresse de mon cabinet... bien entendu.

– Je ne vous enverrai rien du tout.

– Très bien. (Elle claqua des doigts et Chaka se leva.) Je n'ai pas l'intention de me livrer à un combat de calomnies avec vous, c'est un jeu idiot. J'en sais suffisamment sur vous pour rédiger un article qui intéressera les journaux. L'Étoile Polaire, par exemple, ou Nordenfels De plus, je sais dans quelle direction je dois continuer à chercher, et je ne m'en priverai pas. Quand j'aurai découvert ce que vous manigancez, je publierai tout. Je récupérerai cet argent, monsieur Bellmann, ne commettez pas l'erreur de croire le contraire.

– Je ne commets jamais d'erreurs.

– Je pense que vous venez d'en commettre une. Au revoir.

Il ne répondit pas. Personne ne la suivit lorsqu'elle quitta Baltic House. Il lui fallut une demi-heure dans un salon de thé, une brioche aux raisins et une pleine théière pour cesser de trembler. Puis elle se surprit à se demander, avec un vif agacement, si ce n'était pas elle, en fin de compte, qui venait de commettre une erreur.

Aussitôt après son départ, Bellmann se leva et ramassa la carte de visite qui avait glissé du gant de Sally. Il n'avait rien dit en la voyant tomber sur le tapis. Il la retourna entre ses doigts et lut :

Mme BUDD
147, Tollbooth Road
Streatham

Il pianota sur le dessus de son bureau pendant une minute ou deux, puis il envoya chercher M. Windlesham.

9
Lavande

Jim Taylor estimait qu'Alistair Mackinnon lui appartenait d'une certaine façon, comme s'il en avait acheté une partie sous forme d'actions. Malgré tout le mépris que lui inspirait cet individu, il ne put s'empêcher d'éprouver de l'agacement en apprenant que Frederick l'avait laissé filer, et quand le détective lui rétorqua que personne ne pouvait retenir un homme capable de se transformer en fumée pour fuir par un trou de serrure, Jim lui répliqua qu'il perdait la raison, après avoir perdu sa montre. La prochaine fois, dit-il, ce serait le pantalon.

Il décida donc de partir lui-même à la recherche de Mackinnon. Il frappa à toutes les portes d'Oakley Street, à Chelsea, où le magicien était censé résider, sans résultat. Il interrogea le directeur du music-hall, mais on lui répondit que personne ne connaissait son adresse. Il se rendit dans plusieurs autres music-halls, au cas où le magicien aurait décidé de se produire sous un faux non : là encore, il fit chou blanc.

Il ne renonça pas pour autant. Au cours de sa courte mais tumultueuse existence, Jim avait accumulé un nombre stupéfiant de relations dans le monde de la criminalité, de la semi-criminalité, du sport, du théâtre, et même, exceptionnellement, dans cette partie de la société que l'on dit respectable. Il prenait grand soin de consolider ces « amitiés » par de menus services : tuyaux pour les courses de chevaux, prêt d'une demi-couronne, discrètes mises en garde quand la police approchait... Jim pensait donc qu'il pouvait tout savoir, ou presque, s'il le souhaitait.

C'est ainsi que le soir du jour où Sally rendit visite à Axel Bellmann, il se retrouva accoudé au bar d'un pub de Deptford avec un petit homme louche, le visage masqué par un cache-nez blanc, qui sursauta lorsque Jim lui tapa sur l'épaule.

– Salut, Dippy[1] ! Comment ça va, mon pote ?

– Hein ? Quoi ? Ah, c'est toi, Jim. Salut.

Dippy Lumsden jeta un regard furtif alentour. Déformation professionnelle, car il était pickpocket.

– Écoute, Dippy. Je cherche un type. Un gars qui s'appelle Mackinnon. Un magicien. Il est écossais. Il fait de la scène depuis un an ou deux, tu l'as peut-être déjà vu.

Dippy hocha la tête immédiatement.

– Ouais, je l'ai vu. Et je sais aussi où il est.

– Ah bon ? Où ça ?

Le pickpocket prit un air fourbe et frotta son pouce contre son index.

– Combien ça vaut, ce renseignement ? demanda-t-il.

– Tu te souviens de Felspar ? Voilà ce que ça vaut.

Felspar était un cheval qui l'avait emporté à vingt contre un et leur avait rapporté à tous les deux une coquette somme. Jim, qui connaissait bien l'un des jockeys, avait refilé le tuyau à Dippy.

Le pickpocket hocha la tête d'un air philosophe.

1. Litt. « Le Cinglé » (*N.d.T.*).

– Bon, d'accord. Ton gars, il vit à Lambeth. Dans un petit coin pouilleux qui s'appelle Allen's Yard. Avec une grosse et vieille bonne femme irlandaise nommée Mme Mooney. Je l'ai vu pas plus tard qu'hier soir. Je l'ai reconnu parce que je l'avais déjà vu au music-hall Gatti un soir. Qu'est-ce que tu lui veux ?

– Il a fauché une montre. Mais il boxe pas dans ta catégorie, Dippy. N'essaie pas de rivaliser avec lui.

– C'est noté, mon pote. Mais si on t'interroge, tu m'as pas vu ce soir. Et moi, j'ai jamais vu ce type. Faut que je protège mes arrières.

– Évidemment, Dippy. Une autre pinte ? proposa Jim.

L'homme secoua la tête. Il ne pouvait pas se permettre de rester trop longtemps dans le même pub, expliqua-t-il. Pour des raisons professionnelles. Il vida son verre et partit. Après avoir flirté pendant une minute ou deux avec la serveuse, Jim en fit autant.

La maison de Mme Mooney était une ruine puante et branlante, qui se serait effondrée au milieu d'Allen's Yard s'il y avait eu suffisamment de place. Le peu de lumière qui atteignait la cour intérieure permettait de voir que le sol ressemblait à une fosse d'aisances. Ce qui ne semblait pas gêner la fillette rousse qui jouait pieds nus sur le perron ; elle apprenait les bonnes manières à sa poupée en lui donnant force coups sur la tête et faisait griller un bout de hareng au-dessus d'une lanterne fumante.

– Mme Mooney est là ? demanda Jim.

La fillette leva la tête et regarda Jim en ricanant. Le garçon, un instant, fut tenté de suivre son exemple éducatif et de lui faire subir le traitement qu'elle réservait à sa poupée.

– Je t'ai demandé si Mme Mooney était là, face de rat.

Elle daigna enfin manifester un peu d'intérêt.

– T'as perdu ton orgue de Barbarie ? demanda-t-elle. Où t'as mis ta petite veste rouge et ta boîte de conserve ?

Jim se retint.

– Va chercher la grosse, poil de carotte, ou sinon je te file une raclée qui te laissera K.O. jusqu'à Noël !

La gamine sortit de sa bouche un morceau de poisson et hurla d'une voix stridente :

– Tante Marie !

Elle se remit à mastiquer, considérant avec mépris Jim qui allait et venait dans la cour à la recherche d'un endroit sec.

– Tu t'amuses bien ? lui lança-t-elle.

Jim grogna. Il s'apprêtait à lui envoyer une taloche quand une femme colossale apparut dans l'encadrement de la porte. Elle dégageait une puissante odeur de gin.

– C't'à quel sujet ? demanda-t-elle.

– Je cherche M. Mackinnon.

– Connais pas.

– Un Écossais. Un type tout maigre avec des yeux sombres. Il est ici depuis deux ou trois jours, il paraît. C'est un prestidigitateur.

– Qu'est-ce vous lui voulez ?

– Il est là ou il n'est pas là ?

Désorientée, elle réfléchit un moment.

– L'est pas là, répondit-elle. Et personne peut le voir.

– Je vois. Quand il rentrera, dites-lui que Jim Taylor est passé. Vous avez compris ?

– J'vous dis qu'il est pas là.

– Oui, bien sûr. Je m'en doutais bien. Seulement, s'il se pointe un jour, dites-lui que je suis passé. D'accord ?

Elle réfléchit de nouveau, puis repartit en se dandinant, sans un mot.

– Saleté de pochetrone, dit la gamine.

– Surveille un peu ton langage, dit Jim. On parle pas comme ça de ses aînés.

Elle ressortit le poisson de sa bouche, regarda Jim fixement, puis se mit à débiter un véritable flot d'injures, employant le langage le plus ordurier, le plus riche, le plus imagé, le plus choquant que Jim ait jamais entendu. Cela dura deux minutes et demie, sans interruption. Jim, son visage, ses manières, ses ancêtres, ses vêtements et son esprit furent comparés de manière peu flatteuse à différentes parties de son corps, du corps des autres ou des animaux, à la puanteur qui s'échappe des poissons morts, à des furoncles, à des gaz intestinaux et à diverses autres manifestations puantes. Jim était totalement abasourdi, ce qui ne lui arrivait pas souvent.

Il glissa sa main dans sa poche.

– Tiens, dit-il en tendant à la fillette une pièce de six pence. Tu es une virtuose. Sincèrement, j'ai jamais rencontré un tel talent.

Momentanément réduite au silence, elle prit la pièce de monnaie. Jim en profita pour lui assener une gifle qui l'envoya rouler au sol.

– Mais faut être plus rapide que ça, ajouta-t-il. Salut !

Elle lui expliqua, en termes bien sentis, où il pouvait aller et ce qu'il pouvait y faire, puis, exaspérée, lança :

– Et toi, t'as loupé ton pote. Il vient de foutre le camp. Elle lui a dit que t'étais là. Alors, c'est qui le plus lambin des deux ?

Et avec un petit ricanement, elle disparut dans l'ombre de la cour.

Jim poussa un juron et se précipita à l'intérieur de la maison. L'unique source de lumière était une bougie posée sur une table branlante ; il s'en saisit au passage et, protégeant la flamme avec sa main, il gravit à toute allure l'escalier étroit. L'odeur qui l'accueillit était indescriptible, même pour la fillette rousse. Comment Mackinnon, si délicat, pouvait-il la supporter ? Cette maison était un vrai labyrinthe. Des visages se tournaient vers lui dans l'obscurité, ratatinés comme des têtes de vieux rats, sales, brutaux ; des portes à moitié arrachées à leurs gonds pendaient de guingois, d'autres avaient tout bonnement disparu ; des sacs en toile de jute servant de rideaux s'écartaient pour laisser apparaître des familles de six, sept, huit personnes, ou plus, qui dormaient, mangeaient ou sommeillaient, à moins qu'elles ne fussent mortes.

Mais pas de Mackinnon. L'énorme mégère était assise sur le palier ; incapable de faire le moindre mouvement, elle serrait contre elle une bouteille de gin comme on tient une poupée. Jim la bouscula pour entrer dans la dernière pièce. Elle était vide.

La femme émit un rire sifflant.

– Où il est allé ? demanda Jim.

– L'est parti, répondit-elle d'une voix essoufflée.

Il avait envie de lui décocher un coup de pied. Sans rien dire, il l'écarta de son chemin et ressortit.

Il s'arrêta dans l'obscurité de la cour, dont les ténèbres étaient maintenant encore plus épaisses, car il avait soufflé la bougie. Derrière lui, la maison était silencieuse et la fillette avait disparu. Soudain, il sentit un frisson glacé parcourir son échine.

Il y avait quelqu'un d'autre dans la cour.

Il en était certain, même s'il ne voyait ni n'entendait personne. Tous ses sens étaient en alerte. Immobile et maudissant sa stupidité, il glissa sa main dans sa poche sans faire de bruit pour prendre le coup-de-poing américain qui ne le quittait jamais.

Mais une main légère se posa sur son bras et une voix de femme chuchota :

– Attendez...

Jim se figea. Son cœur battait à tout rompre. Il devinait le miroitement humide d'un mur de brique détrempé, à l'extérieur de la cour ; à l'intérieur, l'obscurité était totale.

– Vous êtes un ami, dit la voix. Il a prononcé votre nom. Venez avec moi.

C'était une scène irréelle. Une silhouette enveloppée d'un châle et d'une cape glissa devant lui et lui fit signe de la suivre. Impuissant, comme dans un rêve, Jim obéit.

Non loin de là, dans une petite pièce propre et bien rangée, la femme gratta une allumette. Lorsqu'elle se pencha vers la bougie, les plis du châle dissimulèrent son visage.

– Je vous en prie... murmura-t-elle.

Jim demeura debout, perplexe, pendant qu'elle retirait son châle. C'est alors qu'il comprit. Une énorme tache de vin s'étalait sur la moitié de son visage. Ses yeux étaient beaux et chaleureux, mais leur expression révélait la surprise et l'horreur que devaient trahir les yeux de Jim, et il eut soudain honte de lui.

– Pardon, dit-il. Qui êtes-vous ?

– Je vous en prie, asseyez-vous. Je vous ai entendu parler de lui avec Mme Mooney, je n'ai pas pu m'en empêcher...

Il s'assit devant la table couverte d'une nappe en lin finement brodée. Tout ce qu'il apercevait autour de lui était joli, dans un style sobre et démodé, et un léger parfum de lavande flottait dans l'air. La jeune femme était frêle et elle n'avait pas l'accent cockney de Londres, plutôt celui du Tyneside – Newcastle ? Durham ? – une intonation douce et chantante. Elle s'assit en face de lui, les yeux baissés.

– Je l'aime, monsieur Taylor.

– Oh ! C'est donc ça ! Je comprends maintenant.

– Je m'appelle Isabel Meredith. Quand il est venu... Quand il a quitté la soirée chez Lady Harborough l'autre soir, il ne savait plus ce qu'il faisait. Il est venu me trouver, car une fois nous... Je l'ai aidé par le passé. Je lui ai donné un peu d'argent. J'en ai très peu, comme vous le voyez. Je suis couturière. Qu'un homme de son talent soit obligé de se cacher... Mais il court un très grand danger, monsieur Taylor. Il... Oh, que peut-il faire ?

– Il peut dire la vérité, voilà ce qu'il peut faire ! Il peut venir à Burton Street, il sait où c'est, pour nous parler, à mon ami Fred Garland et à moi. S'il est en danger, c'est ce qu'il a de mieux à faire. Mais il doit jouer cartes sur table.

Elle dessinait un motif avec son ongle, sur la nappe.

– Il est très nerveux, il a une imagination débordante, expliqua-t-elle. En tant qu'artiste, il ressent les choses de manière plus intense que la plupart d'entre nous, naturellement. Plus excessive...

Jim ne fit aucun commentaire. Le seul artiste qu'il connaissait bien, c'était Webster Garland, et c'était un sacré gaillard. Ce qui le caractérisait, c'était sa détermination et un sens de l'observation hors du commun ; il n'était pas du genre à avoir des vapeurs.

– Bon, dit-il finalement. Si je m'écoutais, je m'occuperais même pas de son cas, à ce type. Mais nous essayons de découvrir quelque chose... une autre affaire, en fait... et cela le concerne, d'une certaine manière. Une histoire d'escroquerie, de micmac financier, de spiritisme, et peut-être pire. Alors, qu'est-ce qu'il a fait ? Et comment vous êtes-vous retrouvée mêlée à tout ça ?

– J'ai fait sa connaissance à Newcastle. Il était très gentil avec moi. A l'époque, il débutait. Il m'a expliqué qu'il ne pouvait pas utiliser son vrai nom sur scène – il ne s'appelle pas Mackinnon –, car son père le ferait jeter en prison.

– Hein ?

– C'est ce qu'il m'a dit.

– C'est qui, son père ?

– Il n'a jamais voulu me le dire. Quelqu'un d'important. Il y avait une affaire d'héritage, de trésor familial ou quelque chose comme ça, et lui, il a renoncé à tout pour son art. Mais son père craignait qu'il ne jette le déshonneur sur la famille.

– Hmmm, fit Jim, profondément sceptique. Et le dénommé Bellmann ? Qu'est-ce qu'il vient faire dans cette histoire ?

Isabel Meredith détourna le regard.

– Je pense, murmura-t-elle, qu'il pourrait s'agir d'un meurtre.

– Continuez.

– Il n'en a jamais parlé directement, mais... Regardez.

Elle ouvrit un tiroir d'où elle sortit un portefeuille. Il contenait un article de journal jauni. Sans date.

MEURTRE SENSATIONNEL !

UN CORPS CONSERVÉ DANS LA GLACE

Le mois dernier, dans une forêt de Sibérie, un chasseur a fait une extraordinaire découverte : un cadavre parfaitement conservé dans la glace d'une rivière gelée. On a d'abord cru que l'homme était tombé à l'eau et s'était noyé mais, après examen, il est avéré que la victime a été poignardée à plusieurs reprises.

Rien ne permet de deviner son identité, mais si ce chasseur ne l'avait pas découvert par le plus grand des hasards, le corps aurait sans doute été emporté vers le nord au moment de la fonte des neiges, pour se perdre à tout jamais dans l'océan arctique.

Cette affaire a provoqué un vif intérêt en Russie, où la disparition...

L'article se terminait là. Frustré, Jim leva la tête.

– Il n'y avait pas de date ? demanda-t-il.

– Je ne sais pas. J'ai trouvé cette coupure de presse quand... Elle est tombée de la poche de son manteau. Quand il l'a vue, il est devenu blême. Il m'a expliqué qu'il avait eu d'étranges visions après avoir lu cet article... Pourquoi, monsieur Taylor ? Est-ce que cela a un sens pour vous ?

Jim entendit la voix de Nellie Budd qui jaillissait de l'obscurité dans le petit salon de Streatham : *« Il est toujours là, dans un cercueil de verre... »* « Tout est lié, se dit-il. Le corps dans la glace, la vision de Mackinnon, le sang dans la neige... »

– Connaissez-vous une femme nommée Nellie Budd ? demanda-t-il.

– Non. Qui est-ce ?

– Une… une médium, comme on dit. Mais elle n'a rien à voir avec Mackinnon, sauf que cet article de journal… me rappelle quelque chose qu'elle a dit en état de transe. Je peux le garder ?

La jeune femme hésita. Jim voyait bien qu'elle ne voulait pas se séparer d'une chose appartenant à Mackinnon.

– Bon, très bien, dit-il. Je vais le recopier. Il ne vous a rien dit d'autre à ce sujet ?

Elle secoua la tête. Puis, comme Jim commençait à écrire dans son carnet, elle dit :

– Je ne sais pas quoi faire, monsieur Taylor. Je l'aime tellement. Je donnerais n'importe quoi pour l'aider… n'importe quoi… Tout en lui m'est précieux. J'aimerais gagner suffisamment d'argent pour subvenir à ses besoins. L'imaginer dans cet effroyable taudis, chez Mme Mooney, obligé de se cacher, un artiste, un immense artiste tel que lui ! Oh, pardonnez-moi. Je dois vous paraître ridicule. Une femme avec… Je ne peux pas espérer que… Je suis désolée. Je n'aurais pas dû dire tout ça. Mais je n'ai personne à qui parler et je me sens si seule !

Jim finit de recopier l'article de journal, heureux de ne pas être obligé de regarder la jeune femme en face. Il ne savait pas quoi dire ; elle exprimait des sentiments si intenses, si désespérés ! Il promena ses doigts sur les broderies de la nappe ; son esprit fonctionnait à toute vitesse.

– C'est vous qui avez fait ça ? demanda-t-il.

Elle hocha la tête.

– Je peux vous obtenir un bon prix pour ce genre de choses, vous savez. Vous n'êtes pas obligée de vivre dans une pièce minuscule comme celle-ci, en gagnant trois sous. Mais je sais pourquoi vous vous contentez de cette vie de misère : vous vous cachez, hein ? Je parie que ne vous sortez que la nuit.

– Oui, c'est vrai, mais...

– Écoutez, mademoiselle Meredith. Ce que vous m'avez montré ce soir m'a été très utile. Je ne sais pas si Mackinnon reviendra ici. A mon avis, il a fichu le camp de ce trou à rats, et vous aurez de la chance si vous le revoyez. Non, non, dit-il en voyant qu'elle ouvrait la bouche pour protester, je n'ai pas terminé. Je vais vous donner une de nos cartes et je vous noterai une adresse au dos, celle d'une jeune femme, Miss Lockhart. Elle fait partie de la maison, c'est quelqu'un de bien. Si jamais vous avez besoin d'aide ou de conseils, allez la voir. Et si vous revoyez Mackinnon, dites-lui qu'il vienne nous trouver. D'accord ? Ou prévenez-moi vous-même. C'est pour son bien, en définitive, à ce pauvre couill... idiot. Si on arrive à élucider cette affaire, il remontera sur scène pour faire son numéro et on pourra tous respirer.

En quittant Lambeth, Jim se surprit à siffloter, car il avait progressé, puis il repensa à la vie étrange, solitaire et passionnée de cette jeune femme, et il se tut. L'infamie ne lui était pas inconnue, et même le meurtre était une chose simple qu'il pouvait comprendre. Mais l'amour, c'était un mystère.

De retour à Burton Street, il s'arrêta dans la boutique obscure en entendant des éclats de voix qui venaient de la cuisine. Sally était là et apparemment, elle était en colère contre Fred.

Jim tourna la poignée de la porte et entra. Webster était assis tranquillement près du feu, sa pipe à la main. Un verre de whisky posé sur le bras du fauteuil, les pieds sur le garde-cendre, il était plongé dans la lecture d'un des magazines de Jim. Couché devant lui et occupant la moitié du plancher, Chaka réduisait en morceaux un os de jambon. Sally et Fred, debout de part et d'autre de la table, se faisaient face, au comble de l'exaspération.

– Bonsoir ! lança Jim.

Nul ne fit attention à lui. Il alla chercher une bouteille de bière dans le garde-manger et revint s'asseoir en face de Webster.

– J'ai retrouvé Mackinnon, déclara-t-il en versant la bière dans une chope. Et je sais ce qu'il manigance. J'ai compris aussi ce que voulait dire Nellie Budd. Je parie que vous pouvez pas en dire autant, pauvres idiots. Hé, je parle tout seul ou quoi ? Personne n'a écouté ce que je viens de dire. D'accord, très bien...

Il but une grande gorgée de bière et regarda la couverture du magazine que dévorait Webster.

– Le trésor est caché sous le Rocher du Squelette, dit-il. (Webster leva la tête.) C'est le gang de Clancy qui l'a mis là après avoir fait sauter la banque. Dick Bois-Mort se déguise en hors-la-loi pour infiltrer la bande. Ned Œil-de-Cerf, le nouveau gars de la bande, c'est Dick, en fait, mais on n'est pas censé le savoir.

Webster jeta le magazine par terre, exaspéré.

– Pourquoi me racontes-tu tout ça ? Tu as gâché ma lecture !

– Fallait bien que je trouve un moyen de vous réveiller. Qu'est-ce qu'ils ont, ces deux-là ?

Webster jeta un regard indifférent en direction de Frederick et de Sally.

– Je n'en sais rien. J'étais plongé dans mon magazine. Ils se disputent à propos de... eh bien, j'ignore à propos de quoi.

Frederick frappait du poing sur la table.

– Si tu avais un peu de bon sens... disait-il, la voix tremblante de rage

- Ne me parle pas de bon sens ! répliqua Sally, les lèvres pincées. Je t'avais bien dit de ne pas te mettre sur mon chemin, non ? Si tu veux qu'on travaille ensemble sur une affaire...

– Fermez vos clapets, tous les deux ! s'exclama Jim. J'ai jamais entendu un tel raffut. Si vous voulez apprendre du nouveau, asseyez-vous et écoutez.

Ils restèrent immobiles un instant ; la tension, entre eux, était palpable. Finalement, Fred poussa une chaise vers Sally et se percha sur un tabouret. Elle s'assit.

– Eh bien ? demanda-t-elle.

Jim leur parla d'Isabel Meredith et leur lut l'article de journal qu'il avait recopié.

– A mon avis, conclut-il, Mackinnon fait chanter Bellmann. Il a mis la main sur cet article d'une manière ou d'une autre, il a fait le rapprochement avec cette histoire de transe et il a contacté Bellmann pour essayer de rafler le gros lot, mais évidemment l'autre n'a pas marché. C'est simple. Qu'est-ce que vous en pensez ?

– Quel est le lien entre Nellie Budd et Mackinnon ? demanda Frederick.

– Ça, j'en sais fichtre rien ! répondit Jim. Peut-être qu'ils font partie du même club de voyants qui se réunissent pour partager leurs visions. Ou peut-être que c'est la petite copine de Bellmann.

– Et cette histoire d'héritage ? dit Sally. Son père serait quelqu'un d'important... c'est ce qu'elle t'a dit ?

– Exact.

– C'est peut-être vrai. Peut-être doit-il hériter d'une chose que convoite Bellmann.

– En supposant que ce soit vrai, souligna Frederick. Au moins, on a un peu progressé. Jim, cette Mlle Meredith t'a-t-elle paru digne de confiance ?

– Oh, oui. C'est elle qui est venue me chercher, pour commencer. Elle était pas obligée de le faire. Elle ne pense qu'à une chose : protéger Mackinnon. Je suis sûr que pour lui, elle n'hésiterait pas à mentir s'il le fallait, mais avec moi, elle a été sincère. Je suis prêt à en mettre ma main au feu.

– Hmmm, fit Frederick en se frottant le menton. On fait la paix, Lockhart ?

– D'accord, répondit-elle avec réticence. Mais quand tu découvres quelque chose, j'aimerais bien que tu me le dises immédiatement. Si j'avais su que c'était Bellmann qui poursuivait Mackinnon, j'aurais eu un atout supplémentaire dans mon jeu.

– C'était complètement idiot d'aller là-bas, si tu veux mon avis ! rétorqua Frederick. Se jeter ainsi dans la gueule du loup !

– Je ne t'ai pas demandé ton avis, répliqua Sally. Tu as déjà...

– Ça suffit ! cria Jim. Qui veut du fromage et des pickles ? Monsieur Webster ? Ton os est bon, Chaka ?

Le chien frappa le sol avec sa queue lorsque Jim le gratta derrière les oreilles. Frederick alla chercher une miche de pain et du fromage, pendant que Sally débarrassait la table et, quelques minutes plus tard, ils partageaient un solide casse-croûte. Quand ils eurent fini, ils entassèrent les assiettes sur la paillasse derrière eux, Jim sortit ses cartes et ils jouèrent au whist. Sally fit équipe avec Fred, face à Jim et Webster. Très vite, ils retrouvèrent leurs éclats de rire du bon vieux temps, avant que Sally parte étudier à Cambridge, avant que Fred et elle commencent à se disputer pour un oui ou pour un non. Ces deux-là s'aimaient, songea Jim. Et ce n'était pas une obsession désespérée, vouée à l'échec, comme celle de cette pauvre Isabel Meredith. Non, c'était l'amour tel qu'il devait être : joyeux, passionné, dangereux aussi, avec une bonne dose d'intelligence. Sally et Frederick étaient égaux ; c'étaient des tigres – au moins. Rien au monde ne pourrait leur résister s'ils travaillaient main dans la main. Pourquoi fallait-il qu'ils s'affrontent sans cesse ?

IO

Le jardin d'hiver

Le lundi matin, Charles Bertram arriva à la boutique avec une nouvelle sensationnelle. Il avait un ami qui travaillait chez Elliott et Fry (les photographes les plus connus de Londres, spécialisés dans les portraits de riches oisifs qui fréquentaient les lieux à la mode), et cet ami lui avait révélé que son agence était chargée de photographier les fiançailles d'Axel Bellmann et Lady Mary Wytham.

Frederick ne put retenir un sifflement.

– Quand ça ? demanda-t-il.

– Cet après-midi, au domicile des Wytham, à Cavendish Square. J'ai pensé que ça t'intéresserait. Ils ont déployé les grands moyens, tu connais Elliott et Fry. Le porteur de flash aura un assistant, il y aura un apprenti nettoyeur d'objectifs, un régleur de trépied adjoint...

– Comment s'appelle ton ami ? Ce ne serait pas le jeune Protherough, par hasard ?

– Il se trouve que si. Tu le connais ?

– Oui, et il me doit un service, figure-toi. Bien joué, Charlie. Alors comme ça, Bellmann se marie, hein ? Et avec cette adorable fille... ça alors !

Il prit son manteau et son chapeau et sortit précipitamment.

Sally consacrait une matinée par semaine à la société Garland et Lockhart : elle jetait un coup d'œil sur les comptes et discutait des projets futurs avec Webster et M. Blaine. En arrivant, ce matin-là, elle pensait trouver Frederick, car M. Blaine lui avait parlé de la nécessité d'agrandir les locaux et il espérait que Frederick abonderait dans son sens.

– Voyez-vous, Miss Lockhart, dit M. Blaine, je pense que nous avons besoin d'un commis, mais comme vous le savez, nous manquons de place. Alors, je me disais que nous pourrions peut-être le caser dans le nouveau studio...

– Certainement pas, déclara Webster avec fermeté. A vrai dire, je commence à me demander si ce studio sera assez grand.

– Où en sont les travaux ? demanda Sally.

– Viens donc voir, répondit Webster. Tu es occupé, Charles ?

Charles Bertram les accompagna dans la cour derrière la boutique. Le nouveau studio était presque terminé : les tuiles du toit étaient posées et deux plâtriers travaillaient sur les murs, mais il n'y avait pas encore de carreaux aux fenêtres. Ils se frayèrent un chemin au milieu des planches, des échelles et des brouettes et s'arrêtèrent sur le plancher qui venait d'être posé, dans une flaque de pâle lumière hivernale.

– En fait, dit Webster, je me demande s'il y aura assez de place pour l'appareil photo travelling. La seule solution, me semble-t-il, c'est de disposer les rails en fer à cheval mais, dans ce cas, la lumière ne sera pas constante. A moins de tout obscurcir et d'utiliser une lumière artificielle. Mais les émulsions ne seront pas assez sensibles à la vitesse que nous utilisons pour les prises de vue...

Voyant l'expression de Sally, Charles intervint :

– Il y a une solution. Il n'y a pas assez de place pour tout le monde dans la boutique, et Mlle Renshaw pourrait prendre deux fois plus de commandes si nous n'étions pas limités par l'exiguïté du studio. Dès lors, pourquoi ne pas dresser un mur à cet endroit, une simple cloison fera l'affaire, et diviser cet espace entre un plus grand studio et le bureau dont M. Blaine a besoin ? Webster a raison : nous ne pourrons pas installer un appareil photo travelling ici. C'était une idée saugrenue.

– Vous deviez pourtant bien savoir que... dit Sally. Pourquoi avoir fait construire ce studio s'il est trop petit ?

Les deux hommes se regardèrent d'un air honteux.

– Il n'était pas trop petit quand nous l'avons conçu, expliqua Webster. Mais nous n'avions pas pensé à l'appareil travelling. Nous étions partis sur l'idée d'un appareil fixe doté d'un mécanisme pour changer rapidement les plaques. Dans ce cas, il y avait suffisamment de place. De toute façon, c'est ça l'avenir. L'argent n'est donc pas perdu.

–Vous ne valez pas mieux que Fred, tous les deux, dit Sally. La prochaine fois, vous achèterez un champ, je suppose. Où est-il, d'ailleurs ?

– Il est parti chez Elliott et Fry, expliqua Charles. Ton cher M. Bellmann se marie et ils doivent prendre une photo de fiançailles.

– Il se marie ? répéta-t-elle, stupéfaite.

L'idée de mariage semblait si éloignée du Bellmann qu'elle avait vu à Baltic House qu'elle ne pouvait l'imaginer avec la bague au doigt.

– Cette idée de champ... dit Webster qui ne s'intéressait pas à Bellmann. Qu'en penses-tu, Charles ? Il faudrait bâtir un mur et disposer les rails de manière parfaitement parallèle à ce mur, face au sud. Nous pourrions le faire aussi long que nous le souhaitons. Et ajouter peut-être un toit en verre pour se protéger de la pluie...

– Pas maintenant, dit Sally. Nous n'avons pas les moyens. Faites construire ce studio, veillez à ce qu'il rapporte autant que vous le prétendez, et nous verrons. Monsieur Blaine, il me semble que vous pourrez disposer de votre bureau supplémentaire. Avez-vous besoin d'un employé à plein temps ? Ou le matin suffira-t-il ?

L'appareil photo travelling dont parlait Webster était un instrument de son invention, conçu à partir d'une idée empruntée à un photographe nommé Muybridge. Pour l'instant, il n'existait que sur le papier, Webster n'ayant pas assez de place pour l'installer. Il s'agissait en réalité d'une série d'appareils photo fixés sur des roues et que l'on tirait sur des rails devant un point fixe, avec une succession rapide d'expositions, afin de saisir le mouvement du sujet. L'idée de « capturer » le mouvement grâce à la photographie était dans l'air à cette époque et de nombreuses personnes expérimentaient des techniques différentes, mais personne ne semblait avoir réalisé de percée significative. Webster était persuadé de détenir une partie de la solution avec son appareil travelling ; quant à Charles Bertram, il essayait de mettre au point des émulsions plus sensibles afin de permettre des temps d'exposition plus courts. S'ils trouvaient un moyen d'enregistrer un négatif sur du papier à la place du verre, peut-être pourraient-ils installer un rouleau de papier sensible derrière un objectif, pour remplacer l'appareil photo travelling, en supposant qu'ils puissent inventer un mécanisme suffisamment précis pour faire avancer le papier sans le déchirer. Ils avaient du pain sur la planche.

Sally et M. Blaine laissèrent les deux autres discuter joyeusement et retournèrent dans la boutique pour déterminer de quel type d'employé ils avaient besoin.

Cet après-midi-là, la fille de Lord Wytham, Lady Mary, était assise dans le jardin d'hiver de la maison de Cavendish Square. Trop grande pour être baptisée « serre », cette structure de verre et d'acier renfermait des palmiers, des fougères et des orchidées rares, ainsi qu'un bassin dans lequel évoluaient lentement des poissons de couleur sombre. Lady Mary était vêtue d'une robe montante en soie blanche, richement ornée, et portait un collier de perles de la même couleur. Telle la victime désignée d'un sacrifice, elle trônait dans un fauteuil en bambou sous les frondes d'une énorme fougère. Elle tenait un livre à la main, mais elle ne lisait pas.

C'était une journée froide et claire, éclairée par un soleil paresseux auquel le verre et la végétation donnaient des reflets presque subaquatiques. Au milieu de ce jardin artificiel, Lady Mary ne voyait que du vert et n'entendait que l'écoulement du filet d'eau qui approvisionnait le bassin, et parfois le gargouillis de la vapeur dans les tuyaux, le long des murs.

Lady Mary n'avait pas le type à la mode. Le goût de l'époque se portait plutôt sur les femmes bâties comme des divans, qui dégageaient une impression de sûreté, de confort, de rembourrage, alors que la jeune fille ressemblait davantage à un oiseau sauvage ou à un jeune animal, mince et aux os fragiles, dotée du teint chaud de sa mère et des grands yeux gris de son père. Elle n'était que délicatesse et passion farouche, et elle avait déjà découvert que la beauté pouvait être une malédiction.

Elle impressionnait et intimidait la plupart des gens.

Même les séducteurs les plus endurcis, les beaux partis de la ville, se sentaient mal à l'aise en sa présence. Très tôt, elle avait senti intuitivement qu'au lieu d'attirer l'amour, elle risquait au contraire de le repousser désespérément, à cause de sa trop grande beauté. Déjà, des ombres dramatiques s'amassaient dans ses yeux couleur de nuage, et ses prochaines fiançailles n'en étaient pas l'unique cause.

Elle était assise ainsi, immobile, depuis un certain temps lorsqu'elle entendit des voix provenant de la bibliothèque située derrière les portes de verre. Elle sursauta et le livre qu'elle tenait entre ses mains tomba sur le sol, près de la grille.

La porte s'ouvrit et un valet de pied annonça :

– M. Bellmann, *my lady.*

Axel Bellmann, en jaquette grise, fit son entrée et s'inclina légèrement. Lady Mary sourit au valet de pied.

– Merci, Edward, dit-elle.

Le domestique se retira et la porte du jardin d'hiver se referma dans un chuintement. Lady Mary resta assise au bord du bassin, les mains sur les genoux, aussi immobile que les nénuphars blancs devant elle. Bellmann se racla discrètement la gorge. Dans l'air chargé du parfum lourd de la végétation, on aurait dit le grognement sourd que pousse un léopard avant de sauter sur le dos d'une gazelle.

Il s'approcha un peu d'elle et demanda :

– Me permettez-vous de vous souhaiter un bon après-midi ?

– Je ne vois aucune raison de vous l'interdire.

L'industriel esquissa un sourire. Il se tenait à deux ou trois mètres d'elle, les mains dans le dos ; un pâle rayon de soleil glissait sur son profil massif et blond.

– Vous êtes ravissante.

Elle ne répondit pas, se contentant de lever le bras pour briser un bout de la grande feuille de palmier brillante qui pendait au-dessus de sa tête ; elle la déchiqueta méthodiquement à coups d'ongles.

– Merci, dit-elle enfin.

Sa voix n'était qu'un murmure.

Il prit un siège et s'assit près d'elle.

– Vous serez ravie, j'espère, de connaître mes projets concernant notre vie conjugale, dit-il. Dans les premiers temps, nous vivrons à Hyde Park Gate, mais naturellement, il nous faudra une résidence à la campagne. Aimez-vous la mer, Mary ? Aimez-vous faire du bateau ?

– Je ne sais pas. Je ne suis jamais allée à la mer.

– Cela vous plaira. Je suis en train de faire construire un yacht à vapeur ; il sera fini à temps pour le mariage. Peut-être passerons-nous notre lune de miel à bord. Vous pourriez m'aider à lui trouver un nom. D'ailleurs, j'espère que c'est vous qui le baptiserez.

Lady Mary ne répondit pas. Ses yeux baissés regardaient dans le vide ; les petits morceaux de feuille déchiquetée étaient éparpillés sur sa robe blanche. Ses mains restaient immobiles.

– Regardez-moi, dit-il

Il parlait d'un ton brutal et égal.

La jeune femme leva les yeux vers l'homme qu'elle avait accepté d'épouser en s'efforçant de bannir toute expression de son regard.

– Les photographes vont arriver, dit-il. J'aimerais une photo qui exprime le plaisir et la satisfaction que nous apporte notre union. Étant ma fiancée, mon épouse et la maîtresse de ma maison, vous ne manifesterez jamais votre mécontentement en public, quoi que vous puissiez éprouver intérieurement. C'est bien compris ?

Elle se surprit à trembler.

– Oui, monsieur Bellmann, parvint-elle à articuler.

– Oh, non, plus de M. Bellmann entre nous. Je m'appelle Axel et c'est ainsi que vous m'appellerez. Allez-y, je vous écoute.

– Oui, Axel.

– Parfait. Maintenant, parlez-moi un peu de ces plantes. Je n'y connais pas grand-chose. Comment s'appelle celle-ci ?

A deux heures et demie précises, M. Protherough, de la maison Elliott et Fry, se présenta au domicile de Lord Wytham. Ses trois assistants bénéficiaient d'une heure de repos inattendu, plus cinq shillings par personne pour garder le silence. Car ils avaient cédé leur place à Frederick, Jim et Charles Bertram.

Jim portait son plus beau costume pour l'occasion et il avait plaqué ses cheveux sur son crâne avec de la gomina. Frederick, les sourcils noircis et du coton à l'intérieur des joues pour gonfler son visage, était presque méconnaissable. M. Protherough, un jeune homme aux cheveux blond-roux avec des lunettes, s'était pris au jeu, mais Frederick savait qu'il risquait de perdre sa place si la chose tournait mal.

Le valet de pied qui ouvrit la porte n'était pas disposé à les laisser entrer.

– Passez par l'entrée de service, dit-il d'un ton méprisant en commençant à refermer la porte.

L'« Honorable » Charles, tiré à quatre épingles comme à son habitude, répliqua :

– Un instant, mon brave. Savez-vous qui vous empêchez d'entrer dans la maison de votre maître ?

Le valet de pied rouvrit légèrement la porte. Un rictus dédaigneux se dessina sur son visage.

– Oui, répondit-il. Des photographes. Des artisans. Et les artisans empruntent l'entrée de service.

– Dites-moi, reprit Charles. Quand Sir Frederick Leighton peignait le portrait de Lady Wytham, l'avez-vous expédié vers l'entrée de service ?

Le valet de pied commençait à paraître inquiet.

– Euh... non.

– Tenez, dit Charles en sortant sa carte de visite d'un geste las. Ayez la bonté d'informer votre maître que les artistes photographes sont arrivés. Ou plutôt, ils sont arrivés à deux heures et demie précises, mais ils ont maintenant... (Il consulta sa montre en or) ... presque cinq minutes de retard.

Le domestique regarda la carte, déglutit et rétrécit d'au moins cinq centimètres.

– Oh. Ah. Je vous demande pardon, monsieur. Veuillez entrer, je vous prie. Je vais informer Monsieur de votre arrivée ponctuelle. Si vous voulez bien vous donner la peine...

Jim prit un air hautain (chose peu facile après le clin d'œil joyeux que Charles venait de lui adresser) et aida Frederick à transporter le matériel. On les fit entrer dans le jardin d'hiver. Pendant que M. Protherough organisait le décor et vérifiait les lumières, Frederick et Jim installèrent le trépied et préparèrent les plaques. Ce seraient des photos au collodion ; les studios préféraient le processus traditionnel pour les grandes photos destinées à immortaliser des circonstances solennelles : c'était délicat, mais cela garantissait un bon résultat. Pendant ce temps, Charles discutait avec Lord Wytham.

Il faisait chaud dans le jardin d'hiver car, même si le soleil était faible, la vapeur qui circulait dans les tuyaux produisait une moiteur un peu oppressante. Jim s'épongea le front pendant qu'il réglait le trépied. Sentant soudain la présence de Bellmann et de Lady Mary qui venaient de déboucher au coin d'un massif, il leva la tête et eut l'impression de recevoir un coup de marteau en plein cœur.

Lady Mary ! Elle était d'une telle perfection qu'il faillit tomber à la renverse. « Jolie » n'était pas le mot qui lui convenait, ni même « belle », il avait l'impression d'être emporté par un ouragan, et de tourbillonner malgré lui, comme une feuille morte, totalement et définitivement amoureux. L'effet produit était quasiment physique : ses genoux tremblaient et il faillit oublier de respirer. Il se demanda (avec la partie de son esprit qui était encore capable de réflexion) comment Bellmann pouvait rester aussi calme et bavarder comme si de rien n'était, alors qu'*elle* posait sa main sur son bras ! Elle portait une robe blanche, ses cheveux bruns luisaient, ses joues étaient légèrement colorées, ses yeux écarquillés et embués... Jim faillit laisser échapper un grognement.

Dans un état second, Jim suivait les instructions de M. Protherough : il tendait une plaque à Frederick, écartait une branche de palmier qui se trouvait dans le cadre, rapprochait le fauteuil de bambou du bassin et tendait un drap blanc en dehors du champ afin de concentrer la lumière sur le délicat profil de Lady Mary. Pendant tout ce temps, il lui tenait des discours passionnés... dans sa tête et il écoutait avec un bonheur respectueux et admiratif les réponses imaginaires de la jeune femme.

Bellmann ne comptait pas ; il n'avait aucune importance. Elle allait épouser cet homme ? Ridicule. C'était impossible. Il suffisait de la regarder, assise à côté de lui, fière, rêveuse et lointaine ; d'observer la manière dont ses délicieux doigts fins ôtaient un bout de feuille sur sa robe et le laissait tomber dans l'eau du bassin, la tension de son cou, juste sous l'oreille, là où les cheveux bouclaient de façon incontrôlable...

Jim était perdu pour toujours.

Autour de lui, la séance de prises de vue se poursuivait sans incident. M. Protherough plongeait sous le drap de l'appareil, exposait la plaque et réapparaissait ; Frederick lui tendait alors une autre plaque. Lord Wytham se tenait discrètement à l'arrière-plan. Au bout d'un moment, il prit congé. Charles assistait à cette scène avec la décontraction d'un propriétaire terrien qui passe en revue le travail de ses gardes-chasses. En tout, ils prirent une douzaine de photos, dont une de Lady Mary seule, pour laquelle Jim remercia le ciel.

Alors que la séance était presque terminée, Frederick se pencha à son oreille pour lui murmurer :

– Fais attention, Jim. Tu la dévisages.

– Oh, mince !

Jim détourna aussitôt le regard et tendit une dernière plaque à Protherough. Cette fois, il s'agissait de photographier le couple debout à côté d'une quelconque déesse grecque, mais Charles intervint pour suggérer à Lady Mary de s'asseoir. La composition de la photo serait plus équilibrée, expliqua-t-il, et M. Protherough confirma.

– Veuillez apporter le fauteuil, je vous prie, monsieur Sanders, dit Charles à Frederick, pendant que Jim aidait M. Protherough à déplacer le trépied de l'appareil.

Frederick alla chercher le siège en bambou à côté du bassin et le transporta jusqu'à la statue.

Soudain, Jim prit conscience du silence qui régnait dans le jardin d'hiver.

Levant la tête, il vit que Bellmann tenait Frederick par le bras et le dévisageait avec insistance. Frederick le regardait lui aussi, en feignant la stupéfaction et l'innocence.

« Oh, tiens bon, Fred. Il t'a repéré », se dit Jim avec angoisse.

– Dites-moi, demanda Bellmann (tout le monde s'était figé, y compris M. Protherough), étiez-vous chez Lady Harborough, la semaine dernière ?

- Moi, monsieur ? répondit Frederick d'une voix calme. Non, monsieur.

– Vous vous êtes fait passer pour un invité, insista Bellmann d'un ton où perçait la menace.

– Invité chez Lady Harborough ? Oh, non, pas moi, monsieur. Voulez-vous que je pose le siège de ce côté-ci ou de ce côté-là ?

– La semaine dernière, reprit Bellmann en haussant la voix, un homme qui est votre sosie, si ce n'est pas vous, se trouvait chez Lady Harborough le soir de son spectacle de charité. Cet homme surveillait les autres invités d'une manière qui m'a paru suspecte. Alors, je vous repose la question : êtes-vous cet homme ?

Avant que Frederick puisse répondre, Lady Mary prit la parole :

– Vous oubliez, dit-elle en s'adressant à Bellmann, que j'étais présente moi aussi. J'ai vu l'homme dont vous parlez et je vous assure que ce n'est pas lui.

– Si je peux me permettre une hypothèse, monsieur, dit Frederick d'un ton mal assuré, vous avez peut-être vu mon cousin Frederick. C'est une sorte de détective privé et il arrive que des dames ou des messieurs de la haute société fassent appel à ses services pour assurer la sécurité de... certains biens.

Il cligna des yeux d'un air innocent.

– Hmmm, fit Bellmann. Soit. Mais la ressemblance est saisissante.

Il recula pour permettre à Frederick d'installer le fauteuil.

Jim sentit M. Protherough se détendre, car il aurait perdu à coup sûr son travail chez Elliott et Fry si Frederick avait été découvert. Ils couraient tous un risque dans cette histoire... peut-être pour pas grand-chose. C'était stupide, pensa Jim.

Mais s'ils n'étaient pas venus, il n'aurait jamais rencontré Lady Mary. Elle paraissait si jeune ; elle ne devait pas avoir plus de seize ans... Pourquoi donc était-elle obligée d'épouser un homme comme celui-ci ?

Jim observa Bellmann plus attentivement pendant qu'il prenait la pose, debout à côté du fauteuil et dominant sa future épouse. Cet homme était dangereux, se dit-il. Mais pour qui ? Lady Mary jouait avec son mouchoir en affichant une moue boudeuse qui trahissait son ennui. Bellmann posa la main sur son épaule. Obéissante, elle poussa un soupir et se composa un visage de circonstance pour regarder l'objectif de l'appareil photo avec ses magnifiques yeux gris.

On prit la photo, on rangea la plaque et on commença à remballer le matériel. Charles fit quelques pas dans le jardin d'hiver en bavardant avec Bellmann, et vint enfin le moment que Jim attendait depuis vingt minutes, ou depuis toute sa vie.

Lady Mary était demeurée seule près de la statue pendant que Frederick aidait M. Protherough à ranger l'appareil photo et le trépied. Elle avait une main posée sur le dossier du fauteuil ; de l'autre, elle jouait avec une boucle de ses cheveux. Lorsqu'elle releva la tête, elle aperçut Jim et son regard s'illumina.

Il fit un pas vers elle. C'était plus fort que lui. Elle jeta un rapide coup d'œil par-dessus son épaule et se pencha vers lui ; leurs visages n'étaient plus qu'à quelques centimètres l'un de l'autre. Jim en avait la tête qui tournait.

– C'est bien *lui*, hein ? demanda-t-elle dans un murmure. L'homme qui était chez Lady Harborough ?

– Oui, répondit Jim d'une voix enrouée par l'émotion. Milady, je...

– Est-il *vraiment* détective privé ?

– Oui. Que se passe-t-il ? Vous pouvez parler ?

– Je vous en supplie, chuchota-t-elle. Aidez-moi. Je ne sais pas à qui m'adresser. Je suis seule ici. Je dois m'enfuir, je ne peux *pas* l'épouser...

– Écoutez-moi, dit Jim qui sentait son cœur prêt à éclater. Pouvez-vous vous souvenir de ça ? Je m'appelle Jim Taylor, je travaille chez Garland et Lockhart dans Burton Street. On enquête sur votre M. Bellmann. Il se passe des choses bizarres. Mais on vous aidera, je vous le promets. Contactez-nous dès que possible et on...

– Taylor, rapportez le fauteuil, je vous prie, dit M. Protherough.

Jim se chargea du fauteuil et sourit à Lady Mary. Un éclair de complicité traversa les yeux de la jeune fille et disparut aussitôt, comme le vent qui passe sur un champ de blé. Elle sortit de la pièce.

Sur le chemin du retour, Jim ne raconta rien aux autres de son entretien avec Lady Mary. Il n'y avait rien à dire ; il avait du mal à croire qu'il était éveillé et même vivant. Il aurait pu avoir envie de chanter s'il n'avait pas eu, en même temps, envie de rire et de pleurer des larmes amères.

Un peu plus tard ce même jour, un jeune gaillard trapu cogna à la porte d'une pension respectable de Lambeth. A ses côtés, sur le perron, se tenait un autre homme, une brute épaisse à en juger par son nez écrasé et ses oreilles en chou-fleur. Jim les aurait reconnus immédiatement, car il avait déjà eu affaire à eux au music-hall Britannia le soir où il s'était enfui par les toits.

Quand une femme âgée, portant un tablier bien propre, vint leur ouvrir, ils la poussèrent à l'intérieur sans dire mot et claquèrent la porte derrière eux.

– Écoutez-moi bien, dit le jeune gars en brandissant le pommeau d'une canne épaisse sous le menton de la vieille femme. On cherche une jeune femme avec une tache de vin sur le visage. Où elle est ?

– Oh, Dieu du ciel ! Qui êtes-vous ? Que... que voulez-vous ? bredouilla la logeuse. Lâchez mon poignet ! Que faites-vous ?

La brute lui avait tordu le bras dans le dos.

– On veut cette fille, répondit le jeune gars. Conduisez-nous jusqu'à elle. Maintenant ! Et pas un cri surtout, ou sinon, mon ami vous casse le bras.

– Oh, non, non, je vous en supplie, ne me faites pas de mal ! Lâchez-moi, par pitié...

Sur un signe de tête de son complice, la brute lâcha le bras de la logeuse, qui s'affaissa contre la rampe de l'escalier.

– En haut, dit-elle d'une voix tremblante. Au deuxième étage.

M. Harris (car c'était ainsi qu'il se nommait) poussa la vieille femme dans le dos avec sa canne pendant qu'ils montaient l'escalier.

– Plus vite ! ordonna-t-il. C'est comment votre nom, au fait ?

– Mme Elphick, répondit-elle avec difficulté. Je vous en prie... je n'ai pas le cœur très solide.

– Oh, zut alors, répondit Harris. C'est Mackinnon qui vous l'a brisé ?

Ils avaient atteint le palier du premier étage. La logeuse s'appuya contre le mur, la main sur son sein.

– Je... je ne sais pas... de quoi vous parlez, dit-elle, essoufflée.

– Arrêtez de traînasser et continuez ! On a besoin de la lumière pure d'une femme pour nous guider, pas vrai, Sackville ?

La brute répondit par un grognement porcin. Ils montèrent au deuxième étage et s'arrêtèrent devant la première porte.

– Mon cher Sackville, dit Harris, c'est maintenant qu'on a besoin de tes talents particuliers. Madame Elphick, vous allez assister à une scène qui risque de vous faire du mal. Tant pis.

– Oh, non, par pitié...

La brute nommée Sackville recula d'un pas et décocha un violent coup de pied dans la porte. La porte se fendit aussitôt et s'ouvrit avec fracas, accompagné par un cri d'effroi à l'intérieur. Sackville poussa la porte brisée et la tint ouverte pour Harris qui entra lentement dans la pièce en frappant dans sa paume avec le pommeau de sa canne et en regardant autour de lui avec curiosité.

Isabel Meredith, dont la tache de naissance paraissait encore plus rouge, presque enflammée, sur son visage exsangue, était debout devant sa table, tenant à la main une broderie délicate.

– Qu'est-ce que vous voulez ? demanda-t-elle d'une petite voix. Qui êtes-vous ?

– Ce qu'on veut, c'est Mackinnon. On sait que tu le protèges. Ta logeuse est au courant ? demanda Harris avec malveillance. (Il se tourna vers Mme Elphick.) Vous saviez que votre locataire cachait un homme ici ? Enfin, je crois qu'il s'agit d'un homme, sauf qu'il n'arrête pas de se sauver comme un lapin, ce que ne fait pas un homme, généralement. Alors, est-ce qu'il est ici, mademoiselle Tache de Vin ?

Isabel accusa le coup. Même sans cette marque qui la défigurait, elle n'aurait pas été jolie, elle manquait de vitalité. Mais elle n'était pas habituée à pareille cruauté et elle ne savait pas comment réagir.

– Je t'ai demandé s'il était là, reprit Harris. Sous le lit, par exemple ? Sackville, jette donc un coup d'œil.

La brute souleva le lit en fer et le renversa sur le plancher. Dessous, il n'y avait qu'un pot de chambre en porcelaine décolorée. Isabel cacha son visage dans ses mains.

– Tu as vu ça, Sackville ? dit Harris. Un joli petit W.C. portable. Regarde s'il se cache pas à l'intérieur.

Sackville décocha un coup de pied dans le pot de chambre qui vola en éclats.

– Je vous en supplie… dit Isabel. Il n'est pas ici, je vous le jure.

– Où il est, alors ?

– Je ne sais pas ! Je ne l'ai pas vu depuis plusieurs jours. Je vous en prie…

– Mais tu l'as aidé, hein ? On t'a vue, vilaine fille. Et dis pas que c'était pas toi. Avec une tête pareille, tu passes pas inaperçue.

– Qu'est-ce que vous voulez ? s'écria-t-elle. Je vous en conjure, laissez-moi tranquille ! Je ne sais pas où il est. Je vous le jure…

– Ah, quel dommage. (Harris regarda autour de lui.) Mon problème, c'est que je suis un gars sceptique. J'ai aucune confiance dans la nature humaine et je pense que tu mens. Alors, voici ce que je vais faire. Je vais demander à notre ami Sackville de déchirer et de faire brûler tout ton travail, devant tes yeux. Il pourrait te filer une raclée, mais tu es déjà assez moche, personne verrait la différence. A toi de jouer, Sackville, mon garçon.

– Non ! Non ! Je vous en supplie ! C'est tout ce que je possède au monde ! C'est mon seul moyen de subsistance... je vous en supplie...

Elle tomba à genoux et s'accrocha au manteau de Harris. Pendant ce temps, Sackville arracha la nappe et commença à la réduire en lambeaux. En larmes, Isabel secouait le manteau de Harris, mais celui-ci l'ignorait.

– Regarde partout, Sackville. Il doit y avoir des robes, des chemises de nuit et des jupons de toutes sortes. Déchire-moi tout ça. Ne te laisse pas intimider par la présence de ces dames. Ces cris et ces pleurs sont la preuve que tu fais ton travail, en bon Britannique.

Malgré l'intervention des deux femmes, qui tentèrent de s'interposer (Mme Elphick fut bousculée sans ménagements et Isabel reçut un coup de poing qui faillit la mettre K.O.), en moins de cinq minutes Sackville eut pratiquement détruit tout son travail. Parmi toutes ces choses, il y avait de précieuses robes de baptême en batiste que seules des mains délicates et expertes pouvaient raccommoder. Et aussi des articles qu'elle fabriquait pour les vendre à des clients fidèles : des gants, des châles, de fins mouchoirs en dentelle, des chemisiers brodés, des bonnets au crochet et de légers jupons en mousseline. Tout ce qu'elle possédait fut déballé et déchiqueté.

Impuissante, Isabel se jeta sur une chaise en sanglotant violemment. Mme Elphick vit, en tremblant, Sackville jeter le gros tas d'étoffe neigeuse dans la cheminée.

Puis Harris ouvrit la seule porte à laquelle il ne s'était pas encore intéressé et il en sortit une petite boîte en ferblanc laqué. Il la secoua, mais elle ne fit aucun bruit.

Isabel s'était levée d'un bond.

– Non ! Non ! s'écria-t-elle. Je vous dirai où vous pouvez le trouver. Mais ne touchez pas à cette boîte. Remettez-la à sa place. Je vous en supplie.

– Ah ah ! fit Harris. C'est ton petit trésor, hein ? (Il voulut soulever le couvercle, mais la boîte était fermée à clé.) Dis-moi où est Mackinnon et je te la rendrai. Sinon, notre jeune Sackville trouvera bien un moyen de s'en servir.

Isabel tendit les mains pour s'emparer de la boîte, mais Harris l'écarta. Elle était incapable d'en détacher son regard. Livide, tremblante et écœurée par ce qu'elle était en train de faire, elle dit d'une voix mal assurée :

– Il se produit sur scène demain soir au Royal Music Hall de High Holborn. Mais... vous ne lui ferez pas de mal, hein ?

Il lui remit la boîte, qu'elle serra aussitôt contre sa poitrine.

– Ce n'est plus moi que ça regarde. Je peux pas influencer la roue du destin. Le Royal à High Holborn... Je connais cet endroit. Tiens, Sackville. (Harris lui tendit une boîte d'allumettes.) Tu te dis certainement que dès qu'on aura le dos tourné, tu vas foncer le prévenir. A ta place, je ne ferais pas ça. Je la fermerais. Pour l'instant, je tiens Sackville en laisse, mais j'ose pas imaginer ce qu'il ferait si jamais je le lâchais. Je te conseille de ne rien dire.

– Mais qu'est-ce que vous lui voulez ? Que vous a-t-il fait ?

– A moi personnellement ? Rien. Mais mon maître veut lui parler de toute urgence pour une histoire de famille. Je suis avocat. Je ne te l'avais pas dit ? Enfin, une sorte d'avocat. Je te conseille de reculer, car dans une minute, on va faire un joli feu de cheminée. Ça risque d'être dangereux, c'est pour ça que Sackville et moi, on va pas s'éterniser. Mais j'espère que tu nous es reconnaissante de t'avoir mise en garde. Peut-être que tu pourrais nous dédommager, moi pour le temps perdu et Sackville pour ses efforts. Je lui ai donné un souverain pour ce travail. Évidemment, c'est de l'argent qui sort de la poche de mon maître, mais imagine combien il sera heureux de découvrir qu'il a déjà couvert ses frais.

Il y avait quelque chose de glaçant et d'insupportable dans ses manières faussement doucereuses. Isabel n'avait plus la force de résister. Les doigts tremblants, elle ouvrit son porte-monnaie et prit un souverain. Sackville le lui arracha.

– Dis merci, Sackville, ordonna Harris.

– Merci, mam'zelle.

– Et comme c'est un travail qui donne soif, je pense qu'une demi-couronne pour nous offrir à boire, ce serait une jolie façon de montrer que tu apprécies ce qu'on a fait pour toi.

Une autre pièce changea de mains.

– C'est tout ce que j'ai, dit-elle d'une voix faible. Je n'ai rien à manger. Je vous en supplie...

– Oui, je comprends, dit Harris d'un air songeur. Moi non plus je n'ai rien mangé depuis le petit déjeuner. Je me paierais bien une bonne côtelette. Pas toi, Sackville ? Mais je ne te demanderai pas de payer, ajouta-t-il en s'adressant à Isabel. Un homme doit subvenir seul à ses besoins. Je paierai.

– Qu'est-ce que je vais faire maintenant ? demanda-t-elle, au désespoir.

– J'avoue que je n'en sais rien. C'est une question difficile. Allez, Sackville, gratte une allumette.

– Non ! s'écria Mme Elphick, mais elle recula dès que Harris agita l'index dans sa direction et elle serra les dents lorsque Sackville approcha l'allumette des étoffes roulées en boule dans la cheminée. Elles s'enflammèrent instantanément.

Isabel sanglotait comme une enfant en serrant contre son sein la boîte en fer et en se balançant d'avant en arrière, ravagée par la tristesse et la culpabilité Harris lui tapota la tête.

– Ne t'en fais pas, va. Considère ça comme une bonne leçon. Ne tombe jamais amoureuse d'un Écossais, on ne peut pas leur faire confiance. Viens, Sackville, laissons ces dames s'occuper du feu. Il ne faut pas se mêler des affaires des autres, c'est malpoli. Bonne journée, mesdames.

II
La trappe du démon

Le lendemain matin, avant le lever du soleil, une main déposa un mot griffonné à la hâte dans la boîte à lettres du 45, Burton Street et une silhouette voilée disparut dans l'aube grise.

Ce fut Jim qui découvrit le mot. Il avait mal dormi. Lady Mary avait hanté ses songes, et plus d'une fois il avait poussé des gémissements en songeant à la douce chaleur de ses joues couleur de pêche, à ses yeux semblables à une mer de nuages, à son chuchotement angoissé… Finalement, ayant décidé qu'il ne parviendrait plus à trouver le sommeil, il s'était traîné jusqu'à la cuisine en bâillant, en se grattant la tête et en marmonnant des jurons, et il avait allumé un feu pour se faire du thé.

Alors qu'il posait la bouilloire sur la cuisinière, il entendit le claquement du volet de la boîte à lettres dans la boutique vide et il se réveilla pour de bon. Il jeta un coup d'œil à la pendule au-dessus de la cheminée : il était à peine six heures. Il releva le col de son peignoir pour se protéger des courants d'air, passa dans la boutique adjacente et aperçut le petit bout de papier blanc. Il souleva le store et lut :

Pour M. Taylor :

M. Mackinnon court un grave danger. Deux hommes vont l'attendre ce soir au Royal Music Hall de High Holborn. L'un d'eux se nomme Sackville. Je vous supplie de l'aider, de toutes les manières possibles. Je n'ai personne d'autre à qui m'adresser et je ne peux rien faire pour lui.

I. M.

I. M. ?... Isabel Meredith, évidemment.

Jim se jeta sur la clé suspendue au crochet, se précipita dehors et scruta la rue silencieuse et déserte. Les lampadaires à gaz, encore allumés, étaient entourés d'un halo brumeux, le ciel commençait à s'éclaircir et Jim entendait dans la rue voisine le bruit des sabots d'un cheval et les roues d'une carriole sur le pavé (sans doute un commerçant qui se rendait au marché), mais personne n'était en vue et rien ne permettait de deviner dans quelle direction s'était enfuie la jeune femme.

Sally n'avait pas oublié la menace proférée par Axel Bellmann. Chaque fois qu'elle se rendait à son cabinet, elle songeait que de nombreuses personnes dans l'immeuble la voyaient entrer et sortir : le premier clerc de son propriétaire au rez-de-chaussée, à qui elle versait le loyer, et les employés d'une petite agence d'import (raisins, dattes, tabac de Turquie) installée dans le bureau voisin et avec lesquels elle partageait une réserve de charbon. N'importe laquelle de ces personnes pouvait travailler pour Bellmann.

Elle se demanda si, pour se protéger, elle ne devrait pas engager une femme respectable, qui lui servirait de chaperon ; le problème, c'était qu'il faudrait lui donner quelque chose à faire, la former et, surtout, lui verser un salaire avec de l'argent qu'elle n'avait pas. Finalement, elle décida d'ignorer la menace et de vaquer à ses occupations comme avant. Malgré tout, elle se réjouissait chaque fois qu'en ouvrant la porte de son cabinet elle découvrait une femme, et non un homme. Et elle s'en voulait de cette réaction qu'elle considérait comme une marque de faiblesse.

De fait, son premier client ce matin-là fut une cliente. Une jeune femme du Lancashire, pleine de vivacité, qui était venue à Londres pour étudier dans le but de devenir enseignante, et qui cherchait des conseils pour placer au mieux la somme d'argent que lui avait léguée son grand-père. Après que Sally lui eut exposé un certain nombre de possibilités et qu'elles eurent choisi la meilleure, la jeune femme avoua :

– J'ai été très surprise de découvrir que S. Lockhart était une femme. Et je m'en réjouis, évidemment. Comment diable avez-vous fait pour arriver jusque-là ?

Sally la renseigna, puis elle demanda à son tour :

– D'où venez-vous, mademoiselle Lewis ?

– De Barrow-in-Furness. Mais je n'ai pas l'intention de passer toute ma vie dans un coin perdu du Lancashire. Je veux aller à l'étranger. J'aimerais voir le Canada, l'Amérique du Sud et l'Australie... C'est pour cette raison que j'apprends le métier d'enseignante. Ça peut toujours servir.

– Barrow... répéta Sally. C'est une ville de construction navale, non ?

– Oui. Il y a aussi un port et des trains. Mes deux frères travaillent sur les docks. Ils n'en revenaient pas en apprenant que grand-père m'avait légué son argent, à moi et à pas à eux. Étant des hommes, ils pensaient qu'il leur revenait de droit. Mais c'était toujours moi qui écoutais ses récits. Il avait été marin. Il me parlait des chutes du Niagara, de l'Amazone, de la Grande Barrière de corail et ainsi de suite. J'étais enthousiaste, j'avais hâte de découvrir ces endroits. On regardait des photos avec le vieux stéréoscope et il me racontait toutes ses histoires. C'était un homme adorable.

Sally sourit. Soudain, une pensée la frappa.

– J'imagine que vous n'avez jamais entendu parler d'une société baptisée l'Étoile Polaire ?

– L'Étoile Polaire ? Si, elle se trouve à Barrow. Est-ce que ça a un rapport avec les chemins de fer ? Je n'en sais rien. Je crois qu'il y a eu des histoires avec les syndicats. Mais peut-être que je me trompe. Je connais quelqu'un qui saurait, une femme qui vit à Muswell Hill, ne me demandez pas où c'est... C'est à Londres ? je m'en doutais... Je vais vous noter son adresse. C'était mon professeur de catéchisme jusqu'à ce qu'elle se marie et vienne vivre ici. Son frère travaillait pour l'Étoile Polaire, ou pour la société rachetée par l'Étoile Polaire, du moins. Elle pourra vous en dire plus. Mme Seddon, 27, Cromwell Gardens, Muswell Hill. Saluez-la de ma part, s'il vous plaît. Dites-lui que je viendrai la voir quand je me serai installée à l'université...

« Enfin, se dit Sally. Peut-être que la chance est avec moi, finalement. »

– Si vous avez besoin d'autres conseils, contactez-moi, dit-elle comme Mlle Lewis s'apprêtait à prendre congé. Et bonne chance pour votre carrière d'enseignante.

Sa journée de travail terminée, Sally ferma son cabinet et resta un instant devant la porte, à se demander si elle devait se rendre à Muswell Hill sur-le-champ ou bien écrire une lettre. Elle était encore en train de s'interroger quand Jim arriva.

– Sal ! Tu es partante pour une partie de rigolade ? Ne me dis pas que tu rentres chez toi !

– Euh… Ça dépend.

– Accompagne-moi au music-hall. Mackinnon a des ennuis. Fred et moi, on va aller voir ce qui se passe.

Pendant qu'ils marchaient dans la foule dense, au milieu des employés de bureau coiffés de chapeaux melon, des commis, des vendeurs de journaux, des balayeurs, Jim parla à Sally du message d'Isabel. Ils attendirent devant l'entrée d'un grill que la rue soit dégagée pour pouvoir traverser et, dans la fumée odorante et les lumières chaudes, Sally entrevit le Jim qu'elle avait connu six ans plus tôt, un jeune commis de bureau dépenaillé, couvert de taches d'encre, coriace et vif comme un moineau, et elle laissa éclater un rire joyeux.

– « Partante pour une partie de rigolade ? » dit-elle. Et comment ! Je te suis !

Sentant la bonne humeur de sa maîtresse, Chaka se mit à remuer la queue.

Sally rentra chez elle pour se changer ; les trois amis se retrouvèrent dans la queue devant le Royal Music Hall à dix-neuf heures trente. Frederick portait une tenue de soirée et tenait une canne à la main ; à sa grande surprise, Sally l'embrassa.

– Ça valait le coup de venir, commenta-t-il. Qu'y a-t-il au programme, Jim ?

Le jeune homme était allé étudier l'affiche placardée à l'entrée. Il reprit sa place dans la file d'attente en disant :

– Je pense que Mackinnon se fait appeler le Grand Méphisto. Ça m'étonnerait qu'il fasse partie de la troupe des Vélocipédistes hongroises de Mme Tarocszy, ou qu'il s'agisse du Señor Ambrosio Chavez, le Désossé Miraculeux...

– Je me demande ce que peut bien être une vélocipédiste hongroise, dit Frederick. Balcon ou orchestre ? Je pense qu'il faut s'asseoir près de la scène, au cas où nous serions obligés d'intervenir. Qu'en pensez-vous ?

– Il est impossible de descendre rapidement du balcon, confirma Jim. Installons-nous devant. Le seul inconvénient, c'est qu'on ne pourra pas surveiller le public et repérer le dénommé Sackville.

Les portes furent ouvertes et les spectateurs pénétrèrent dans le foyer, où des lampes à gaz flamboyantes se reflétaient sur les dorures, l'acajou et le verre. Ils payèrent chacun un shilling et six pence pour des sièges situés à l'extrémité du premier rang et prirent place dans la salle au moment où les musiciens de l'orchestre accordaient leurs instruments. Jim, aux aguets, regardait de tous côtés.

– Le problème, dit-il, c'est qu'on ne sait pas ce qu'on cherche. Ça m'étonnerait qu'ils aient des pancartes autour du cou.

– Et les types que tu as vus le soir où tu as aidé Mackinnon à s'enfuir du Britannia ? demanda Frederick.

– Euh... Il y a beaucoup de monde, Fred. Ils sont peut-être dans les coulisses, mais ça m'étonnerait. L'entrée des artistes est rudement bien surveillée ici. A mon avis, ils passeront par-devant.

Sally leva les yeux vers les loges. Quatre d'entre elles étaient éteintes, mais dans l'une des deux autres, trois hommes étaient assis, et l'un d'eux braquait sur elle des jumelles de théâtre.

Voyant qu'elle l'observait, il baissa ses jumelles et sourit en s'inclinant légèrement. Sally vit la lumière se refléter sur les lunettes cerclées d'or.

– M. Windlesham, laissa-t-elle échapper.

Elle s'empressa de détourner la tête.

– Qu'y a-t-il ? s'enquit Frederick.

– Le secrétaire particulier de Bellmann. Il est là-bas, dans cette loge, la deuxième. Et il m'a vue. Qu'est-ce qu'on fait maintenant ?

– On est tous ici pour la même raison, c'est évident, répondit Frederick. Inutile de se cacher. Il y a une autre personne avec lui... Jim, tu vois leurs visages ?

Jim se dévissa le cou, en vain.

– Non, lâcha-t-il à regret. Ils restent dans l'ombre. Le plus petit pourrait être le type que j'ai vu dans la loge de Mackinnon, mais je n'en mettrais pas ma main au feu. Ah, c'est énervant ! J'aimerais bien aller les enfermer dans la loge, comme je l'ai fait l'autre soir, mais ils me verraient arriver.

Frederick leur adressa un petit signe désinvolte de la main avant de rapporter son attention sur la scène, car le chef d'orchestre levait sa baguette.

– Ils peuvent nous observer, chuchota-t-il, mais nous serons sur scène avant eux. Si jamais une bagarre éclate, Jim, on les retiendra pendant que Sally s'occupe de Mackinnon. Tu as ton coup-de-poing américain ?

Jim hocha la tête.

– Cette porte, derrière le pupitre du régisseur, conduit directement dans les coulisses, dit-il. Ils ont fait un mauvais choix en s'installant dans cette loge. C'est notre seul avantage.

– A moins qu'ils aient des complices en coulisses, souligna Sally.

Ils durent interrompre leur conversation, car l'orchestre se mit à jouer dans un fracas de cymbales, accompagné du martèlement de la grosse caisse ; comme ils étaient assis au premier rang, toute tentative de conversation aurait été vaine. En bout de rangée, Jim jetait régulièrement un coup d'œil vers la loge, pendant que Frederick s'abandonnait au plaisir du spectacle.

Après la troupe des Vélocipédistes hongroises de Mme Tarocszy se succédèrent Miss Ellaline Bagwell (soprano), le Dessinateur Éclair et M. Jackson Sinnott (chansons comiques et patriotiques). Les trois hommes n'avaient toujours pas quitté leur loge. Sally constata que M. Windlesham tenait toujours les yeux fixés sur elle, et elle eut la désagréable impression d'être nue. Elle s'efforça de l'ignorer.

Enfin, le régisseur annonça le Grand Méphisto. Il y eut un roulement de tambour, la main gauche du chef d'orchestre vibra au rythme des accords de basse du piano et sa main droite entraîna les quatre instruments à cordes dans un vibrato mystérieux… puis, avec un fracas de cymbales, le rideau se leva. Frederick et Sally se redressèrent sur leurs sièges.

Une fine silhouette vêtue d'une queue-de-pie se tenait au centre de la scène. Elle portait un masque blanc. Sally n'avait jamais vu Mackinnon, mais elle sut immédiatement que c'était lui.

Frederick, lui, semblait parfaitement détendu. Son visage reflétait un ravissement enfantin. Il tourna la tête, adressa un clin d'œil à la jeune fille ; le numéro commençait.

Quels que soient ses travers, Mackinnon était avant tout un immense artiste. Son masque n'était pas seulement une façon de dissimuler son identité, il faisait partie de son numéro, tout comme le maquillage blanc qu'il arborait précédemment. Son silence obstiné, ses mouvements, les couteaux et les épées qu'il utilisait pour certains de ses tours et par-dessus tout ce masque figé, dénué de toute expression, tous ces éléments contribuaient à créer une atmosphère de danger et d'horreur. Le public, jusqu'à présent joyeux et tapageur, se tut, mais ce n'était pas pour marquer son dégoût ou sa désapprobation : les spectateurs étaient partagés entre l'admiration et la crainte. Sally ne faisait pas exception.

Tous observaient Mackinnon depuis plusieurs minutes, incapables de détacher leurs regards de la scène, quand Jim tourna brièvement la tête et leva les yeux en direction de la loge. Aussitôt, il étreignit le bras de Sally.

– Ils ont disparu ! murmura-t-il.

Affolée, elle tourna la tête à son tour et constata que la loge était vide. Jim étouffa un juron et Frederick se redressa sur son siège.

– Ils ont été plus futés que nous, murmura-t-il. Mince ! Ils ont dû aller dans les coulisses. Jim, dès que Mackinnon sort de scène, on fonce...

Mais le prestidigitateur leur avait réservé une petite surprise. La musique s'arrêta au milieu d'une mesure, Mackinnon s'immobilisa, les bras levés, et il se mit à agiter les mains. Deux morceaux d'étoffe écarlate et chatoyante glissèrent le long de ses bras et restèrent suspendus au-dessus du sol comme des cascades de sang.

Simultanément, toutes les lumières s'éteignirent, à l'exception du faisceau étroit d'un projecteur braqué sur le magicien. Un silence absolu régnait dans le public, tandis que l'homme avançait vers le bord de la scène.

– Mesdames et messieurs, commença-t-il.

C'étaient les premières paroles qu'il prononçait. Ses intonations étaient douces et mélodieuses mais, sous le masque, elles semblaient chargées de mystère, telle la voix d'un dieu étrange et archaïque.

Aucun bruit ne montait de l'orchestre. Personne ne bougeait. C'était comme si le théâtre tout entier retenait son souffle.

– Sous ces deux étoffes de soie, reprit Mackinnon, se cachent deux cadeaux d'une valeur considérable. Dans l'une de mes mains, je tiens une pierre précieuse, une émeraude ancienne de la plus belle eau. Et dans mon autre main, je tiens... un couteau.

Un frisson silencieux parcourut l'assistance.

– La vie, dit-il d'un ton posé et hypnotique, et la mort. L'émeraude offrira à son propriétaire, si celui-ci décidait de la vendre, toute une vie de richesses et de luxe. Le poignard, en revanche, je le planterai dans son cœur, et la mort y entrera en même temps que la lame. Je vais offrir un de ces cadeaux, mais un seul, à la personne assez courageuse pour répondre à une simple question. Une réponse correcte permet de gagner l'émeraude; une réponse fausse, c'est le couteau. Mais d'abord...

Il secoua sa main gauche. L'étoffe soyeuse ondula jusqu'au sol dans un bruissement doux et, dans la paume du magicien, surgit une flamme vert sombre : une émeraude de la taille d'un œuf de poule qui scintillait comme le cœur d'une vague traversée par les rayons du soleil. Le public en eut le souffle coupé. Mackinnon déposa soigneusement la pierre sur une petite table installée près de lui.

Puis il agita l'autre main. L'étoffe tomba, dévoilant une lame en acier de quinze centimètres. Un instant, il tint le poignard devant ses yeux. Avec son autre main, il donna l'impression de pincer l'air et un mouchoir en soie blanche surgit au bout de ses doigts.

– Cette lame est si aiguisée, dit-il, que le simple poids de ce mouchoir suffira à le couper en deux.

Il leva le bras et lâcha le mouchoir. Celui-ci tomba lentement, vint se poser sur le fil de la lame et, sans marquer le moindre temps d'arrêt, glissa jusqu'à terre, coupé net en deux. Le public, cette fois, laissa échapper un soupir horrifié. Sally, elle aussi, était subjuguée. Elle secoua violemment la tête comme pour se délivrer d'un enchantement, et serra ses poings l'un contre l'autre. Où étaient donc passés les occupants de la loge ? Étaient-ils déjà dans les coulisses, à attendre ?

– La mort... reprit Mackinnon sur le même ton envoûtant, la mort provoquée par ce poignard sera aussi douce et légère que la chute de ce morceau de soie. Songez à la souffrance de la maladie, à la tristesse de la vieillesse, au désespoir de la pauvreté... Balayés en une seconde, à tout jamais ! Ce cadeau est aussi précieux que l'autre. Peut-être même davantage.

Il posa le couteau à côté de l'émeraude sur la table et recula d'un pas.

– J'accomplirai ce geste sur-le-champ, ici même, ajouta-t-il, devant six cents témoins. Et je serai immédiatement châtié. Je le sais. Je suis prêt. Il s'agit d'une décision très solennelle et je n'attends pas de réponse immédiate. Je vais laisser passer deux minutes... regardez cette pendule.

Le cadran éclairé d'une grosse pendule apparut dans l'obscurité, derrière lui : les aiguilles indiquaient minuit moins deux.

– Je vais déclencher la pendule et attendre. Si personne ne s'est proposé pour répondre au moment où elle sonnera, je reprendrai mes cadeaux et terminerai mon numéro. Je renouvellerai ma proposition demain soir et je continuerai jusqu'à ce que quelqu'un se porte volontaire. Voyons s'il y a parmi vous, ce soir, un audacieux ! Il ne me reste plus qu'à vous poser la question. Elle est très simple : quel est mon nom ?

Mackinnon se tut. Il n'y avait plus un bruit dans le théâtre, à l'exception du sifflement des lampes à gaz, et le premier « tic » de la pendule résonna lugubrement aux quatre coins de la salle.

Les secondes défilèrent. Personne n'osait bouger, Mackinnon restait immobile comme une statue, tout son corps aussi figé que son masque. Les occupants de la loge devaient attendre dans l'obscurité derrière la scène, déconcertés, sans doute, par la surprise de Mackinnon. Mais Sally savait qu'ils ne resteraient pas là éternellement, et une minute s'était déjà écoulée

« Inutile d'attendre plus longtemps », se dit-elle. Elle regarda tour à tour Frederick et Jim.

– Il faut agir, murmura-t-elle.

Frederick hocha la tête.

Elle ouvrit son sac à main, sortit le crayon et le bout de papier qui s'y trouvaient et griffonna quelques mots. Sa main tremblait ; elle sentait la tension du public derrière elle, à demi convaincu que l'émeraude était authentique, que le magicien se servirait réellement de ce couteau et que l'enjeu était véritablement une question de vie ou de mort.

La grande aiguille de la pendule avait presque atteint le nombre douze. Un bruissement parcourut l'assistance ; chacun retenait son souffle. Sally se tourna de nouveau vers Frederick et Jim ; constatant qu'ils étaient prêts, elle se leva.

– Je peux répondre ! lança-t-elle.

Une seconde plus tard, la pendule sonna, mais nul ne l'entendit dans le brouhaha qui accompagna le relâchement de la tension générale. Toutes les têtes se tournèrent vers Sally ; elle apercevait le blanc de leurs yeux écarquillés dans la pénombre.

– Bravo ! s'écria quelqu'un, et ce cri déclencha aussitôt une clameur sauvage.

Sally, d'un pas lent, se dirigea vers le régisseur qui se tenait au pied des marches menant à la scène. Les applaudissements crépitèrent ; elle vit du coin de l'œil Frederick et Jim se faufiler par la petite porte qui donnait sur les coulisses. Mais elle n'avait pas le temps de penser à eux ; elle avait besoin de toute sa concentration pour affronter Mackinnon.

Le régisseur lui tendit la main et les applaudissements moururent lorsque Sally monta sur scène. Le silence qui leur succéda était encore plus intense. Sally s'avança vers le magicien. (Windlesham était tapi quelque part dans la pénombre, pensa-t-elle. « Et il sait qui je suis, même si les autres l'ignorent... »)

– Eh bien, dit Mackinnon quand elle s'arrêta à un ou deux mètres de lui. Voilà quelqu'un qui a une réponse à proposer. Cette jeune femme vient affronter son destin... Écoutons-la : quel est mon nom ?

Sally, à travers le masque blanc, devinait l'éclat sombre des yeux de Mackinnon. Lentement, elle lui tendit le papier. S'attendant à une réponse orale, il parut décontenancé, mais le public ne s'en aperçut pas. Comme s'il avait répété ce geste pendant des semaines, il prit la feuille et se tourna avec lenteur face aux spectateurs.

Il déplia la feuille ; ses yeux imposaient le silence. Plus personne ne respirait, y compris Sally. Il baissa les yeux et déchiffra ces mots :

Attention. Les hommes de Bellmann vous attendent en coulisses. Je suis une amie.

Elle n'avait pas eu le temps d'en écrire plus.

Mackinnon ne cilla pas. Il s'adressa au public :

– Cette courageuse jeune femme a inscrit un nom sur cette feuille, un nom que chaque personne de l'assistance, que tous les hommes et toutes les femmes du royaume, reconnaîtraient. Elle me fait un très grand honneur… mais ce n'est pas le mien.

Il déchira la feuille en tout petits morceaux qu'il laissa négligemment tomber. Sally avait l'impression d'être un petit animal hypnotisé par un serpent. Toute la détermination qui l'habitait quelques instants plus tôt s'était volatilisée et la situation se trouvait inversée ; c'était désormais elle qui subissait le pouvoir du magicien. Elle fixait les mains qui continuaient à déchirer la feuille de papier. De belles mains puissantes. Le couteau était-il réel ? Oserait-il ? Non, certainement pas… mais alors, qu'allait-il se passer ?

L'esprit de Mackinnon devait fonctionner à toute allure, songea-t-elle. Pourvu qu'il trouve une solution. Et vite.

Il était impossible de prolonger cette attente plus longtemps. Le magicien prit le couteau, le tint devant lui et le contempla intensément, avant de le brandir devant Sally. La lame étincela.

C'est alors que plusieurs choses se produisirent simultanément.

Un cri jaillit dans les coulisses et un objet lourd s'écrasa sur le sol, au moment où éclatait une bagarre furieuse.

Dans un claquement, une trappe s'ouvrit soudain à côté de Mackinnon et une plate-forme carrée apparut à travers l'ouverture.

Une spectatrice poussa un hurlement, qui fut repris par une autre femme, puis une autre.

L'orchestre se lança dans une interprétation frénétique, et totalement fausse, d'un air de *Faust*.

Mackinnon saisit Sally par le bras et l'entraîna jusqu'à la trappe. Elle sentit son bras lui enserrer la taille avec une force qui la surprit.

Les lumières virèrent au rouge et se mirent à trembloter, évoquant une vision de l'enfer, alors que la plateforme sur laquelle se tenaient Mackinnon et Sally commençait à descendre.

Les spectateurs hurlaient, braillaient, vociféraient, mais le rire de Mackinnon, puissant et satanique, dominait le vacarme.

Ils s'enfoncèrent dans l'obscurité et la trappe se referma bruyamment au-dessus de leurs têtes. Le tumulte mourut aussitôt. Et Mackinnon flancha. Il se laissa aller contre Sally en tremblant comme un enfant.

– Oh, aidez-moi ! gémit-il.

A nouveau, il s'était métamorphosé en l'espace d'une seconde. Dans la pénombre (une lampe à gaz recouverte d'un manchon, quelque part au milieu du fatras de poutres, de cordes et de leviers, était l'unique source de lumière), elle remarqua que son masque avait glissé. Elle le lui arracha et s'écria :

– Vite ! Dites-moi tout ! Pourquoi Bellmann vous poursuit-il ? Il faut que je sache !

– Non… non… je vous en supplie ! Il va me tuer ! Je dois me cacher…

Sa voix, sous l'effet de la panique, avait retrouvé un fort accent écossais, et il frappait dans ses mains comme un enfant affolé.

– Expliquez-moi ! demanda Sally. Si vous ne parlez

pas, je vous abandonne entre leurs mains. Je suis avec les Garland. Je suis une amie, vous comprenez ? Fred Garland et Jim Taylor sont en train de retenir ces hommes, mais si vous ne me dites pas la vérité, je vous laisse tomber. Dites-moi pourquoi Bellmann vous pourchasse, ou sinon...

– D'accord, d'accord !

Il ressemblait, à cet instant, à un animal pris au piège. Tous deux étaient encore sur la plate-forme, entre les glissières métalliques qui lui permettaient de se hisser jusqu'à l'ouverture dans la scène. C'était un mécanisme connu sous le nom de trappe du démon, utilisé dans les spectacles pour enfants lorsque le Démon-Roi apparaissait sur scène. Il devait y avoir quelqu'un, quelque part, qui actionnait une manivelle, se dit Sally, mais elle ne voyait personne dans les parages.

C'est alors qu'elle entendit un fracas de machinerie. Mackinnon prit peur et s'enfuit en sautant de la plate-forme ; il se mit à zigzaguer entre les gros piliers de bois qui soutenaient la scène.

– Non, pas par là ! lança Sally en s'efforçant de ne pas crier.

La ruse fonctionna. Mackinnon hésita, ce qui permit à Sally, gênée par sa longue robe, de se lancer à sa poursuite et d'agripper son bras.

– Lâchez-moi !

– Écoutez-moi, pauvre idiot ! Je vous jure que je vous livre à Bellmann si vous ne me dites pas ce que je veux savoir.

– D'accord... Mais pas ici...

Il regardait de tous côtés. Mais Sally ne voulait pas le lâcher. Non loin de là, une lampe à gaz crachotante les enveloppait d'une lumière crue qui donnait au magicien l'apparence d'un fou hystérique.

Sentant la colère monter en elle, la jeune fille secoua le magicien comme un prunier.

– Écoutez-moi bien ! Vous n'êtes rien pour moi. Je pourrais très bien vous laisser aux mains de vos poursuivants, mais il y a une chose que je veux savoir. Vous êtes mêlé à une histoire d'escroquerie, de naufrage et de meurtre. Pourquoi cet homme vous traque-t-il ? Que veut-il ?

Il se débattit, mais elle le retint fermement ; soudain, il se mit à pleurer. Stupéfaite, et un peu écœurée, Sally le secoua de plus belle.

– Répondez-moi ! ordonna-t-elle d'une voix furieuse.

– D'accord ! *D'accord !* Mais il ne s'agit pas de Bellmann, dit-il. C'est mon père.

– Votre père ? Qui est votre père ?

– Lord Wytham, répondit Mackinnon.

Sally resta muette un instant ; les pensées tourbillonnaient dans sa tête.

– Prouvez-le.

– Demandez à ma mère, elle vous le dira. Elle n'a pas honte.

– Qui est votre mère ?

– Elle s'appelle Nellie Budd. Mais j'ignore où elle vit. Et je ne sais pas qui vous êtes non plus. J'essaie juste de gagner ma vie, de perfectionner mon art. Je suis innocent, je n'ai jamais fait de mal à personne, je vous assure. Je suis un artiste, j'ai besoin de paix et de calme. Je veux qu'on me laisse tranquille, j'en ai assez d'être agressé, harcelé et traqué en permanence... c'est injuste, ce n'est pas normal !

Nellie Budd...

– Mais vous ne m'avez toujours pas expliqué pourquoi Bellmann vous pourchasse. Inutile de me répondre qu'il n'a rien à voir là-dedans, car son secrétaire était ici ce soir. Un certain Windlesham. Alors, en quoi est-il impliqué ?

Avant que Mackinnon puisse répondre, une trappe s'ouvrit avec fracas quelque part au-dessus d'eux ; Mackinnon échappa à l'étau des mains de Sally et disparut dans l'obscurité, comme un rat. Elle s'élança à sa poursuite, mais s'arrêta aussitôt ; elle ne pourrait plus le rattraper.

En refaisant surface, Sally s'attendait à découvrir la plus grande confusion et un public indigné par leur disparition. Au lieu de cela, elle tomba sur un régisseur qui se confondit en excuses, une scène envahie par une troupe de danseuses et des spectateurs hilares.

Apparemment, il aurait dû y avoir un machiniste sous la scène pour la ramener à son siège, car le coup de la trappe, avec la plate-forme et les lumières rouges, avait été mis au point par Mackinnon ; c'était le clou de son numéro et le régisseur était enchanté de l'effet produit.

Si personne ne s'était trouvé sous la scène pour les accueillir, c'est que tous les hommes disponibles avaient été appelés pour mettre fin à une altercation en coulisses. Quatre hommes surgis de nulle part s'étaient jetés les uns sur les autres avec fureur et, après une violente échauffourée, ils avaient été flanqués dehors.

– Sans doute un mari jaloux, dit le régisseur.

– Un mari jaloux ?

– Voyez-vous, M. Mackinnon a beaucoup de succès auprès des femmes. Je suis sûr que vous l'avez remarqué. Elles lui tournent autour comme des papillons de nuit attirés par la lumière. Je ne comprends pas pourquoi, mais c'est un fait. Avec lui, ce ne serait pas la première fois qu'il y a du ramdam à cause de ça. Avec les femmes, c'est un démon. Je vais trouver quelqu'un pour vous reconduire jusqu'à votre siège. Vous étiez assise au premier rang, n'est-ce pas ?

– Je crois que je vais plutôt rentrer chez moi, dit Sally. J'ai eu assez de distractions pour ce soir, merci infiniment. Où se trouve la sortie ?

Une fois qu'elle eut quitté le théâtre, la jeune fille s'empressa de rejoindre l'entrée des artistes, le cœur battant ; là, elle découvrit Frederick assis sur le perron, faisant tournoyer sa canne, pendant que Jim faisait les cent pas, les yeux fixés sur le sol. Il n'y avait personne d'autre dans la ruelle.

Elle se précipita et s'agenouilla auprès de Frederick.

– Ça va ? Que s'est-il passé ?

Frederick avait la joue entaillée, mais il souriait. Elle caressa la blessure du bout des doigts.

– Aïe... On leur a donné une bonne leçon. On était un peu à l'étroit à l'intérieur ; on se prenait sans arrêt dans les plis du rideau. Mais quand ils nous ont jetés dehors, j'ai pu me servir de ma canne pour distribuer quelques bons coups et on a repris le dessus. C'étaient des méchants, ces deux-là. Mais le dénommé Sackville a reçu une sacrée raclée, et Jim a écrasé son poing sur le nez de l'autre type. Tu aurais dû voir ça ! Alors, tu l'as trouvée ? demanda-t-il à Jim.

Celui-ci répondit par un grognement incompréhensible. Il avait la lèvre fendue et quand il ouvrit la bouche, Sally remarqua qu'il avait perdu une de ses dents de devant. Elle ressentit un pincement au cœur ; ses amis étaient blessés et elle avait laissé filer Mackinnon...

– Tu as découvert quelque chose ? demanda Frederick en se levant.

– Oui. Mais trouvons d'abord un fiacre pour te ramener à la maison. Je vais mettre quelque chose sur cette blessure. Et Jim risque d'avoir mal aux dents ; j'espère qu'on trouvera un peu de brandy.

– Dommage qu'ils nous aient expulsés de cette manière, dit Frederick. Je voulais voir le Señor Chavez, le Désossé Miraculeux.

– Je l'ai déjà vu, marmonna Jim. Ça vaut pas le coup. Il fait le poirier et il enfonce sa jambe dans son oreille, et c'est tout. Alors, qu'as-tu découvert, Sal ?

A quelques rues de là, dans un fiacre, M. Windlesham passait un bon savon à MM. Harris et Sackville. Mais ils n'accordaient pas à cette réprimande l'attention qu'elle méritait : ayant reçu un coup de canne sur la tête, Sackville avait l'esprit encore plus embrouillé qu'en temps normal, et Harris, dont le nez avait fait connaissance avec le coup-de-poing américain de Jim, tentait d'étancher le flot de sang qui menaçait de tremper sa chemise à l'aide d'un mouchoir déjà imbibé.

M. Windlesham les regarda d'un air dégoûté et frappa un coup sur le toit du fiacre. Celui-ci ralentit.

– On n'est pas arrivés, dit Sackville d'une voix enrouée.

– Voilà qui est finement observé, répondit M. Windlesham. Mais la nuit est belle et fraîche. Un peu de marche vous fera du bien. Il me semble que vous êtes plus doués pour terroriser les femmes que pour vous battre avec des hommes. Si tel est le cas, il se peut que j'aie un autre travail pour vous, mais tout dépend de votre ponctualité demain matin. Sept heures à mon bureau, et pas une minute de retard. Ne mettez pas de sang sur la poignée de la porte, monsieur Harris. Merci. Veuillez essuyer, si ça ne vous ennuie pas. Non, non, pas avec votre mouchoir. Les basques de votre habit feront l'affaire. Bonne nuit, messieurs.

Les deux malfrats disparurent dans Drury Lane en gémissant et en marmonnant des jurons. M. Windlesham demanda au cocher de le conduire à Hyde Park Gate. Son employeur, se disait-il, serait très intéressé par ce qui s'était passé ce soir.

12
Fantasmes de vivants

– Résumons-nous, dit Frederick en se resservant de marmelade. Mackinnon prétend être le fils de Nellie Budd et de Lord Wytham. C'est possible.

C'était le lendemain de leur soirée au music-hall ; les trois complices prenaient leur petit déjeuner au Tavistock Hotel de Covent Garden.

– Il a débité la même histoire à Mlle Meredith, précisa Jim. Sauf qu'il n'a pas donné le nom de son père ni de sa mère. Mais ça n'explique pas pourquoi Bellmann le pourchasse. A moins qu'il ne veuille pas de lui comme beau-frère. Et je ne peux pas lui jeter la pierre.

– L'héritage, dit Sally. Il était bien question de ça, non ? Mais l'illégitimité de la naissance risque de constituer un obstacle. Que pourrait-il hériter de Wytham ?

– Pas grand-chose, à mon avis, répondit Frederick. Cet homme est ruiné, ou sur le point de l'être. Tout ce qu'il possède est fortement hypothéqué. Et, par-dessus le marché, il vient d'être exclu du gouvernement... Alors, franchement, je ne vois pas. C'est un individu assez pitoyable. Je préfère Nellie Budd. Pas étonnant qu'elle ait tiqué quand j'ai prononcé le nom de Mackinnon.

– Et cette société, l'Étoile Polaire ? demanda Jim.

Ce fut Sally qui répondit :

– A priori, elle fait le commerce du fer et de l'acier... ou quelque chose comme ça. Elle n'est pas cotée en bourse. J'irai voir cette Mme Seddon, à Muswell Hill, dès demain. Mais ce matin, je vais rendre visite à un certain M. Gurney pour l'interroger sur la psychométrie. Et je dois aussi penser à m'occuper de mes affaires.

– Moi, je vais aller fureter autour de Whitehall, annonça Frederick. Je pourrai peut-être apprendre des choses sur Wytham. Ensuite, je retournerai voir Nellie Budd. Et puisqu'on parle d'affaires, il serait temps que je gagne un peu d'argent. Pour l'instant, cette enquête ne m'a pas rapporté un sou. J'ai même perdu une montre.

– Ne te plains pas, mon gars, dit Jim avec amertume. Tu peux en acheter une autre pour quelques shillings. Les dents, c'est moins facile à trouver. Comment peux-tu être assez cruel pour tenter un pauvre gars avec des harengs fumés et des toasts, alors qu'il peut tout juste avaler du porridge et des œufs brouillés ? Ça me dépasse ! Heureusement, je me console en me disant que ce type va avoir des problèmes de tarin pendant un petit moment.

Sally avait fait la connaissance de M. Gurney à Cambridge. Ils avaient été présentés l'un à l'autre par un certain M. Sidgwick, un philosophe qui avait beaucoup œuvré pour que les femmes reçoivent une meilleure éducation, mais qui s'intéressait également aux travaux sur le psychisme. M. Gurney effectuait lui-même des recherches dans ce domaine, et comme il vivait à Hampstead, c'est-à-dire pas très loin, Sally avait décidé de lui rendre visite.

Elle le trouva dans le bureau de son agréable villa ; elle remarqua les partitions de musique éparpillées sur la table et un violon rangé dans son étui ouvert. M. Gurney était un homme d'une trentaine d'années à l'air sérieux et à la barbe soyeuse. Ses yeux semblaient en permanence écarquillés.

– Je suis désolée d'interrompre votre musique, dit Sally. Mais je cherche des réponses à quelques questions et je n'ai personne d'autre à qui m'adresser...

– Ma musique ? Je ne serai jamais musicien, miss Lockhart. Jouer cette petite sonatine constitue le sommet de mon ambition, et de mes talents, j'en ai peur. J'ai décidé de prendre une nouvelle orientation : la médecine est une discipline qui me convient mieux. Alors, en quoi puis-je vous aider ?

M. Gurney était un riche dilettante qui s'était essayé au droit avant d'étudier la musique, et Sally doutait fort qu'il s'intéresse plus longtemps à la médecine. Mais il possédait une intelligence aiguë et une vaste connaissance de la psychologie et de la philosophie. Alors que Sally lui décrivait ce qui s'était passé lors de la séance de spiritisme avec Nellie Budd, elle vit une étincelle d'intérêt s'allumer dans ses yeux.

– La télépathie, dit-il. Voilà ce qui arrive à votre Mme Budd, d'après ce que vous me dites.

– Télé... ça vient du grec. Comme dans télégraphe. Qu'est-ce que ça signifie ?

– C'est un mot pour décrire ce qui se produit quand une personne reçoit des impressions venant de l'esprit d'une autre personne. Ce sont des perceptions, des émotions, des sensations... Il ne s'agit pas de pensées conscientes, pas encore.

– Cette faculté existe-t-elle vraiment ? C'est une chose que nous possédons tous ?

– Le phénomène existe. Des centaines de cas ont été répertoriés. Mais cela ne veut pas dire que cette faculté est universelle. Quand un homme a été renversé par un fiacre, on ne parle pas de sa faculté à se faire renverser. C'est plus une chose qui nous arrive qu'une chose que l'on *fait*.

– Je vois, dit Sally. Cette femme reçoit peut-être des impressions sans en avoir conscience. Mais l'envoi de ces impressions est-il délibéré ? Ou est-ce que la personne qui les transmet le fait s'en sans apercevoir ?

– On utilise le terme « agent ». Il existe peu de schémas récurrents, miss Lockhart. Je me garderai de toute généralisation, sauf pour dire que ce phénomène se produit généralement entre deux personnes proches sur le plan émotionnel.

– Je comprends... Il y a autre chose qui me tracasse, monsieur Gurney. C'est lié à la première histoire, mais je ne sais pas comment pour l'instant.

Elle lui parla de la vision de Mackinnon, celle du meurtre dans la neige, en précisant que, d'après Mackinnon, elle avait été déclenchée par le contact avec un étui à cigares.

– Ce phénomène a été attesté, confirma M. Gurney. Quel genre d'homme est le « récepteur » ? Celui qui a eu cette vision ?

– Un homme qui n'est pas digne de confiance. C'est un magicien, un prestidigitateur – très talentueux, soit dit en passant – et j'ai le sentiment qu'il est impossible de savoir à quel moment il dit la vérité. Une dernière chose : si ce phénomène existe, survient-il seulement quand le « récepteur » manipule un objet appartenant à l'autre personne ? Ou est-ce que n'importe quoi d'autre peut faire l'affaire, du moment qu'il existe un vague lien ?

– Quel genre de chose ?

– Un article de journal. Une coupure de presse qui pourrait avoir un rapport avec la vision, mais qui ne mentionne aucun nom. Cela peut-il suffire à déclencher une perception psychométrique ? Ou bien, autre hypothèse : supposons que le « récepteur » ait eu cette vision et qu'ensuite, il tombe sur un article de journal qui s'y rattache, sans mentionner directement les faits. Peut-il deviner que les deux choses sont liées ?

M. Gurney se leva d'un bond sous l'effet de l'excitation et alla chercher un énorme recueil de notes et de coupures de presse qui se trouvait sur l'étagère au-dessus de sa table de travail.

– Extraordinaire ! s'exclama-t-il. Vous venez de décrire exactement un cas survenu à Blackburn en 1871. S'il s'agit d'une récurrence, c'est une formidable nouvelle. Regardez... ici.

Sally parcourut les articles de journaux, tous datés et annotés avec une précision scientifique. Il existait une grande similitude, en effet, même si la vision de l'homme de Blackburn était moins sensationnelle puisqu'il avait seulement « vu » son frère échapper à un accident de train.

– Combien de cas avez-vous recensés, monsieur Gurney ?

– Des milliers. Il faudrait toute une vie de travail pour trier tous ces articles et les analyser...

– Peut-être que vous devriez vous y atteler au lieu d'étudier la médecine. Mais je dois vous préciser une chose : cette affaire semble tourner autour d'un complot criminel. Je suis sûre que vous voudrez rédiger une communication à ce sujet, mais avant de la publier, pourriez-vous attendre, je vous prie, que tout danger soit écarté ?

M. Gurney ouvrit de grands yeux.

– Un complot criminel ?

Il écouta, stupéfait, la jeune fille lui résumer le contexte de l'affaire.

– Voilà donc ce qu'on forme à Cambridge, dit-il finalement. Des femmes détectives ! Je doute que cela corresponde aux ambitions qui étaient celles des premiers partisans de l'éducation des femmes... Mais évidemment, je ferai ce que vous me demandez. De toute façon, nous utilisons toujours des pseudonymes dans nos rapports. Vous avez ma parole ! Escroquerie... meurtre... Peut-être ferais-je mieux de m'en tenir à la musique, finalement.

Frederick ne put se rendre à Streatham que dans l'après-midi. Il avait appris une ou deux choses grâce au plus simple des moyens : en interrogeant les gens susceptibles de pouvoir le renseigner. Les commis, les messagers, et ainsi de suite. D'après la rumeur, la carrière politique de Lord Wytham était désormais sur le déclin, mais il s'apprêtait à entamer une brillante carrière dans le monde de la finance, car il avait obtenu un siège au sein du conseil d'administration d'une société en plein essor, l'Étoile quelque chose. Par ailleurs, il cultivait ses relations avec le sous-secrétaire du ministère des Affaires étrangères. Dans l'ensemble, toutes ces informations méritaient bien une matinée de travail et une succession de tasses de café insipide.

L'après-midi était froid et gris ; un fin crachin commençait à tomber. Frederick se faisait une joie de revoir Nellie Budd.

Mais la rue où vivait la médium n'avait plus rien de paisible. Une foule de curieux était massée autour de la porte d'entrée et une ambulance attendait devant la grille. Un sergent de police et deux agents s'efforçaient de maintenir l'ordre ; deux hommes tenant un brancard sortirent de la maison et la foule s'écarta d'elle-même pour les laisser passer.

Frederick pressa le pas. Il fut repéré par un inspecteur en uniforme qui se tenait sur le seuil, un homme au visage sévère et à l'air compétent. Au moment où le brancard était hissé à bord de l'ambulance, l'inspecteur marcha à la rencontre du détective. Intrigués, les curieux le suivirent du regard.

– Je peux vous aider, monsieur ? demanda l'inspecteur.

– Je venais rendre visite à une dame qui habite à cette adresse. Mme Budd.

L'inspecteur jeta un coup d'œil en direction de l'ambulance ; il fit signe aux brancardiers de fermer la porte. Puis il reporta son attention sur Frederick.

– Voulez-vous me suivre à l'intérieur, je vous prie ?

Frederick le suivit dans le vestibule étroit et un agent referma la porte derrière eux. Un homme qui semblait être un médecin sortit du salon ; Frederick entendait une jeune fille sangloter à l'intérieur.

– Peut-elle répondre à quelques questions ? demanda l'inspecteur.

– Oui, mais faites vite, répondit le médecin. Je lui ai donné une potion pour la calmer et elle ne va pas tarder à s'endormir. Il vaudrait mieux la mettre au lit.

L'inspecteur hocha la tête. Il ouvrit la porte du salon et fit signe à Frederick d'entrer. Une jeune domestique d'environ seize ans était assise sur le canapé de Mme Budd, les yeux rougis par les larmes et la poitrine secouée de sanglots.

– Cessez de pleurer, Sarah, et regardez-moi, dit l'inspecteur. Votre maîtresse est en route pour l'hôpital ; ils prendront soin d'elle là-bas. Écoutez-moi attentivement : avez-vous déjà vu cet homme ?

Sans cesser de sangloter et de trembler, la jeune fille regarda brièvement Frederick et secoua la tête.

– Non, monsieur, murmura-t-elle.

– Ce n'est pas un des hommes qui sont venus ici aujourd'hui ?

– Non, monsieur.

– Vous en êtes bien sûre, Sarah ? Vous n'avez plus rien à craindre maintenant. Regardez-le attentivement.

– Je l'ai jamais vu ! Je vous le jure !

Elle se remit à pleurer. L'inspecteur ouvrit la porte du salon et appela l'agent posté dans le vestibule :

– Davis ! Emmenez-la en haut. Et donnez-lui un verre d'eau ou quelque chose.

Dès que l'agent Davis eut escorté la jeune domestique hors du salon, l'inspecteur referma la porte et sortit son carnet et son crayon.

– Puis-je avoir votre nom, je vous prie ?

– Frederick Garland. 45, Burton Street. Photographe. Pourriez-vous m'expliquer pourquoi j'ai participé à une séance d'identification improvisée, et certainement illégale ? Que se passe-t-il, bon sang ? Et qu'est-il arrivé à Nellie Budd ?

– Elle a été agressée ce matin par deux hommes. La domestique les a laissés entrer. Elle a dit qu'ils avaient le visage... marqué. Yeux au beurre noir, nez enflé... Vous-même vous avez un joli bleu à la joue.

– Oh, c'est donc ça. Je comprends. Un pauvre idiot a ouvert la porte d'un compartiment de chemin de fer alors que j'étais juste derrière. Où ont-ils emmené Nellie Budd ? Est-elle grièvement blessée ?

– On l'a conduite à l'hôpital Guy. Ces hommes l'ont salement tabassée. D'ailleurs, elle a perdu connaissance, mais je pense qu'elle survivra. C'est préférable pour eux s'ils ne veulent pas être pendus.

– Vous allez les arrêter ?

– Évidemment que je vais les arrêter ! répondit l'inspecteur. Aussi sûrement que je m'appelle Conway. Je ne tolérerai pas ce genre d'agression. Pourriez-vous me dire, je vous prie, quels sont vos liens avec Mme Budd, monsieur ? Quel était le but de votre visite ?

Frederick lui expliqua qu'il photographiait un certain nombre de médiums réputés pour le compte d'une société de spiritisme et il venait voir si Nellie Budd accepterait d'être prise en photo. L'inspecteur hocha la tête.

– Je vois. Les agresseurs n'ont rien emporté, d'après la domestique. Il ne s'agit donc pas d'un vol. Avez-vous une idée de ce qui a pu se passer ?

– Absolument pas, répondit Frederick.

Et c'était la vérité, songea-t-il quelques minutes plus tard, alors qu'il montait dans un omnibus pour se rendre à Southwark où se trouvait l'hôpital Guy. Il regrettait de ne pas avoir défoncé le crâne de Sackville avec sa canne la nuit précédente, et il se surprit à serrer rageusement les poings, car l'identité des deux agresseurs ne faisait aucun doute pour lui. Quant à connaître la cause… Bellmann détenait la réponse. Tout comme ce petit homme à lunettes, Windlesham.

Ils allaient le payer.

Toute la journée, une femme au visage voilé avait hésité devant un immeuble de bureaux de la City. Elle tenait une petite boîte en fer sous le bras et elle ne cessait de revenir vers la porte, de lever la main en jetant autour d'elle des regards anxieux, pour finalement la laisser retomber et repartir, la mine défaite. Il s'agissait d'Isabel Meredith et le bureau était celui de Sally.

Sa timidité naturelle (car elle aurait été timide, même sans sa tache de naissance) et les souffrances endurées au cours de ces dernières quarante-huit heures l'avaient privée du courage et de la volonté nécessaires pour gravir l'escalier et frapper à la porte. Mais le désespoir finit par l'emporter sur la timidité et elle se jeta à l'eau : mais Sally était absente.

Alors, Isabel repartit, anéantie, tête baissée. Elle n'était pas habituée à avoir de la chance, aussi, quand elle se cogna contre une frêle silhouette enveloppée dans un épais manteau de tweed, elle murmura simplement « Pardonnez-moi » en s'écartant. Quelle ne fut pas sa surprise d'entendre prononcer son nom !

– Mademoiselle Meredith ?

– Oh ! Euh... oui. Pourquoi ? Je...

– Vous veniez voir Miss Lockhart ?

– Oui. Mais il n'y a personne.

– Je suis Miss Lockhart. J'avais des choses à faire cet après-midi, mais je vous attendais. Venez, entrons.

Isabel Meredith faillit s'évanouir. Sally la retint par le bras en la voyant chanceler.

– Oh... je suis désolée. Mais je ne peux pas...

Sally perçut son absolu désespoir. Ce n'était pas le moment de s'asseoir dans un bureau glacial. Il y avait une station de fiacres juste en face. Quelques minutes plus tard, elles roulaient dans les rues encombrées, vers le domicile de Sally.

Elles s'installèrent devant un bon feu de cheminée, dans de profonds fauteuils, avec une bouilloire, une théière, des muffins et du beurre à portée de main. A leurs pieds, un chien aussi gros qu'un tigre, noir comme du charbon, était couché sur le tapis coloré avec un abandon magnifique.

Isabel avait ôté son voile. Elle tourna son visage vers Sally, sans honte, et n'essaya même pas de cacher ses larmes. Puis, comme la faim la tenaillait, elle mangea de bon appétit, pendant que Sally faisait griller les muffins coupés en deux au-dessus du feu.

Finalement, Isabel se renversa dans le fauteuil et ferma les yeux.

– Si vous saviez comme je regrette, dit-elle.

– Quoi donc ?

– Je l'ai trahi. J'ai honte, j'ai tellement honte...

– Il a réussi à s'enfuir. Il est à l'abri, grâce à votre message. Vous parlez bien de M. Mackinnon, n'est-ce pas ?

– Oui. Je... je ne vous connais pas, miss Lockhart, mais j'ai décidé de faire confiance à votre ami Jim, M. Taylor. Je m'attendais à trouver quelqu'un de plus âgé, je l'avoue. Et vous conseillez les gens au sujet de leurs placements... Mais votre ami m'a dit que cette histoire vous intéresserait. C'est pour cela que je suis venue.

Elle était fière, timide, apeurée, honteuse et en colère – un beau tumulte d'émotions, se dit Sally.

– Je suis conseillère en placements, mais cette activité englobe beaucoup d'autres choses. Surtout en ce moment. Et le cas de M. Mackinnon m'intéresse, en effet. Dites-moi tout ce que vous savez.

Isabel se moucha et se redressa dans le fauteuil, comme si elle venait de prendre une décision.

– J'ai fait sa connaissance à Newcastle, dit-elle. C'était il y a un an et demi. Je travaillais alors pour un costumier, dans un petit atelier. J'étais... invisible. Je n'étais pas obligée de faire face à des étrangers à longueur de journée et les comédiens sont moins cruels que les gens ordinaires ; ou, du moins, ils sont plus doués pour cacher ce qu'ils ressentent. Ils sont imbus d'eux-mêmes, comme des enfants, et ne font pas attention aux autres. J'étais heureuse là-bas.

Puis, un jour, il est venu à l'atelier pour commander un costume spécial. Les prestidigitateurs ont des tenues de scène avec des poches cachées un peu partout. Dès que je l'ai vu, j'ai... Avez-vous déjà été amoureuse, miss Lockhart ?

– Je... Vous êtes tombée amoureuse de lui ?

– Passionnément. Pour toujours. Je. j'ai essayé de m'en empêcher. Car que pouvais-je espérer ? Mais il m'a encouragée... Nous nous sommes vus plusieurs fois. Il me disait que j'étais la seule personne avec laquelle il pouvait parler. Déjà, à l'époque, il était en danger. Il devait changer d'adresse fréquemment ; ses ennemis étaient implacables Il ne pouvait pas rester longtemps au même endroit...

– Qui étaient ces ennemis ?

– Il ne me l'a jamais dit. Il ne voulait pas me faire courir le même danger. Je pense qu'il éprouvait quelque chose pour moi, un tout petit quelque chose, peut-être. Il m'écrivait chaque semaine. J'ai gardé toutes ses lettres ; je les ai ici avec moi...

Elle montra la petite boîte en fer posée près d'elle sur le sol.

– Vous a-t-il parlé d'un certain Bellmann ? Ou de Lord Wytham ?

– Non. Je ne crois pas.

– A votre avis, quel genre d'ennuis avait-il ?

– A plusieurs reprises, il a fait allusion à une histoire d'héritage. Je pensais qu'il était peut-être l'héritier d'une grande propriété et qu'il avait été spolié... Mais il ne s'intéresse qu'à son art. Car c'est un artiste. Un grand artiste... L'avez-vous déjà vu sur scène ? Vous ne pensez pas que c'est un grand artiste ?

Sally approuva de la tête.

– Si, si. Vous a-t-il parlé de ses parents, de son enfance ?

– Pas une seule fois. C'est comme s'il avait enfermé cette partie de son existence dans une tombe. Chaque instant de sa vie, chacune de ses pensées étaient consacrés à son art. Je savais... je savais que je ne pourrais jamais... être sa...

Ces paroles étaient douloureuses ; elle se tordait les mains et gardait les yeux fixés sur ses genoux en parlant.

– Mais je savais aussi qu'il n'y aurait jamais personne d'autre. C'est un pur génie, miss Lockhart. Si je peux lui être utile, à mon humble niveau... je mourrai heureuse. Mais je l'ai trahi...

Soudain, une houle de chagrin s'abattit sur elle ; elle se recroquevilla dans le fauteuil, secouée de sanglots angoissés, en cachant son visage dans ses mains. Chaka leva la tête, intrigué, et il émit un petit gémissement plaintif ; Sally le caressa derrière les oreilles : rassuré, il se recoucha.

Sally s'agenouilla devant le fauteuil d'Isabel et passa son bras autour de ses épaules.

– Racontez-moi comment vous l'avez trahi, dit-elle. S'il vous plaît. Pour l'aider, nous avons besoin de tout savoir. Et je suis sûre que ce n'était pas intentionnel. Quelqu'un vous a obligée à faire ça, par la ruse ou par la force, n'est-ce pas ?

Lentement, entre deux sanglots, Isabel raconta la visite de Harris et Sackville, comment ils avaient saccagé tout son travail. Sally fut parcourue d'un frisson glacé ; elle imaginait trop bien ce qu'on pouvait ressentir en voyant toute son œuvre détruite.

– Je n'ai rien dit. Rien du tout. Ils auraient pu me torturer, je n'aurais rien dit… Mais ils ont voulu… mes lettres…

Elle prit la petite boîte en fer et la serra contre sa poitrine, en la berçant comme le ferait une mère avec son enfant mourant. Sally avait du mal à supporter ce spectacle, et pendant ce temps, une petite voix glaciale à l'intérieur d'elle-même demandait : *As-tu déjà été amoureuse ?*

Elle chassa cette pensée importune et secoua doucement Isabel.

– Écoutez-moi, dit-elle. Ces hommes, je crois savoir qui les a envoyés. Il s'agit d'un certain Windlesham, c'est le secrétaire particulier d'Axel Bellmann, un financier. Il était présent, je parle de Windlesham, au Royal Music Hall avec ces deux malfrats. Jim et quelqu'un d'autre, M. Garland, se sont battus avec eux. J'ai parlé à M. Mackinnon, mais il ne m'a pas dit grand-chose. Savez-vous où il vit maintenant ?

Isabel secoua la tête.

– Il a réussi à leur échapper ? Il ne lui est rien arrivé ?

– Il est sain et sauf.

– Oh, Dieu soit loué. Dieu soit loué. Mais pourquoi font-ils ça, miss Lockhart ? Quel est leur but ?

– J'aimerais bien le savoir. Écoutez… vous ne pouvez pas retourner chez vous. Vous avez tout perdu. Pourquoi ne pas…

– Ma logeuse m'a priée de partir, de toute façon, murmura Isabel. Je ne peux pas lui en tenir rigueur. Je ne sais plus où aller. Cette nuit, j'ai dormi dans la rue. Je crois que je…

Elle ferma les yeux et baissa la tête.

– Il y a de la place ici. Mlle Molloy va vous préparer un lit dans la pièce voisine. Allons, ne discutez pas. Ce n'est pas de la charité, j'ai besoin de votre aide. Nous avons à peu près la même taille, je vous trouverai des vêtements. Et Mlle Molloy est une fameuse cuisinière. Non, inutile de me remercier. J'ai toujours un toit, moi... et un métier.

Pour combien de temps encore ? se demanda-t-elle. La menace proférée par Bellmann l'avait effrayée plus qu'elle ne voulait l'admettre. Et Isabel était la preuve vivante que cet homme ne reculerait devant rien. Alors que les deux jeunes femmes débarrassaient les assiettes et les tasses, cherchaient une chemise de nuit et ajoutaient du charbon dans la cheminée, cette sinistre pensée reflua, mais elle réapparut un peu plus tard quand Frederick lui rendit visite pour lui annoncer ce qui était arrivé à Nellie Budd.

Isabel était couchée, et Sally s'en réjouissait. Assis devant la cheminée avec une tasse de café, Frederick lui expliqua que Nellie Budd était toujours inconsciente ; elle avait reçu des coups sur la tête et les médecins craignaient une fracture du crâne. Au moins, ils veillaient sur elle, car il était encore trop tôt pour savoir si elle s'en sortirait. Frederick lui avait apporté des fleurs et, en l'absence de parent proche, il avait donné son nom, car il ignorait où l'on pouvait joindre sa sœur (Comment s'appelait-elle déjà ? Mlle Jessie Saxon ?).

Quand Sally lui raconta l'intrusion des deux malfrats chez Isabel, il hocha la tête comme s'il s'y attendait. Le compte commun de Harris et Sackville commençait à s'alourdir et Frederick était impatient de leur présenter la note.

Il demeura muet un long moment, contemplant le feu, poussant parfois quelques braises avec le bout de sa canne.

– Sally, dit-il enfin, veux-tu venir t'installer à Burton Street ?

Elle se redressa.

– Nous avons déjà abordé cette question, Fred. La réponse est non. De toute façon...

– Tu ne m'as pas compris. J'ai renoncé à te demander en mariage ; tu peux tirer un trait là-dessus. Je pensais à Nellie Budd. Si nous avons affaire à des individus qui n'hésitent pas à frapper aussi brutalement les femmes, je préfère te savoir près de moi, c'est tout. Tu serais beaucoup plus en sécurité à Burton Street, et tu...

– Je suis parfaitement en sécurité ici, merci. J'ai Chaka et j'ai mon pistolet. Je n'ai pas besoin qu'on m'enferme dans une forteresse pour me protéger.

Elle détestait le ton qu'elle prenait dans ces moments-là ; elle se serait battue. A peine eut-elle ouvert la bouche qu'elle devina ce qui allait se passer ; elle le redoutait et, en même temps, elle ne savait pas comment l'éviter.

– Ne sois pas idiote, répliqua Frederick en se redressant à son tour. Il n'est pas question de te protéger comme une damnée princesse dans un conte de fées. Il s'agit de te sauver la vie ! Tu pourras continuer à vaquer à tes occupations. Évidemment, tu as ton chien et tout le monde sait que tu es assez adroite au tir pour atteindre une cigarette dans la bouche d'une mouche avec les mains attachées dans le dos...

– Je n'ai pas envie d'écouter tes sarcasmes. Si tu n'as rien de plus intelligent à dire...

– Très bien. Ces hommes ont failli tuer Nellie Budd. Si ça se trouve, ils ont réussi. Ils ont détruit le travail de Mlle Machin-Chose. Tu crois qu'ils hésiteront une seule seconde, surtout après la raclée qu'on leur a administrée, à s'en prendre à toi ? Tu peux être sûre qu'ils s'en donneront à cœur joie, ma vieille ! Bellmann t'a déjà menacée de...

– Je suis capable de me défendre. Et je n'ai pas besoin de ta permission pour « vaquer à mes occupations » comme tu dis.

– Je n'ai pas dit... Oh, si tu fais exprès de tout comprendre de travers...

– Je comprends très bien ce que tu veux dire !

– Non, car dans ce cas, tu ne proférerais pas de telles stupidités !

Leurs éclats de voix avaient réveillé Chaka. Il roula sur le flanc et leva la tête en grondant. Sally le caressa.

– Je crois que parfois, tu ne t'entends pas parler, continua-t-elle plus calmement. Comme si j'avais besoin d'être protégée et dorlotée ! *Ce n'est pas mon genre.* Et si tu n'es pas capable de comprendre ça, je me demande si tu me connais vraiment.

– Tu me prends vraiment pour un imbécile, rétorqua Frederick avec colère. Tout au fond de toi-même, tu penses que je ne suis pas différent des autres hommes... Non, c'est faux. Pas uniquement des autres hommes. Tu penses que je ne suis pas différent de *tous* les autres, hommes et femmes. Il y a toi d'un côté et nous autres, les inférieurs, de l'autre côté...

– C'est faux !

– Non, c'est la vérité.

– Parce que je prends mon travail au sérieux, parce que je ne suis pas désinvolte et frivole, ça veut dire que je vous regarde de haut, c'est ça ?

– Tout le temps. En permanence. Sais-tu à quel point tu es antipathique, Sally ? Parfois, tu es magnifique et je t'aime. Mais parfois, dans les pires moments, tu n'es qu'une sale petite garce mielleuse, prétentieuse et condescendante.

– Moi, condescendante ?

– Si tu t'entendais ! Je te propose de t'aider, sur un plan d'égalité, car je suis inquiet, par respect aussi, et par affection, parfaitement, et toi, tu me jettes mon offre au visage. Si ça, ce n'est pas de la fierté mal placée...

– Tu ne parles pas de moi, tu parles d'un quelconque fantasme grotesque. Deviens adulte, Frederick !

Une expression qu'elle ne put déchiffrer passa alors sur son visage mobile, puis s'effaça, et elle se dit que quelque chose venait de mourir. Elle tendit la main vers lui, mais c'était trop tard.

– Nous allons terminer cette enquête, dit-il en se levant et en reprenant sa canne, et ensuite, je pense que nous nous en tiendrons là.

Elle se leva à son tour et fit un pas vers lui. Mais il sortit de la pièce, sans un mot, sans un regard en arrière.

Ce soir-là, pendant que Sally, assise devant les cendres de sa cheminée, ne cessait de griffonner des brouillons de lettres adressées à Frederick – et elle prit très vite conscience que certains mots étaient aussi difficiles à écrire qu'à prononcer – pour finalement abandonner, appuyer sa tête sur ses genoux et se mettre à pleurer, pendant que Frederick couvrait des pages et des pages de spéculations et d'hypothèses pour les déchirer ensuite et tripotait son nouvel appareil photo américain, avant de perdre son calme et de le lancer dans un coin, pendant que Webster Garland et Charles Bertram fumaient, buvaient du whisky et parlaient d'éclairage, de gélatine, de collodion, d'obturateurs et de papier sensible, pendant que Jim, tour à tour titillé par la douleur et éperdu d'amour, oubliait de tirer sur les cordes au bon moment, faisait tomber des échelles ou restait planté là, les yeux dans le vide, malgré les vociférations du régisseur, pendant que Nellie Budd gisait inconsciente dans un lit étroit, les fleurs de Frederick posées sur une chaise à côté d'elle, pendant que Lady Mary, muette, parfaite et malheureuse, subissait un interminable dîner, pendant que Chaka rêvait de Sally et de chasse, de Sally et de lapins, de Sally... un homme frappa à une porte dans le quartier de Soho et attendit qu'on vienne lui ouvrir.

C'était un homme jeune, vif, élégant et vigoureux. Il portait une tenue de soirée, comme s'il sortait d'un dîner en ville ou de l'opéra, et il tenait à la main une canne à pommeau d'argent avec laquelle il frappait sur le perron le rythme d'une chanson populaire.

La porte s'ouvrit.

– Ah, fit M. Windlesham. Entrez, entrez.

Il s'écarta pour laisser passer le visiteur. La maison abritait un bureau qu'utilisait M. Windlesham pour traiter les affaires qui ne devaient même pas être évoquées à Baltic House. Il referma soigneusement la porte et suivit le jeune homme dans une pièce douillette et bien éclairée.

– Puis-je prendre votre manteau et votre chapeau monsieur Brown ?

M. Brown les lui remit et s'assit en posant un regard indifférent sur le livre ouvert que son hôte venait d'abandonner. M. Windlesham le remarqua :

– *The Way We Live Now*, dit-il. D'Anthony Trollope. Un livre amusant sur un spéculateur financier. Aimez-vous les romans, monsieur Brown ?

– Non. Je n'aime pas beaucoup lire, répondit M. Brown.

Il avait une voix étrange, dénuée de tout accent identifiable, car elle n'appartenait à aucune classe sociale ou région que connaissait M. Windlesham. Si elle venait de quelque part, c'était du futur. Cent ans plus tard, les voix comme celles de M. Brown seraient très répandues, mais bien évidemment, M. Windlesham ne pouvait pas le savoir.

– Je n'ai pas trop de temps pour la lecture, ajouta-t-il. Par contre, je suis toujours partant pour un bon spectacle de music-hall.

– Ah, le music-hall. Mais parlons affaires. Vous m'avez été chaudement recommandé, en partie pour votre discrétion. Mais nous pouvons parler ouvertement, je l'espère. Je crois savoir que vous… vous chargez d'exécuter certaines personnes gênantes.

– C'est exact, monsieur Windlesham.

– Dites-moi donc : est-il plus difficile de tuer une femme que de tuer un homme ?

– Non. Par nature, la femme est moins rapide et moins forte qu'un homme, n'est-il pas vrai ?

– Ce n'est pas ce que je voulais dire… Peu importe. Combien de personnes avez-vous tuées, monsieur Brown ?

– Pourquoi me demandez-vous ça ?

– J'essaie d'estimer vos qualifications.

M. Brown haussa les épaules.

– Vingt et une.

– Vous êtes un expert en la matière. Et quelle est votre méthode ?

– Cela dépend des circonstances. Si j'ai le choix, j'utilise le couteau. C'est comme un art.

– Et vous êtes sensible à l'aspect artistique ?

– Je tire fierté de mon travail, comme tout bon professionnel.

– Je comprends. J'emploie actuellement deux individus qui sont loin, hélas, d'être des professionnels dans leur domaine. Jamais je ne pourrais leur confier un pareil travail. Parlez-moi un peu de vos projets d'avenir.

– Je suis quelqu'un d'ambitieux, monsieur Windlesham, répondit le jeune homme. Il y a du travail à Londres et sur le continent, mais le marché est réduit. Je pense que mon avenir se trouve de l'autre côté de l'Atlantique. Je suis un fervent admirateur des Américains ; je suis allé plusieurs fois en Amérique. J'aime les gens, j'aime leur façon de vivre. Je saurai faire ma place là-bas. J'ai un peu d'argent de côté. J'y ajouterai ce que vous me paierez pour ce travail. Encore quelques contrats et je fiche le camp. Pourquoi ? Votre... société pourrait être intéressée, dans un avenir proche, par un homme possédant mes... talents ?

– Oui, c'est probable. C'est probable, répondit M. Windlesham, dont les lunettes à monture dorée scintillaient.

– Qui est le client ? demanda M. Brown en sortant de sa poche un carnet et un crayon.

– Une jeune femme. Avec un gros chien.

13
Pour le bien de l'humanité

Au réveil, Sally se sentit oppressée et malheureuse. Comme pour la narguer, la matinée était douce et printanière et de petits nuages moutonneux flottaient dans un immense ciel bleu. Après avoir partagé avec Isabel un petit déjeuner composé de bacon, d'œufs et de toasts, elle lui confia Chaka pendant qu'elle se rendait à Muswell Hill.

Mme Seddon, de Cromwell Gardens, était une charmante dame d'une quarantaine d'années, qui invita Sally à entrer dans son petit salon et parut ravie d'apprendre que son ancienne élève, Mlle Lewis, se trouvait à Londres.

– C'est une jeune fille tellement brillante ! J'espère qu'elle viendra me voir… Eh bien, que puis-je pour vous, miss Lockhart ?

Sally s'assit. Elle se félicitait de ne pas avoir amené Chaka, car il tenait vraiment trop de place. Le canapé ne pouvait pas accueillir deux personnes à cause de la profusion de coussins au crochet, et Mme Seddon prit place à la table située devant le bow-window, sous un gros aspidistra. Les murs étaient tendus de tissu ; trois têtières étaient posées sur le canapé, il y avait deux nappes différentes sur la table, des napperons sur le rebord de la fenêtre, une frange à pompons tout autour de la cheminée, et même la cage à oiseau était ornée d'un petit volant à froufrous. Sur un des murs était accroché un ouvrage au point de croix qui disait : *Reste, reste à la maison, mon cœur, et repose-toi : les cœurs au foyer sont les plus heureux.*

Sally posa son sac et commença son explication.

– Je cherche des renseignements sur une entreprise baptisée l'Étoile Polaire. Une personne que je connais a perdu ses économies en investissant dans une compagnie maritime qui a, selon moi, des liens avec l'Étoile Polaire et j'essaye de rassembler le maximum d'informations à ce sujet. Je crois savoir que votre frère travaillait pour eux.

Mme Seddon fronça les sourcils.

– Euh, oui, d'une certaine façon... S'agit-il d'une affaire de justice, miss Lockhart ? Agissez-vous pour votre propre compte ? Ou bien représentez-vous quelqu'un d'autre ?

– Je représente ma cliente, répondit Sally, un peu désorientée par la méfiance de Mme Seddon. Je suis conseillère en placements – indépendante.

Mme Seddon affichait une expression soucieuse.

– Je ne sais pas si... Je n'ai jamais entendu parler d'une .

Elle n'osait pas finir sa phrase et elle finit par détourner le regard, troublée.

– D'une femme exerçant ce métier ? Comme la plupart des gens Mais je vous assure que c'est la vérité. C'est d'ailleurs comme ça que j'ai fait la connaissance de Mlle Lewis, votre ancienne élève. Et la personne qui a perdu ses économies est également une femme, une enseignante comme vous. Si vous me disiez tout ce que vous savez sur l'Étoile Polaire, je pourrais peut-être l'aider à récupérer son argent. Y a-t-il quelque chose de bizarre dans cette histoire ?

– Eh bien... je ne sais pas par où commencer, à vrai dire. Bizarre, dites-vous ? Oui, sans doute. Mon frère Sidney, M. Paton je veux dire, a été très affecté par tout cela. D'ailleurs, il est toujours au chômage... Ce n'est pas facile à expliquer, miss Lockhart. Je ne suis pas sûre que tout soit très clair dans ma tête, alors, si je commence à divaguer, n'hésitez pas à m'arrêter.

– Dites-moi tout ce qui vous vient à l'esprit. Ne vous inquiétez pas si vos souvenirs vous semblent incohérents.

– Très bien. Il est important que vous sachiez que mon frère est un syndicaliste. Un socialiste. Mais attention, c'est un brave homme et mon mari, M. Seddon, est d'accord sur ce point, bien qu'il ait toujours voté pour les conservateurs. Mais Sidney a une vision particulière des choses et c'est peut-être ce qui l'a influencé.

C'est un artisan. Il est chaudronnier. Enfin, il l'était. Chez Walker et Fils, un constructeur de locomotives. Mais l'entreprise ne se portait pas très bien, il n'y avait pas assez de commandes ni de nouveaux investissements. C'était il y a... deux ou trois ans. Bref, les propriétaires ont vendu l'usine à une autre société. Celle-ci a envoyé un nouveau directeur, un Suédois. Ou un Hollandais, je ne sais plus. Et il a commencé à licencier les ouvriers par dizaines. C'était étrange, on aurait dit qu'il ne cherchait pas à décrocher de nouvelles commandes ; il se contentait d'attendre que les constructions en cours soient achevées, avant de licencier les gens.

– Votre frère a perdu son travail ?

– Non, pas tout de suite. C'était un bon artisan, un des meilleurs ouvriers de l'entreprise. Il faisait partie des rares personnes qu'ils ont gardées jusqu'à la fin. Mais quelque chose, dans tout ça, ne lui plaisait pas. Quelque chose de... bizarre, effectivement. Le jeune directeur avait fait venir une nouvelle équipe, composée de Londoniens et d'étrangers. Ils faisaient le tour de l'usine en prenant des notes. Qui faisait ceci ou cela, pour quelle raison, en combien de temps... Ils notaient également des informations personnelles : où vivait telle ou telle personne, quelle église fréquentait-elle, à quel club ou société appartenait-elle, quelle était sa situation familiale, etc. Évidemment, les syndicats n'appréciaient pas cet état de choses, mais ils ne pouvaient rien faire. Et, je vous le répète, le plus curieux, c'était de voir le directeur et ses amis étrangers venir chaque jour pour prendre des notes, effectuer des relevés, tenir des réunions et mener des enquêtes... Il y avait beaucoup d'argent derrière tout ça, les ouvriers le sentaient. Mais ils n'en voyaient pas la couleur.

Puis, un jour, en mai dernier, ils ont organisé une grande réunion. Tous les travailleurs qui n'avaient pas été licenciés ont été invités à y assister, je dis bien « invités » et non pas convoqués. Ces hommes avaient été observés de près. Le moindre détail de leur vie – jusqu'au montant de leur loyer ou le nombre d'enfants qu'ils avaient – figurait dans les carnets de la direction.

La dernière centaine de travailleurs, sélectionnés avec soin, entra dans la salle louée pour l'occasion. Ce n'était pas une simple réunion dans la cour, comme à l'habitude. Il y avait des chaises et des rafraîchissements, figurez-vous ça. Ils n'avaient jamais rien vu de pareil. Vous imaginez ? C'était tellement extraordinaire que mon frère n'en croyait pas ses yeux.

Quand ils furent tous installés, le directeur est arrivé, accompagné de ses amis, et il a pris la parole. Je me souviens de ce que m'a raconté Sidney, et de l'impression qu'il avait ressentie... Ils ont expliqué que leur entreprise était à l'aube du développement le plus excitant et le plus révolutionnaire de son histoire. Sidney m'a expliqué qu'il était survolté en entendant cela et que tous ses collègues partageaient la même exaltation. C'était un sentiment quasi religieux, m'a-t-il dit, ce qui est étrange venant de lui, comme vous le comprendrez plus tard. A la fin de la réunion, il n'y avait pas un seul de ces hommes qui n'aurait été prêt à faire don de sa vie pour travailler dans cette entreprise.

Mme Seddon s'interrompit ; elle regardait l'âtre en fronçant les sourcils.

Sally demanda :

– Mais qu'allaient-ils faire ? Certainement pas continuer à construire des locomotives, après un pareil discours. La nouvelle direction ne leur a pas exposé ses plans ?

– Non, pas tout de suite. Il n'était question que d'avenir glorieux, de paix et de prospérité, d'une nouvelle et grande entreprise pour le bien de toute l'humanité, et ainsi de suite. Ils garantissaient un travail à vie et une retraite, de nouveaux logements appartenant à la société, pour quiconque signait immédiatement. En échange de tous ces avantages (et d'autres, car ils offraient également une sorte d'assurance maladie), les ouvriers devaient quitter leur syndicat et s'engager par écrit à ne pas faire grève.

La plupart des ouvriers ont signé sur-le-champ. Il y avait également une clause de confidentialité quelque part ; j'ignore si c'était très légal, mais un avocat était venu leur donner des explications, m'a dit Sidney. C'est seulement après qu'il a trouvé certains détails étranges.

Quelques hommes, comme mon frère, étaient quand même un peu plus méfiants que les autres. Ils ont demandé s'ils pouvaient réfléchir un jour ou deux. « Évidemment, leur a répondu le directeur. On ne veut forcer personne. Chacun est libre de son choix. Prenez une semaine pour peser le pour et le contre, mais vous êtes d'excellents ouvriers et cela nous ennuierait beaucoup de vous perdre. » Il disait cela pour les flatter, vous comprenez ? Mon frère est rentré chez lui et il en a parlé à sa femme. Ils étaient une demi-douzaine environ à se poser des questions, comme lui. Mais, le lendemain, ils avaient presque tous signé. Les syndicats essayèrent de contre-attaquer, mais qu'avaient-ils à proposer ? C'est alors que Sidney a appris quelque chose par un ami de l'Institut littéraire et philosophique des travailleurs. On racontait que la nouvelle direction de l'entreprise s'intéressait à une autre société, installée à proximité, et baptisée Furness Castings. Ils avaient l'intention de fusionner les deux entreprises. Voilà quel était le grand projet qui contribuerait au bien de l'humanité tout entière et qui apporterait la paix et la prospérité dans le monde.

Mais mon frère Sidney est un pacifiste, voyez-vous, miss Lockhart. Il ne supporte pas la violence, sous toutes ses formes. Peu de temps après son mariage, il s'est intéressé aux Quakers. Mais il n'est jamais devenu véritablement un « Ami » comme ils les appellent ; il a gardé ses distances. C'est sans doute pour cela que la direction ne s'est aperçue de rien, sinon ils l'auraient renvoyé. Car la société Furness Castings fabrique des canons. De l'armement. Alors, Sidney leur a répondu « non merci » et il a refusé de travailler pour eux. Ils l'ont congédié, et depuis il est au chômage. Je lui envoie un peu d'argent de temps à autre, quand je peux. Voilà, c'est tout ce que je peux vous dire, à part que les deux entreprises ont maintenant fusionné et que la nouvelle société s'appelle l'Étoile Polaire. C'est tout ce que je sais.

Sally avait envie d'applaudir. Elle savait enfin ce que faisait Bellmann : il fabriquait des armes.

– Madame Seddon, vous m'avez énormément aidée. Vous ne pouvez pas savoir à quel point. Juste une dernière question. Votre frère ne vous aurait pas parlé d'un appareil appelé l'autorégulateur de Hopkinson ?

Mme Seddon plissa le front.

– S'il m'en a parlé, je ne m'en souviens pas. Les machines n'étaient pas notre sujet de conversation favori... De quoi s'agit-il ?

– Je ne sais pas. Ça fait partie des choses que j'aimerais découvrir. Je me demande si... Pourrais-je aller interroger votre frère ? Quelle est son adresse ?

– Je vais vous la noter. Mais... Peut-être que je n'aurais pas dû vous raconter tout ça, miss Lockhart. Après tout, ça ne me regarde pas vraiment et...

– Personne ne vous a fait signer une clause de confidentialité, madame Seddon. Et même si tel était le cas, je doute que cela soit légal. Les gens qui exigent ce genre de choses ne mijotent rien de bon, généralement. Je pense que votre frère a très bien réagi et j'aimerais lui rendre visite pour lui en parler.

Mme Seddon souleva l'abattant d'un petit secrétaire, trempa une plume dans un encrier et écrivit un nom suivi d'une adresse sur une carte.

– Il vit dans un grand dénuement, précisa-t-elle. En comparaison, je suis favorisée par la fortune. M. Seddon, mon époux, a une bonne situation chez Howson et Tomkins, les négociants en bois, et nous ne manquons de rien. En outre, mon frère n'est plus très jeune... Ce que j'essaye de vous dire, c'est que je viens du même milieu et je ne l'ai jamais oublié. Nous étions pauvres, mais nous avons toujours eu des livres et des journaux à la maison, et il y avait chez nous une certaine fierté, le respect de l'éducation. C'est ce qui m'a poussée à faire le catéchisme. J'ignore ce que deviendrait Sidney s'il n'y avait pas l'Institut... Oh, voilà que je radote. La vérité, c'est que tout ça ne me plaît pas. Il se passe des choses louches là-bas, mais je ne sais pas quoi. Tenez, voici son adresse...

Elle tendit la carte à Sally.

– Promettez-moi d'être prudente, dit-elle. Mais je vois que vous connaissez votre affaire. J'écrirai à Sidney pour le lui dire. Cependant, je ne suis pas tranquille ; inutile de vous le cacher. Vous n'allez pas lui causer d'ennuis, j'espère ?

Sally promit que non ; peu après, elle prit congé pour se rendre dans Burton Street

A l'intérieur régnait une impression d'agitation et de confusion, car les plâtriers quittaient le nouveau studio, les vitriers n'étaient pas encore arrivés, et Webster discutait âprement avec le contremaître de l'entreprise de décoration. Sally croisa Frederick au moment où il sortait du vieux studio avec des plaques exposées.

– Bonjour, lui dit-il d'un ton neutre.

– Je viens d'aller voir Mme Seddon, répondit-elle sur le même ton. J'ai appris beaucoup de choses sur l'Étoile Polaire. Tu es très occupé ?

– Laisse-moi juste apporter ces plaques à M. Potts. Jim est dans la cuisine.

Sally traversa la boutique et trouva Jim devant la paillasse, face à un tas de papiers en désordre et une bouteille d'encre, l'air maussade. Il repoussa les feuilles quand elle entra et se retourna pour lui faire face.

– Quoi de neuf, Sal ?

– Je te le dirai dans une minute, quand Fred sera là. Comment va ta dent ?

Il fit la grimace.

– Ça nuit à ma beauté, hein ? C'est pas trop douloureux, mais j'aimerais bien écraser mon poing sur le nez de ce type encore une fois, je n'ai pas honte de l'avouer.

– Alors ? demanda Frederick en entrant et en refermant la porte derrière lui.

Sally leur répéta ce que lui avait raconté Mme Seddon. Quand elle eut terminé, Jim laissa échapper un long sifflement.

– Voilà donc ce qu'il manigance ! Des armes sur des wagons de chemin de fer...

– Je ne sais pas, dit Sally. Walker et Fils construisaient des locomotives, pas des wagons. Et cet autorégulateur de Hopkinson, ça fait plutôt penser à une machine à vapeur. L'un de nous devra aller voir sur place. J'ai l'adresse de M. Paton. (Elle regarda Frederick.) Pourrais-tu...

Il ne répondit pas immédiatement. Puis :

– Oui, sans doute. Mais pourquoi moi ? Tu es toute désignée pour y aller, puisque tu as établi un premier contact. Et tu t'y connais mieux que moi en armes.

Sally rougit.

– Je ne suis pas très douée pour parler aux gens. C'est plutôt un travail de... détective. Interroger les gens et découvrir des choses. Tu es compétent dans ce domaine, pas moi. C'est toi le meilleur. Il faut que ce soit toi.

Il y avait un sens caché dans ses paroles et Sally espérait que ses yeux parvenaient à l'exprimer. Elle avait les joues en feu, mais elle regardait Frederick en face et elle le vit hocher la tête. Il leva les yeux vers la pendule.

– Dix heures et demie, dit-il. Jim, peux-tu me passer le Bradshaw ?

Le guide des chemins de fer l'informa qu'un train quittait la gare de King's Cross une demi-heure plus tard. Pendant que Jim allait chercher un fiacre et que Frederick jetait quelques affaires dans un sac, Sally rédigea en hâte un résumé de ce que lui avait dit Mme Seddon et elle nota l'adresse de M. Paton. Un instant, son crayon s'arrêta au-dessus de la feuille ; mais, avant qu'elle puisse ajouter quelque chose, Frederick revint avec son manteau et son chapeau. Elle plia la feuille et la lui tendit.

– On est quel jour ? Jeudi ? Je vais partir en explorateur pour voir si je peux découvrir quelque chose. Je pense être de retour samedi. Au revoir.

Et il partit sans rien ajouter.

– M. Blaine est en train de devenir fou à côté, dit Jim en revenant. Je vais lui filer un coup de main pour les commandes. J'ai rien d'autre à faire. Je pensais aller rendre visite à Nellie Budd plus tard. Ça te dit de m'accompagner ? Elle a peut-être repris connaissance, la pauvre vieille.

– Je dois aller au centre de dépôt des brevets, répondit Sally. Je me demande pourquoi je n'y ai pas pensé plus tôt. Quelle que soit l'invention de Hopkinson, il doit exister un brevet.

– Tu crois vraiment qu'il y a un rapport avec l'Étoile Polaire ? Si ça se trouve, Nellie Budd a tout mélangé, dans sa transe... Oh, je viens d'avoir une idée. Isabel Meredith... Je sais bien qu'elle est couturière, mais elle doit pouvoir faire un travail de bureau. Oh, je parie qu'elle aura l'impression d'être un fardeau ; elle s'accusera de toutes les fautes, elle aura peur de gêner et elle filera le cafard à tout le monde... Non, je retire ce que je viens de dire, c'est injuste. Mais elle pourrait aider M. Blaine, non ? On fera d'une pierre deux coups. On évitera que le vieux bonhomme perde la boule et Mlle Meredith aura l'impression de se rendre utile. Qu'en penses-tu ?

En guise de réponse, Sally s'approcha de lui pour l'embrasser.

– Ah, c'est mieux qu'un caramel dans les ratiches, dit-il.

– Un *quoi* ?

– Un gnon en pleine tronche. Alors, mon idée te plaît ? J'irai la voir avant de faire un saut à l'hôpital. Ça l'aidera à oublier Mackinnon... peut-être.

14
Le Canon à Vapeur

Grâce à la ponctualité des trains anglais, il était à peine plus de six heures du soir quand Frederick prit une chambre à l'Hôtel de la Gare de Barrow; quelques minutes plus tard, il arrivait à l'adresse indiquée par Sally. Il frappa à la porte de la petite maison mitoyenne et balaya la rue du regard. Difficile de deviner à quoi elle ressemblait en plein jour ; à cette heure, elle semblait respectable, mais pauvre. Les heurtoirs des portes brillaient dans la lumière des lampes à gaz, les perrons étaient récurés mais, dans la rue voisine, les eaux usées se déversaient à l'air libre.

Une femme d'une cinquantaine d'années vint ouvrir la porte et posa sur lui un regard inquiet.

– Madame Paton ? demanda Frederick en ôtant son chapeau. M. Paton est là ? M. Sidney Paton ?

– Euh, oui, il est là, dit-elle. Vous… Ce n'est pas le propriétaire qui vous envoie ?

– Non, non, dit Frederick. Je m'appelle Garland. Une de mes collègues a discuté avec votre belle-sœur, Mme Seddon, et celle-ci a prononcé le nom de M. Paton. Je suis venu jusqu'ici avec l'espoir de pouvoir lui parler

Toujours aussi inquiète, elle le laissa entrer et le conduisit dans une petite cuisine où son mari était en train de réparer une paire de bottes. Il se leva pour serrer la main du visiteur ; c'était un petit homme frêle avec une épaisse moustache et, dans les yeux, la même lueur d'angoisse que son épouse.

– Je vous dirais bien de passer au salon, monsieur Garland, mais il n'y a pas de feu. Et on a dû se débarrasser de la plupart des meubles. Certains dataient pourtant de notre mariage... Alors, que puis-je faire pour vous ?

– Je n'irai pas par quatre chemins, monsieur Paton. J'ai besoin de votre aide et je suis prêt à vous payer. Voici déjà cinq livres pour commencer.

Mme Paton laissa échapper un petit hoquet de surprise et se laissa tomber sur une chaise. Son mari prit le billet d'un air émerveillé, mais le reposa aussitôt sur la table.

– Je ne nie pas que ces cinq livres seraient un don du ciel, dit-il, mais avant de les accepter, je dois savoir ce que vous attendez de moi, monsieur Garland... asseyez-vous donc !

Remise de sa surprise, Mme Paton se releva pour prendre le chapeau et le manteau de Frederick, et celui-ci s'assit dans le fauteuil que lui indiquait M. Paton, de l'autre côté de la cheminée. Il regarda autour de lui : des assiettes et des bols brillaient sur un buffet dans la lumière chaude de la lampe ; des torchons humides étaient suspendus à un fil, un gros chat roux somnolait devant l'âtre et une paire de lunettes était posée sur un exemplaire d'*Emma*, à côté de la forme de cordonnier dont se servait M. Paton pour ressemeler ses bottes. Celui-ci remarqua que le regard de Frederick s'attardait sur le roman. Il s'assit en face de lui et dit :

– J'ai beaucoup de temps pour lire désormais. J'ai lu tout Dickens, Thackeray et Walter Scott, et maintenant, j'en suis à Jane Austen. Que je sois pendu si c'est pas la meilleure du lot ! Eh bien, monsieur Garland, comment puis-je vous aider ?

Frederick se prit immédiatement d'amitié pour cet homme et il décida de jouer cartes sur table. Le récit prit un certain temps, pendant lequel Mme Paton fit du thé et servit des biscuits sur une assiette.

– Ce que je veux savoir, dit Frederick en conclusion, c'est ce qui se passe exactement à l'Étoile Polaire. Si vous estimez que vous ne pouvez rien me dire, à cause de cette clause de confidentialité ou pour une autre raison, je comprendrai. Mais je vous ai raconté toute l'histoire pour que vous sachiez ce qui est en jeu, et quelles sont les raisons de mon intérêt. Alors, qu'en pensez-vous ?

M. Paton hocha la tête.

– Ça me paraît juste. Et je dois avouer que je n'ai jamais entendu une histoire pareille... Qu'en penses-tu, ma chérie ?

Sa femme, assise à la table de la cuisine, avait écouté le récit de Frederick, les yeux écarquillés.

– Dis-lui, répondit-elle. Dis-lui tout ce que tu peux. Tu ne leur dois rien.

– Très bien. C'est aussi ce que je pense, dit M. Paton. Alors, voilà, monsieur Garland...

Au cours des vingt minutes suivantes, Frederick apprit tout ce qui s'était passé dans l'usine de constructions ferroviaires depuis que Bellman s'en était emparé. Elle s'appelait maintenant la Division Transport de l'Étoile Polaire S.A. et l'autre partie, l'usine d'armement Furness Castings, s'appelait désormais la Division Recherches, ce qui provoquait la colère de M. Paton.

- Ce sont des malins, ces gens-là, dit-il en se renversant dans son fauteuil en bois et en acceptant les marques d'affection du chat qui sauta sur ses genoux. « Division Recherches », ça semble inoffensif, n'est-ce pas ? En fait, le terme « recherche » n'a pas le même sens pour vous et moi que pour les gens de chez l'Étoile Polaire S.A. Pour eux, ça veut dire meurtres et bains de sang. Mais évidemment, ça ferait moins bien sur les grilles de l'usine, hein ?

– Mais pourquoi avoir choisi ces deux usines? demanda Frederick. Qu'ont-elles en commun ?

– Je vais vous dire ce qu'on raconte monsieur Garland. C'est censé être un secret, mais des rumeurs circulent. J'ai entendu un certain nombre de choses à l'Institut. Je n'ai plus les moyens de payer l'inscription, mais ma sœur a été très bonne avec moi... Bref, on raconte que l'Étoile Polaire cherche à mettre au point un nouveau type d'arme. Ils lui ont donné un nom très civilisé – le système autorégulateur de Hopkinson, ou quelque chose comme ça –, mais le nom qui se murmure par ici, c'est le Canon à Vapeur.

Frederick se redressa dans son fauteuil et sortit son portefeuille. Il trouva le papier sur lequel Jim avait écrit les paroles que Nellie Budd avait prononcées au cours de sa transe ; il le défroissa et le tendit à M. Paton.

Celui-ci prit ses lunettes, inclina le papier vers la lampe et lut à voix haute :

– *Ce n'est pas Hopkinson, mais ils ne doivent pas le savoir... Le régulateur... L'Étoile Polaire... un brouillard de feu... de la vapeur, porteuse de mort, comprimée dans des tuyaux... des tuyaux à vapeur, sous l'Étoile Polaire...* (M. Paton reposa la feuille.) Bon sang, je n'ai jamais rien lu d'aussi étrange. Écoutez, monsieur Garland, je ne connais absolument rien aux armes, et je m'en félicite. Quant à cette machine de Hopkinson, je ne peux pas vous aider, mais je peux vous conduire à un homme qui en saura peut-être plus que moi. Acceptera-t-il de vous aider, je ne peux pas vous le promettre, mais Henry Waterman est un gars bien, et je sais qu'il n'aime pas ce qu'on l'oblige à faire. Il faisait partie de ceux qui ont longuement réfléchi avant de signer. Je pense qu'il regrette, maintenant, de l'avoir fait. C'est un unitarien[1] Un homme de conscience, on pourrait dire.

Vingt minutes plus tard, M. Paton conduisait Frederick dans une maison à la façade sobre sur laquelle une simple pancarte peinte indiquait : *Institut littéraire et philosophique des travailleurs*.

– Nous avons une belle bibliothèque, monsieur Garland. Le deuxième mardi du mois, nous organisons un débat et parfois des cycles de conférences quand nous pouvons rassembler quelques fonds... Regardez, voilà Henry Waterman. Venez, je vais vous présenter.

Ils entrèrent dans la bibliothèque, une petite pièce meublée très simplement d'une table et d'une demi-douzaine de chaises. Tout autour, des étagères supportaient des ouvrages consacrés à divers sujets sociologiques ou philosophiques. M. Waterman lisait à la lumière d'une lampe à pétrole. C'était un homme d'une cinquantaine d'années, massif, à l'air sérieux.

– Henry, permets-moi de te présenter M. Garland, de Londres. Il est détective, dit M. Paton.

M. Waterman se leva pour lui serrer la main et, pour la deuxième fois en très peu de temps, Frederick raconta son histoire. Il essaya, malgré tout, d'être concis, et M. Waterman l'écouta attentivement. Quand Frederick

1. Personne favorable à l'unité politique (*N.d.T.*).

eut terminé, il hocha la tête comme s'il venait de résoudre un problème.

– Monsieur Garland, dit-il, vous m'avez aidé à prendre une décision. Je vais rompre ma promesse, mais j'estime que c'était une promesse illégitime. Je vais vous parler du Canon à Vapeur.

Il s'agit d'une arme basée sur un principe entièrement nouveau, au niveau mécanique, au niveau stratégique, à tous les niveaux. Étant chaudronnier, je ne connais rien aux armes, mais je peux vous assurer que celle-ci est effroyable. Je travaille sur un système de tuyauterie destiné à l'alimenter en vapeur à haute pression ; c'est la pièce de mécanique la plus complexe que vous ayez jamais vue dans votre vie, mais les plans sont magnifiques, la conception aussi, c'est superbement pensé. Je n'imaginais pas, monsieur Garland qu'une machine puisse être à la fois aussi belle et aussi redoutable.

Elle est installée sur un wagon d'apparence tout à fait banale, mais renforcé et surélevé. La chaudière et le foyer sont situés à l'arrière ; tout petits, car l'engin n'a pas besoin de tracter le train, mais très puissants. On peut atteindre facilement deux cents kilos par pouce carré, avec au moins cinquante kilos en réserve. Et il fonctionne au coke, ce qui veut dire pas de fumée. Vous ne pouvez donc pas savoir s'il est en marche ou non.

Quand vous entendez le mot « canon », vous pensez immédiatement à un long cylindre bien visible, n'est-ce pas ? Eh bien, non. Le wagon ressemble à n'importe quel wagon de marchandises, exception faite des trous. Des trous minuscules, six mille de chaque côté. Sur trente rangées, deux cents trous par rangée. Et de chaque trou jaillissent cinq balles à la seconde. Voilà à quoi sert la vapeur. Vous imaginez douze mille mitrailleuses qui tirent en même temps ? Cette machine a besoin de ces deux cents kilos de vapeur, monsieur Garland.

Et ce n'est pas tout. Mon travail, c'est d'envoyer la vapeur dans les tuyaux mais, d'après ce que j'ai entendu dire, ils peuvent actionner une sorte de mécanisme, le mécanisme de Jacquard, qui permet de réguler les séquences de tir. Je suis sûr que vous avez déjà vu ce genre de choses : c'est une série de cartes perforées. On s'en sert dans les métiers à tisser pour dessiner des motifs sur les tricots. Eh bien, grâce à ce mécanisme, l'artilleur peut faire tirer une seule rangée à la fois, puis celle d'en dessous, puis la suivante, et ainsi de suite. Ou bien, il peut faire tirer chaque colonne l'une après l'autre ; il peut aussi tirer par blocs, ou bien par courtes rafales avec l'ensemble du canon... A cette différence près que ce régulateur n'utilise pas de cartes perforées ; le principe est identique, mais il s'agit de connexions électriques : des lignes tracées sur un rouleau de papier paraffiné utilisant une sorte de graphite très dense. Croyez-moi, monsieur Garland, l'homme qui a conçu cela n'est pas loin d'être un génie. C'est la machine la plus stupéfiante que j'aie jamais vue, mais c'est une invention diabolique. Monstrueuse. Pouvez-vous imaginer les conséquences ? Chaque centimètre carré d'air dans un rayon de... cinq cents ou mille mètres, traversé par une balle incandescente ? Dévastation est un mot trop faible. Il faudrait trouver un terme dans l'Apocalypse pour décrire cette chose. Voilà ce qu'est le Canon à Vapeur. Ils en ont déjà expédié un à l'étranger, j'ignore dans quel pays. Un deuxième est presque terminé ; encore une semaine ou deux et il sera prêt à être testé. Vous comprenez, monsieur Garland, pourquoi je suis mécontent de mon travail. Sidney ici présent a été plus lucide que moi, et j'aurais aimé avoir le courage de dire non, comme lui, dès le départ. L'idée que mon savoir-faire, dont je suis fier, ait été perverti pour fabriquer un engin pareil, l'idée que mes compatriotes travaillent à sa réalisation, ça me rend malade, je vous le dis franchement.

Il se tut et passa ses mains dans ses cheveux courts et gris, avant de les poser à plat sur la table, de chaque côté de son livre. Sally aurait aimé cet homme, se dit Frederick.

– Monsieur Waterman, je vous suis extrêmement reconnaissant. Beaucoup de choses s'éclairent maintenant. Mais parlez-moi de la direction de cette entreprise. Est-ce que le nom de Bellmann vous dit quelque chose ?

– Bellmann ? (M. Waterman secoua la tête.) Je n'ai jamais entendu ce nom-là. Mais tout le monde sait qu'il y a des capitaux étrangers dans cette société. Et ce M. Bellmann n est pas anglais, non ?

– Suédois. Mais il y a aussi un lien avec la Russie.

– La Russie ? Ah, voilà qui est intéressant. Vous vous souvenez que je vous ai parlé du concepteur de cet engin, en disant que c'était un génie ? Il s'appelle Hopkinson, paraît-il. C'est ce qu'on nous a dit, mais personne ne l'a jamais vu. Sur les plans, il y a juste l'abréviation HOP. Mais c'est bizarre, on dirait presque qu'il y avait quatre lettres et qu'on a gratté le K. Et à un endroit, dans un petit coin, à peine visible, j'ai remarqué ça… Je vais vous l'écrire.

Il emprunta le crayon et le carnet de Frederick pour tracer ce mot :

HOPA

– La dernière lettre n'est pas un K, ni un A ; c'est un D. Connaissez-vous l'alphabet cyrillique, monsieur Garland ? Si je ne m'intéressais pas aux langues étrangères, je ne l'aurais pas reconnu. En comprenant que c'était un D, j'ai vu les autres lettres différemment. C'est du russe. Transcrit dans notre alphabet, on obtient ceci...

Il écrivit :

NORD

– Nordenfels ! s'exclama Frederick. Nom d'une pipe, vous avez résolu l'énigme, monsieur Waterman !

– Nordenfels ?

– Un ingénieur suédois. Il a disparu en Russie. Sans doute a-t-il été assassiné. Ça alors ! C'est formidable. Et vous dites qu'ils vont tester le nouveau canon dans une semaine ou deux ?

– Exact. Ils ont déjà testé les différents systèmes séparément, comme la chaudière, le chargeur de munitions ou le générateur électrique, mais l'engin est quasiment assemblé et ils vont le conduire à Thurlby pour les essais. C'est là-bas qu'ils testent les gros canons, sur des cibles flottantes placées au large. Voilà tout ce que je sais, monsieur Garland. Mais j'aimerais vous interroger à mon tour : pourquoi vous intéressez-vous à tout cela ? Et qu'avez-vous l'intention de faire ?

Frederick hocha la tête.

– Ce sont des questions légitimes. Je suis détective privé et je m'intéresse à l'homme qui se cache derrière tout ça. A ma connaissance, les Canons à Vapeur ne sont pas illégaux, mais je commence à comprendre ce qu'il manigance, et dès que je pourrai le coincer, je le ferai.

Mais je vais vous dire ce que j'aimerais faire de ce canon : le faire disparaître de la surface de la terre !

– Bravo ! s'exclama M. Paton.

– Je pourrais vous montrer...

M. Waterman n'eut pas le temps d'achever sa phrase, car la porte de la bibliothèque s'ouvrit et un autre homme entra, portant des livres sous le bras.

– Oh, pardon, Henry, dit-il. Ne faites pas attention à moi, messieurs. Bonsoir, Sidney.

Frederick enchaîna :

– Quelles sont les autres activités de votre institut, monsieur Waterman ?

– Euh... voyez-vous, monsieur Garland, l'Institut est né de la Cooperative Society et le noyau originel est cette bibliothèque... certains ouvrages ont été légués par la Rochdale Corresponding Society...

Il était évident que l'intrus n'avait pas l'intention de repartir tout de suite. Au contraire, il se joignit à la conversation pour raconter l'histoire du lieu. Frederick prit rapidement conscience de deux choses : premièrement, ces gens étaient tous extrêmement fiers de ce qu'ils avaient créé, à juste titre ; et deuxièmement, il avait de plus en plus soif.

Après avoir décliné l'invitation qui lui était faite de visiter le reste du bâtiment et d'inspecter les comptes de la Cooperative Society (un plaisir qu'il réservait à sa prochaine visite, dit-il), il salua Henry Waterman et prit congé. C'est alors qu'il se retrouva en train de contempler, sans aucune raison, une affiche placardée sur le mur de l'immeuble d'en face.

Il était presque huit heures ; le ciel était sombre, le vent glacial, et quelques gouttes de pluie commençaient à tomber. Les lumières des lampes à gaz dansaient sous l'effet des bourrasques. Des fenêtres étaient éclairées et une chaude lumière orangée brillait à la porte d'un pub voisin. Des hommes rentraient du travail d'un pas pesant, des femmes se précipitaient vers leurs cuisines avec quelques harengs ou du boudin noir, ce qui donnait à la rue un aspect vivant et animé, mais quelque chose avait accroché le regard de Frederick et ce n'était pas ce cheval boiteux, ni cette jolie fille, ni ces deux garçons qui se disputaient à cause d'une casquette.

Un des noms figurant sur l'affiche lui avait sauté aux yeux. Cette semaine, le music-hall Paramount présentait différents artistes : le grand Goldini et ses colombes ; M. David Fickling, le Comique du Lancashire ; le Professeur Laar, Prince de l'Hypnotisme ; Mlle Jessie Saxon, la Cantatrice Exubérante ; l'espiègle Graham Chainey...

Jessie Saxon !

La sœur de Nellie Budd !

– Que se passe-t-il, monsieur Garland ? s'enquit M. Paton en voyant Frederick se figer, les yeux écarquillés, puis ôter son chapeau, se gratter la tête, remettre son chapeau et faire claquer ses doigts.

– J'ai une envie subite de distractions culturelles, monsieur Paton. Cela me submerge parfois, comme une vague irrésistible. Où se trouve le music-hall Paramount ? Voulez-vous m'accompagner ?

M. Paton déclina la proposition de Frederick ; celui-ci le remercia pour son aide et s'éloigna. Le Paramount était un établissement confortable et accueillant, mais qui semblait avoir connu des jours meilleurs, à l'image des numéros présentés dans la première moitié du spectacle. L'ensemble manquait d'éclat.

Jessie Saxon passait en milieu de deuxième partie, entre un comique et un jongleur. Frederick fut parcouru d'un frisson de surprise lorsqu'elle entra sur scène, tant la ressemblance avec sa sœur était saisissante : naturelle, chaleureuse, drôle, parfois à la limite de la vulgarité, elle savait manipuler son public. Et les spectateurs aimaient ça, même si son numéro n'avait rien de particulièrement excitant. Quelques chansons sentimentales agrémentées d'une ou deux plaisanteries ; nul doute qu'elle était la coqueluche de ce music-hall, mais elle n'aurait jamais pu (ou n'avait jamais souhaité, peut-être) faire carrière dans le sud du pays.

A la fin du spectacle, Frederick lui transmit ses compliments accompagnés d'une invitation à boire une bouteille de champagne, proposition qui fut aussitôt acceptée. Quand il franchit la porte de sa loge, elle le regarda d'un air surpris.

– Oh ! Un jeune homme ! s'exclama-t-elle. Généralement, mes admirateurs sont plus proches de la soixantaine. Entrez, entrez, très cher. Asseyez-vous et parlez-moi de vous. Comment dois-je vous appeler ? Êtes-vous un Johnny, un Charlie… ?

C'était stupéfiant : il aurait pu s'agir de la même femme, mais sa bonne humeur et sa coquetterie avaient quelque chose de forcé. Sa tenue de scène était défraîchie et rapiécée. De toute évidence, elle traversait une mauvaise passe.

– Pour être franc, dit Frederick, si je suis ici, c'est à cause de votre sœur. Nellie Budd.

Elle laissa échapper un petit hoquet de surprise et ses yeux s'écarquillèrent.

– Que lui est-il arrivé ? demanda-t-elle. Il s'est passé quelque chose, n'est-ce pas ? Je le sais, je le sais…

Elle se laissa tomber sur un siège. Frederick l'imita et dit :

– Elle est à l'hôpital, malheureusement. Elle a été agressée par deux hommes hier et elle a perdu connaissance.

Jessie Saxon avait blêmi sous son maquillage.

– Je le savais, dit-elle. Je l'ai senti. On a toujours été comme ça toutes les deux, on ressentait tout ce que ressentait l'autre. Et hier, j'ai eu un choc épouvantable, je ne peux pas vous le décrire, j'avais l'impression de tomber dans le vide. Je *savais* qu'il lui était arrivé quelque chose… ça s'est passé le matin, n'est-ce pas ? Vers onze heures ?

– D'après ce que je sais, c'est possible, répondit Frederick. Je crois que c'était idiot de ma part de commander du champagne. Peut-être préférez-vous un brandy ?

– Je peux boire du champagne en toute occasion, sauf pour un enterrement, dit-elle. J'espère qu'elle ne…

– Elle tient le coup. Les médecins de l'hôpital veillent sur elle. Peut-être même a-t-elle a repris connaissance à l'heure qu'il est.

– Mais qui êtes-vous, au fait ? demanda-t-elle. Je ne voudrais pas être malpolie, mais… Vous êtes policier ?

Frederick ouvrit la bouteille de champagne et lui raconta toute l'histoire. Quand il évoqua les transes de Nellie Budd, sa sœur hocha la tête.

– Je m'en souviens, dit-elle. Quand elle s'est lancée dans le spiritisme, je ne croyais pas à tout ce fatras ; c'est d'ailleurs une des raisons pour lesquelles nous nous sommes éloignées l'une de l'autre. Nous n'étions plus aussi proches qu'avant. Qui a bien pu lui faire une chose pareille ?

– Je crois connaître l'identité des coupables, mais j'ignore pourquoi ils ont fait ça. Tenez, voici ma carte. Si jamais vous recueillez la moindre information, vous me contacterez, n'est-ce pas ?

– Comptez sur moi. Demain soir, je travaille, mais j'irai la voir ensuite. Il le faut. Peu importe ce qui s'est passé entre elle et moi, une sœur, ça reste une sœur.

Elle prit la carte et la rangea dans son sac.

– Au fait, dit Frederick, connaissez-vous un homme nommé Alistair Mackinnon ?

La réaction fut immédiate.

– Lui ! s'exclama-t-elle d'un ton acerbe. Ce sale cloporte rampant. Si je le connais ? Et comment ! Si je l'avais devant moi, je lui arracherais la tête. Mackinnon la vermine ! Il est mêlé à cette histoire ?

– Oui... mais j'ignore de quelle manière. En tout cas, il semble provoquer des réactions violentes. J'ai perdu sa trace. Il faut l'informer de ce qui est arrivé à sa mère.

– Sa mère ?

– Votre sœur. Mme Budd.

– *Quoi* ?

Elle se leva brusquement, lui faisant face ; la colère et la stupéfaction faisaient trembler son corps replet.

– Sa *mère,* avez-vous dit ? Je vous conseille de vous expliquer, mon garçon. Vous ne pouvez pas dire des choses pareilles sans avoir une bonne explication.

Frederick était aussi déconcerté qu'elle. Il passa sa main dans ses cheveux, cherchant ce qu'il pouvait dire.

– Je suis affreusement désolé. Je croyais que c'était le fils de votre sœur. Il le prétend, en tout cas.

– Il a dit ça ? Ah, le monstre ! Où est-il ? Bon sang, j'ai rudement envie d'aller lui arracher tous les membres l'un après l'autre. Comment a-t-il osé ?

Elle se rassit, pâle et tremblante de rage. Frederick lui servit une autre coupe de champagne.

– Tenez, dit-il. Buvez avant que les bulles ne s'éventent. Quel est le *véritable* lien entre votre sœur et Mackinnon ?

– Vous ne devinez pas ? demanda-t-elle d'un ton amer.

Frederick secoua la tête.

– Vous êtes bien un homme. Ils étaient amants, évidemment ! Amants ! Et moi... (Elle fondit en larmes tout à coup.) J'étais amoureuse de lui, moi aussi. Comme une folle.

Frederick demeura bouche bée. Jessie Saxon se moucha, se tamponna les yeux, lampa une gorgée de champagne, s'étrangla, toussa et poussa un long gémissement. Frederick la prit dans ses bras ; cela lui parut être la seule chose à faire. Elle se laissa aller contre lui en sanglotant, pendant qu'il lui caressait les cheveux et regardait la loge exiguë et miteuse, avec son miroir fêlé et ses rideaux délavés, la boîte de maquillage sur la coiffeuse et la lampe à gaz qui fumait... Ç'aurait pu être un endroit douillet à partager avec une personne aimée, ou un endroit excitant pour quiconque débutait sur scène. Mais quand on s'appelait Jessie Saxon, ce devait être un lieu affreusement déprimant. Frederick la tint serrée contre lui et déposa un baiser sur son front.

Au bout d'un moment, elle se ressaisit ; elle le repoussa doucement et sécha ses larmes en se tamponnant de nouveau les yeux avec de petits gestes nerveux, avant de laisser échapper un petit rire sans joie.

– Quarante-quatre ans et je sanglote comme une gamine... Quand je pense qu'on s'est *disputées* à cause de lui ! Vous imaginez un peu ? Quelle humiliation ! Nous sommes tous des idiots dès qu'il est question d'amour ;

nous ne serions pas humains, sinon. Mais que vouliez-vous savoir, au juste ?

– Je me renseigne sur Mackinnon. C'est mon... client.

Ils étaient assis côte à côte sur le petit canapé inconfortable. Le jeune homme se pencha pour verser du champagne dans le verre de Jessie.

– Il a également prétendu que Lord Wytham était son père, ajouta-t-il. Est-ce aussi un mensonge ?

– Le vieux Johnny Wytham ? (Elle éclata de rire, de manière plus naturelle.) Mackinnon ne manque pas de culot. Remarquez, ça pourrait être vrai. Il... Oh, je ne sais plus où j'en suis.

Elle se regarda dans le miroir, fit une grimace et arrangea ses cheveux. Frederick insista avec douceur :

– Lord Wytham, disiez-vous ?

– Ah, oui. Vous devez me prendre pour une folle... Vous voulez vraiment que je vous parle d'Alistair ? Dieu sait s'il m'a souvent menti, mais il y a une chose qu'il a toujours soutenue mordicus : il était le fils illégitime d'un lord. Alors, c'est peut-être vrai.

– Vous connaissiez Lord Wytham, n'est-ce pas ?

– Oui, dans le temps. Il sortait avec Nellie, mais je suis certaine qu'elle n'a jamais eu d'enfant. Je le saurais, nom d'un chien ! Nous étions si proches... Wytham est dans la politique maintenant, à ce qu'il paraît. Il est mêlé à cette histoire, lui aussi ?

– Oui, mais là encore, je ne sais pas de quelle façon. Et votre sœur non plus.

– Ça, ça m'étonnerait, dit-elle en se resservant de champagne.

– Je vous demande pardon ?

– Vous pourriez certainement en savoir plus. Allez donc à Carlisle, interrogez les gens. C'est là-bas que je l'ai vue pour la dernière fois et que nous nous sommes disputées... l'an dernier. Pas plus tard que l'an dernier....

– Que faisait-elle là-bas ?

– Toujours ces stupides histoires de spiritisme. Les imbéciles de Carlisle avaient formé un cercle ou je ne sais quoi et ils l'ont invitée ; je me produisais dans le coin et cette vermine de Mackinnon faisait son numéro dans une petite ville près de Dumfries. J'ai découvert que Nellie l'entretenait. Vous vous rendez compte ! Il n'avait pas encore perfectionné son art – il appelle ça son *art* ! – et il rompait contrat sur contrat. Les directeurs de music-hall n'aiment pas ça, et ils ont raison. Bref, il était dans la dèche, mais Nellie est intervenue et... Voilà, c'est tout. C'était un charmant petit endroit baptisé Netherbrigg, juste après la frontière.

– Près de la propriété appartenant à Wytham ?

– Oui, pas très loin. Mais je ne l'avais pas revu depuis des années, et Nellie non plus. Il s'est marié et il a cessé de traîner dans les music-halls. Comment s'appelait son épouse, déjà ?... Lady Louisa quelque chose... De gros propriétaires terriens. Ils avaient des mines de graphite.

Frederick dressa l'oreille.

– De graphite ?

– Quelque chose comme ça. C'est quoi, le graphite ?

– On s'en sert pour fabriquer des crayons...

Et des Canons à Vapeur, pensa-t-il. Il laissa Jessie Saxon s'épancher ; c'était une femme loquace et, visiblement, elle appréciait sa compagnie. Elle ne lui apprit rien de plus. En revanche, elle se montra fort éloquente au sujet de sa propre vie, fut tour à tour drôle, vive et provocante, et quand Frederick eut ri tout son soûl, il dit

– Jessie, vous devriez écrire vos mémoires.

– C'est une bonne idée, dit-elle. Mais qui les publierait ?

Ils convinrent que c'était une éventualité fort improbable et se quittèrent très bons amis. Avant de se coucher dans son lit froid à l'Hôtel de la Gare, Frederick sortit une carte et chercha Dumfries, Carlisle et Thurlby, là où se trouvait le champ de tir. Ce n'était pas très loin. Une matinée de train peut-être. Où se trouvait la propriété de Wytham ? Elle ne figurait pas sur la carte. Quant au graphite... La famille de Lady Wytham... Bellmann... Pauvre Nellie. Pauvre Jessie. L'une et l'autre amoureuses de Mackinnon. Par quel miracle provoquait-il l'admiration de toutes ces femmes ? C'était extraordinaire. Tout bonnement extraordinaire. Mais Sally, elle, n'avait pas succombé. C'était une fille intelligente. Thurlby... Il irait là-bas. Dès le lendemain matin.

15
La loi écossaise

Sally passa le reste de la journée du jeudi dans son bureau, à régler les affaires courantes. Le vendredi, à la première heure, elle se rendit au centre de dépôt des brevets.

Celui-ci était situé à l'intérieur du Bureau central des brevets et inventions, tout près de Chancery Lane ; c'était un immense bâtiment qui ressemblait à un musée, doté d'une grande verrière et de galeries en fer forgé. Sally s'y était déjà rendue pour le compte d'un client qui souhaitait investir tout son argent dans une invention destinée à fabriquer une nouvelle sorte de boîte de sardines ; elle avait réussi à lui prouver que cette idée n'était pas aussi novatrice qu'il le croyait et à le persuader de souscrire à des emprunts d'État.

La jeune fille débuta ses recherches en consultant l'Index alphabétique. Elle commença par le volume de l'année 1870, en se disant qu'elle avait peu de chances de tomber sur quelque chose d'intéressant avant cette date. Elle ne trouva rien, mais dans le volume de l'année 1871 figurait un brevet pour une machine à vapeur, déposé au nom de J. Hopkinson.

Était-ce ce qu'elle cherchait ? Elle en doutait. Hopkinson était un nom relativement courant et, à chaque page de l'index, apparaissaient des brevets concernant des machines à vapeur.

Elle nota néanmoins la référence avant de passer au volume suivant. Rien en 1872, mais en 1873 et 1874, J. ou J. A. Hopkinson avait déposé deux autres brevets pour des chaudières à vapeur. Puis plus rien. Par pure curiosité, elle chercha sous le nom de Nordenfels, mais ne le trouva pas.

Sally remplit un formulaire pour réclamer les documents enregistrés au nom de Hopkinson. Pendant qu'elle attendait, elle chercha « Garland » dans l'index alphabétique de 1873. Il était là : Garland, F. D. W., dossier n° 1358, daté du 20 mai. Objectif photographique. C'était elle qui l'avait poussé à déposer ce brevet à l'époque où elle avait commencé à prendre en charge les finances du studio. Cela ne lui avait pas rapporté un sou pour l'instant, mais le brevet était encore valable neuf ans ; ils avaient le temps de se lancer dans la production, si elle trouvait quelqu'un qui fût prêt à fabriquer cet objectif. Elle avait hâte, constata-t-elle, de traiter à nouveau avec des hommes d'affaires, des managers et des investisseurs. Enfin une activité dynamique, claire et honnête après toutes ces combines louches ! Fred pourrait s'occuper de l'aspect technique, pour lequel il était si doué, et elle se chargerait des finances...

Mais peut-être ne serait-il pas d'accord. « Nous allons terminer cette affaire et nous nous en tiendrons là », avait-il dit. Il faisait allusion à leur amitié et à toute relation plus intime ; l'expression était suffisamment éloquente. Aurait-il encore envie d'être son partenaire en affaires ? Elle en doutait.

Elle regarda autour d'elle les hommes – des clercs pour la plupart, supposa-t-elle, et aussi un ou deux inventeurs –, alignés devant les tables, qui parcouraient d'épais volumes reliés ou griffonnaient des notes. Elle était la seule femme, ce qui lui valait quelques regards intrigués, mais elle avait l'habitude. C'étaient des hommes prudents, appliqués et fiables, et elle ne doutait pas un instant de leurs compétences ou de leur utilité, mais Frederick les éclipsait tous. Il n'y avait aucune comparaison possible, pas plus qu'avec ce spectre de Mackinnon. Fred était incomparable. Sally était convaincue de ses sentiments : elle l'aimait. Elle l'aimerait toujours.

Et il lui avait dit qu'elle était antipathique...

– Miss Lockhart ? (C'était l'employé des archives.) Les documents que vous avez réclamés sont là.

Elle prit les brochures bleues et s'assit à une des tables pour les lire. Chacune contenait un jeu de croquis et une description de l'invention. La première portait ce titre :

> Brevet attribué à M. John Addy Hopkinson, habitant à Huddersfield dans le comté de York, pour l'invention suivante :
> AMÉLIORATIONS APPORTÉES AUX CHAUDIÈRES A VAPEUR ET AUX APPAREILS S'Y RATTACHANT
> Déposé le 24 décembre 1873 et enregistré le 5 juin 1874.

Il ne s'agissait pas de la machine fabriquée par Bellmann dans son usine. Les autres inventions concernaient un nouveau système pour alimenter en carburant le réservoir d'une machine à vapeur ou un nouveau modèle de chaudière. Tout cela était sans intérêt. Ce n'était pas le bon Hopkinson.

Elle rapporta les brochures au bureau et demanda :

– Y a-t-il un index par thèmes ? Supposons que je veuille retrouver tous les brevets relatifs à la fabrication d'armes à feu, par exemple, comment devrais-je m'y prendre ?

– Il existe effectivement un index par thèmes, miss. Malheureusement, celui qui concerne cette période est actuellement chez le relieur. Si vous voulez effectuer des recherches, vous devrez consulter les formulaires de dépôts. Vous cherchez quelque chose en particulier ?

– Oui, mais... (Une autre idée venait de lui traverser l'esprit.) Vous enregistrez également les brevets étrangers, n'est-ce pas ?

– En effet, miss.

– Les brevets russes ?

– Évidemment. Ils sont classés dans cette section là-bas, sous la galerie.

– Auriez-vous un service de traduction, par hasard ?

– Je vais voir si M. Tolhausen est disponible. Je vous prie de patienter un instant.

Il disparut dans une pièce derrière le guichet et Sally en profita pour réfléchir. Si Nordenfels avait fait breveter une invention en Russie, elle serait enregistrée ici. Rien n'empêchait d'exploiter une invention étrangère en Grande-Bretagne ; s'il n'existait pas de brevet britannique, Bellmann n'enfreignait aucune loi. En revanche, si elle réussissait à prouver qu'il avait volé l'idée...

– Miss Lockhart ? Je suis M. Tolhausen.

Le traducteur était un homme d'une quarantaine d'années, plein de dignité, qui ne paraissait nullement étonné de voir une jeune femme s'intéresser à des questions techniques. Sally le trouva immédiatement sympathique et elle lui expliqua ce qu'elle cherchait. Il l'écouta très poliment.

– Nous allons commencer par l'index alphabétique, dit-il. Nordenfels... Arne Nordenfels. Voici un brevet, daté de 1872 et concernant une soupape de sécurité pour des chaudières à vapeur. En voici un autre, la même année, pour des perfectionnements dans la circulation de la vapeur à haute pression. En 1873, nous avons...

M. Tolhausen se tut. Il tourna plusieurs fois la page d'avant en arrière en fronçant les sourcils.

– Il manque une page, dit-il. Regardez. Elle a été soigneusement découpée.

Sally sentit les battements de son cœur s'accélérer.

– C'est la page de Nordenfels ?

Elle ne pouvait déchiffrer l'écriture, mais elle voyait nettement l'endroit où aurait dû se trouver la feuille manquante.

– Pouvez-vous consulter le registre de l'année suivante ? demanda-t-elle.

M. Tolhausen s'exécuta. Là encore il manquait une page, à l'endroit où aurait dû apparaître le nom de Nordenfels. Le traducteur avait du mal à masquer son indignation.

– Je vais le signaler immédiatement. Je n'ai jamais entendu parler d'une telle entorse au règlement. Tout cela est extrêmement fâcheux...

– Avant de le signaler, pourriez-vous consulter les deux années suivantes, je vous prie ? Et l'index par thèmes également ?

M. Tolhausen consulta l'index pour chaque année, sous les rubriques « Machines à vapeur » et « Armements », ce qui prit un certain temps à cause du nombre de brevets déposés dans ces deux domaines. En tout, ils relevèrent sept brevets pour des machines à vapeur au nom de Nordenfels, mais sous la la rubrique « Armements » pour les années 1872 et 1873, M. Tolhausen découvrit quatre autres pages manquantes.

– Oui, ce sont bien celles qui correspondent à ce nom, dit-il. Mais il y a un renvoi dans l'index. Un instant.

Il revint à la section des machines à vapeur et hocha la tête.

– Ah, ah, fit-il. Voici un brevet relatif à l'utilisation du moteur à vapeur pour les mitrailleuses. Et un autre concernant un canon fonctionnant à la vapeur et installé sur un wagon de chemin de fer. Hélas, le numéro du brevet figure sur la feuille de la section « armements » qui a disparu. C'est un scandale. Je vous prie d'accepter toutes mes excuses, miss Lockhart, pour cette absence de contrôle. Apparemment, quelqu'un a réussi à découper ces feuilles sans que personne ne s'en aperçoive. C'est extrêmement contrariant. Je vous remercie d'avoir porté ce fait à mon attention...

Sally le remercia elle aussi, pour son aide ; elle nota les dates et les références des brevets dont il restait des traces et s'apprêta à repartir. Mais elle se ravisa et décida de consulter à nouveau l'index alphabétique des brevets britanniques. Si Bellmann avait l'intention de gagner de l'argent avec cette invention, ne fallait-il pas qu'il y ait un brevet à son nom ?

Il était là. Dans le volume de l'année 1876 :

Bellmann, A. Brevet n° 4524. Canon à vapeur tracté sur un wagon de chemin de fer.

C'était aussi simple que ça !

Elle referma le registre avec une satisfaction qu'elle n'avait pas éprouvée depuis plusieurs mois. « Mlle Walsh, se dit-elle, vous allez pouvoir récupérer vos économies... » Alors qu'elle sortait du bâtiment et tournait dans Chancery Lane, elle se surprit à sourire.

Elle ne remarqua pas le jeune homme coiffé d'un chapeau melon qui était assis à la table la plus proche de la sortie et qui avait rangé discrètement ses affaires lorsqu'elle était passée devant lui. Elle ne le remarqua pas non plus lorsqu'il se leva pour la suivre. Elle ne le remarqua pas davantage tandis qu'il marchait dans Fleet Street derrière elle, ni lorsqu'il entra dans ce salon de thé au coin de Villiers Street où elle avait décidé de déjeuner. Assis derrière la vitre, il but un thé, mangea une brioche et lut son journal, puis il la suivit lorsqu'elle sortit, mais Sally ne lui prêta aucune attention.

Il faisait tout pour cela. Vêtu de manière discrète, il était en outre très doué pour les filatures. Et rien ne ressemble plus à un chapeau melon qu'un autre chapeau melon. De toute façon, Sally pensait à Frederick.

Au même moment, ce dernier se trouvait à Thurlby, un endroit désolé, triste et plat : une ligne de chemin de fer desservait un petit village sinistre, longeait la côte sur des kilomètres avant de disparaître derrière une haute clôture et une porte verrouillée. Des panneaux, près du champ de tir, mettaient en garde les promeneurs imprudents et le vent qui soufflait des dunes charriait des grains de sel. Bref, il n'y avait rien à voir.

Frederick décida de poursuivre son trajet jusqu'à Netherbrigg, la petite ville située sur la frontière écossaise où avait résidé Mackinnon d'après Jessie Saxon. La propriété de Lord Wytham se trouvait à quelques kilomètres de là, du côté anglais, mais, se dit Frederick, il n'avait guère de chance de découvrir quoi que ce soit là-bas. Il prit une chambre au King's Head, situé dans High Street à Netherbrigg, et demanda au patron de l'hôtel où logeaient habituellement les artistes de passage dans les environs.

– Pas ici, répondit le patron d'un ton sec. J'voudrais pas d'leur argent à ces fichus païens de saltimbanques !

Il lui donna malgré tout une liste de pensions et, après le déjeuner, Frederick partit les visiter. Le soleil avait fait son apparition, mais un vent froid continuait à souffler. Le music-hall était fermé ; Frederick s'étonna de trouver semblable établissement dans cette petite ville.

Une douzaine d'adresses et pas de plan, cela voulait dire de nombreux kilomètres à pied, même dans une ville de cette taille, et il était déjà tard quand il trouva ce qu'il cherchait. C'était la neuvième pension qu'il visitait : une maison miteuse dans Dornock Street. La propriétaire s'appelait Mme Geary et oui, elle acceptait des pensionnaires.

– Des gens du spectacle aussi, madame Geary ?

– Oui, des fois. Je suis pas regardante.

– Vous souvenez-vous d'un certain Alistair Mackinnon ?

Une étincelle dans le regard, un sourire. Ce n'était pas une mauvaise femme.

– Oui, oui. Le magicien ?

– C'est bien lui. Je suis un de ses amis et... puis-je entrer une minute ?

Elle s'écarta pour le laisser passer. La maison était bien tenue et sentait l'encaustique. Des photographies de théâtre étaient accrochées aux murs.

– C'est très aimable à vous, dit-il. Ce qui m'amène est un peu délicat. M. Mackinnon a des ennuis et je suis venu jusqu'ici pour voir si je pouvais l'aider.

– Ça ne m'étonne pas.
– Ah ? A-t-il déjà eu des ennuis ?
– On peut dire ça.
– Quel genre d'ennuis ?
– C'est une question indiscrète !
Frederick inspira profondément.
– Madame Geary, Mackinnon est en danger. Je suis détective privé et si je veux l'aider, je dois découvrir ce qui le menace, mais je ne peux pas lui poser directement la question, car il a disparu. Procédons par ordre. Connaissez-vous une certaine Mme Budd ?
Elle plissa légèrement les yeux.
– Oui.
– A-t-elle logé ici ?
Mme Geary hocha la tête.
– Avec Mackinnon ?
– Oui.
– Étaient-ils... pardonnez-moi, mais il faut que je sache... étaient-ils amants ?
La logeuse eut un petit rictus, à la fois amusé et sévère.
– Pas sous mon toit, déclara-t-elle avec fermeté.
– Est-ce que le nom d'Axel Bellmann vous dit quelque chose ?
Elle fit « non » de la tête.
– Et Lord Wytham ?
– Ah, fit-elle. C'est donc ça.
– Quoi ? Vous savez quelque chose, alors. Madame Geary, c'est une affaire grave. Nellie Budd a été agressée l'autre jour et laissée inconsciente ; il pourrait s'agir d'une histoire de meurtre. Vous *devez* me dire ce que vous savez. Quel est le lien entre Lord Wytham et Alistair Mackinnon ? Est-il le fils de Lord Wytham, comme il le prétend ?

Cette fois, elle sourit franchement.

– Son fils ? En voilà une idée ! Très bien, monsieur Machin-Chose, je vais tout vous dire. Ah, c'est une histoire qui n'aurait pas pu arriver en Angleterre, c'est sûr ! Suivez-moi au salon.

Elle le conduisit dans une pièce douillette, décorée d'autres portraits d'acteurs, où trônait un grand piano. Malgré ses manières un peu sèches, Mme Geary était apparemment une logeuse très appréciée, à en juger par les autographes affectueux qui accompagnaient les photographies. Frederick eut le temps de les examiner pendant qu'elle préparait du thé, mais il chercha en vain un portrait de Mackinnon.

– Voilà, dit-elle en revenant dans le salon et en repoussant la porte du talon. Je me doutais bien que ça finirait par éclater un jour ou l'autre. Mais un meurtre, Dieu du ciel ! C'est un sale coup. Un peu de thé ?

– Oui, merci.

Mme Geary était prête à tout lui raconter, mais à sa manière. Autant la laisser faire, se dit Frederick. C'est alors qu'elle le surprit.

– Vous êtes au courant pour l'autre gars ? demanda-t-elle.

– Quel autre gars ?

– Il est venu ici il y a quelque temps. Il y a un petit moment déjà. Il m'a posé les mêmes questions. Un petit bonhomme avec des lunettes à monture en or.

– Windlesham ?

– Oui, c'est ça.

Le bras droit de Bellmann... C'était peut-être ce qu'il avait découvert en venant ici qui avait poussé l'industriel à pourchasser Mackinnon.

– Vous lui avez dit ce qu'il voulait savoir ?

– J'ai pas pour habitude de cacher la vérité, répondit Mme Geary d'un ton austère en lui tendant une tasse de thé. Si j'ai rien dit avant, c'est parce qu'on m'a pas posé la question. J'ai pas non plus l'habitude de répandre des ragots, monsieur.

– Non, bien sûr. Ce n'est pas ce que je voulais dire, s'empressa de répondre Frederick en s'efforçant à la patience. Mais cet homme est de mèche avec ceux qui en veulent à Mackinnon... et qui ont agressé Nellie Budd. Il faut que je sache pour quelle raison.

– Justement. Le point de départ, c'est cette pauvre Nellie Budd. Ah, j'espère qu'elle n'est pas trop grièvement blessée.

– Hélas, si. Ils lui ont peut-être fracturé le crâne. Je vous en prie, madame Geary. Que s'est-il passé ?

– Nellie m'a demandé de trouver un logement pour Mackinnon et de signer une déclaration pour un avocat, en précisant à quelle date il avait logé ici. Je devais certifier qu'il avait passé toutes les nuits ici. Nellie a payé sa pension. A l'époque, il n'avait pas de travail. Trois semaines il est resté ici, sans bouger. Vingt et un jours. C'est la loi.

Elle se délectait, mais Frederick ne comprenait toujours pas.

– Vingt et un jours ? répéta-t-il aussi patiemment que possible.

– Vingt et un jours de résidence certifiée en Écosse. Dans le temps, tout ça n'était pas nécessaire. Mais ils ont changé la loi il y a vingt ans, et l'hôtellerie a prospéré de ce côté-ci de la frontière. Alors, je ne vais pas me plaindre.

– Je vous en supplie, madame Geary... De quoi parlez-vous ? Pourquoi Mackinnon devait-il prouver qu'il avait passé vingt et un jours en Écosse ?

– Oh, c'est très simple. Après ça, vous pouvez vous marier très rapidement ; il suffit de trouver deux témoins. C'est ce qu'il a fait.

– Je ne vois pas... Qui a-t-il épousé ? Nellie Budd ?

Mme Geary éclata de rire.

– Ne dites pas de bêtises ! La fille Wytham, voyons ! Lady Mary ! C'est elle qu'il a épousée.

16

L'amour du travail bien fait

M. Brown, l'homme au chapeau melon, avait l'habitude d'attendre. Il avait attendu toute la journée du jeudi et toute la matinée du vendredi, et il était prêt à attendre toute la semaine si nécessaire. La visite qu'il avait effectuée au Bureau des brevets, dans le sillage de Sally, avait été fort intéressante, car elle lui avait prouvé que la jeune femme sortait parfois seule, sans son chien.

Hélas, cet honnête artisan n'avait guère l'occasion de mettre son savoir-faire en pratique sur les trottoirs encombrés de Fleet Street ou du Strand. Alors qu'il l'observait par-dessus son journal, assis dans ce petit salon de thé de Villiers Street, il se demandait si l'occasion se présenterait à un moment où elle était seule, ou s'il devrait également supprimer le chien.

Elle était jolie, se dit-il. Jolie, mais d'une étrange manière : à moitié anglaise – les cheveux blonds, la silhouette svelte, sobrement vêtue – et à moitié étrangère, avec ses yeux marron très foncé et cet air décidé, vif et intrépide. Elle ressemblait à une jeune Américaine. Ce n'était pas le type de jeune fille que les Anglais engendrent naturellement. Raison de plus pour aller en Amérique. Raison de plus pour la tuer et toucher son argent.

Mais… quel dommage !

Toute la journée, il la suivit comme son ombre, hélant un fiacre pour filer l'omnibus qui la conduisait à Islington, attendant qu'elle ressorte de chez elle avec le chien, gardant ses distances pendant qu'elle allait et venait. Dès que l'occasion se présenta, il se glissa sous le porche d'une boutique et troqua son chapeau melon contre la casquette qu'il transportait dans son sac en cuir ; il retourna aussi son manteau dont l'intérieur était d'un tweed différent. Elle ne s'aperçut de rien. Elle semblait marcher au hasard, suivie par ce molosse qui gambadait à ses côtés.

Elle l'avait conduit jusqu'aux quais de la Tamise ; là, il dut patienter un long moment pendant qu'elle observait les ouvriers qui installaient cet obélisque grotesque qu'on venait de rapporter d'Égypte. Elle calculait avec bonheur les angles, les hauteurs et les points de rupture, admirant l'efficacité et la sobriété du travail des ingénieurs. M. Brown, lui, observait le chien.

Puis elle était repartie en direction de Chancery Lane et elle avait passé une demi-heure dans un salon de thé, trop petit, cette fois, pour qu'il la suive à l'intérieur ; il avait été obligé de faire les cent pas sur le trottoir d'en face en surveillant son reflet dans les vitrines des boutiques. Une serveuse lui apporta un thé et une soucoupe avec de l'eau pour le chien. Elle semblait écrire quelque chose : une lettre ? En fait, elle dressait la liste des conséquences entraînées par le fait que Bellmann avait déposé un brevet pour l'invention de quelqu'un d'autre. Elle en conclut qu'elle devait retourner voir M. Temple, et s'aperçut, par la même occasion, qu'elle avait envie de parler à Frederick.

En sortant du salon de thé, elle ne remarqua pas le personnage anonyme vêtu de tweed gris – et pourtant, elle passa à moins de un mètre de lui. Il continua à la suivre, dans Holborn Street, jusqu'à Bloomsbury, devant le Bristish Museum. Elle s'attarda plusieurs minutes devant un studio de photographe, peut-être pour regarder la vitrine. Puis, alors que l'obscurité tombait, il la raccompagna, toujours à distance, jusqu'à son domicile.

Le chien.

Il en avait peur, inutile de le nier. C'était une sorte de monstre, avec une gueule capable d'engloutir votre tête et une langue assez longue pour gober vos entrailles comme de vulgaires œufs de caille.

En tant que professionnel, il acceptait la peur comme une sorte de mise en garde et il pesait ses chances d'autant plus soigneusement. Être rapide et précis ne suffirait pas ; il devrait être invulnérable. L'aspect artistique n'était pas de mise avec les animaux. Le couteau pour la fille, oui ; mais pour le chien, une arme à feu serait nécessaire.

Il n'en avait pas, mais il savait où en trouver une. Une heure après que Sally fut rentrée chez elle, M. Brown était encore posté dans le petit jardin obscur, sous les platanes, au centre de la place. Elle ressortirait plus tard. Les chiens avaient besoin de faire un peu d'exercice, comme on disait poliment, avant de rester enfermés toute la nuit.

Voilà qui posait un problème technique intéressant : comment manier le couteau et l'arme à feu l'un après l'autre, avec toute la rapidité requise ? Voilà qui exigeait un savoir-faire pour lequel il existait un vaste marché en Amérique...

Il se prépara à attendre.

A vingt-trois heures trente, le bruit d'une porte qui s'ouvre fit voler en éclats le calme de la petite place. Une pluie fine était tombée un peu plus tôt, mais n'avait pas duré. Tout était mouillé, froid et paisible.

Dans le rectangle de lumière chaude qui se découpa sur le fond noir de la façade, il aperçut la silhouette de la fille, accompagnée du chien et, l'espace d'un instant, une autre silhouette féminine se découpa au second plan. Puis la porte se referma et la fille s'éloigna sur le trottoir d'un pas léger.

Comme il l'avait supposé, elle se dirigea vers le petit jardin au centre de la place, mais elle bifurqua en arrivant devant la grille, malgré le portail ouvert, et en fit lentement le tour. Au même moment, un fiacre déboucha sur la place et s'arrêta devant une maison située du côté opposé. Totalement immobile, M. Brown ne quitta pas la fille des yeux un seul instant pendant qu'il écoutait le cocher et son passager se disputer à propos du prix de la course.

La fille et le chien marchaient lentement ; elle semblait perdue dans ses pensées, pendant que le chien reniflait et secouait la tête, ce qui faisait tinter sa chaîne.

Finalement, le cocher reprit ses rênes en poussant quelques jurons bien sentis et son cheval repartit. Le martèlement régulier des sabots et le frottement métallique des roues durèrent un long moment avant de se fondre dans la rumeur des rues voisines.

La fille continuait... Elle avait presque fait le tour de la place. Plus tôt dans la soirée, discrètement, M. Brown avait inspecté les maisons qui bordaient la place et les ruelles qui les séparaient ; il préparait sa fuite. Il savait qu'en face de la fille se trouvait maintenant un passage étroit entre deux vieilles maisons de brique au charme austère.

Il la vit jeter un coup d'œil vers la ruelle, puis traverser la rue. Non, elle n'allait quand même pas s'y aventurer.. c'était trop beau, encore mieux que l'obscurité sous les arbres.

Elle le fit pourtant. Elle hésita un instant, puis laissa le gros chien pénétrer dans la ruelle. A cet instant, M. Brown passa à l'action. Il prit le pistolet dans sa main gauche et le couteau dans sa main droite, les dissimula sous le drap épais de sa cape et sortit en silence du couvert des arbres. Sans un regard alentour, il se glissa dans la ruelle et tendit l'oreille.

Silence. La fille et le chien n'avaient pas encore perçu sa présence.

Il les apercevait un peu plus loin. La ruelle était étroite et le chien marchait devant : parfait.

Le couteau d'abord.

Il écarta les pans de sa cape pour libérer ses bras. Puis il s'élança, le pouce sur la lame, et se jeta sur sa proie avant qu'elle ait le temps de se retourner.

La fille l'entendit au tout dernier moment ; elle tenta de fuir, mais il frappa et atteignit sa cible. Elle laissa alors échapper un hoquet, comme si un coup de poing lui avait le coupé le souffle, et s'écroula.

Vite, changer de main !

De la main gauche, il arracha le couteau planté dans le corps de la fille ; en même temps, sa main droite se referma sur la crosse du pistolet, le chien attaqua en grondant, dans un tourbillon de poils noirs et de crocs luisants.

L'animal le percuta au moment où il ouvrait le feu. Ils tombèrent ensemble. M. Brown enfonça le canon de son arme dans le poil chaud et tira encore une fois. Dans la ruelle, les détonations résonnaient comme des tirs d'obus.

Le chien avait refermé ses puissantes mâchoires sur son bras gauche, broyant la chair et l'os. M. Brown tira de nouveau, à deux reprises, mais il n'avait pas tenu compte du poids de l'animal; celui-ci continuait à le secouer furieusement contre le mur, comme un rat Encore deux coups de feu en plein cœur; il *entendit* l'os de son bras se briser. Ce molosse possédait une force invraisemblable, il aurait pu tuer un cheval ou un taureau. C'était effroyable...

Le tueur laissa tomber son arme et ramassa le couteau. Il avait perdu tout sens de l'orientation... Ballotté de droite et de gauche, comme pris dans un ouragan, il avait tiré plusieurs fois sur l'animal et, pourtant, celui-ci refusait de lâcher prise. Il enfonça le couteau, encore, encore et encore ; la lame rendue glissante par le sang dérapait sur les os, mais on aurait dit que le chien ne sentait rien. Ses crocs restaient profondément plantés dans le bras de M. Brown. La douleur, la peur... Il continuait à enfoncer la lame du couteau, de bas en haut, encore, encore, encore... Il n'était plus question d'amour du travail bien fait. L'animal grognait de plus belle. Paniqué, à bout de forces et de souffle, M. Brown se sentait défaillir, mais il continua à frapper. Et le chien finit par lâcher prise.

Tout ce sang...

Son bras gauche était en feu. Il pendait le long de son corps, inerte.

Puis, soudain, telle une vague qui se dresse, le chien lui sauta à la gorge et ses crocs se refermèrent sur son cou.

Quelque chose jaillit.

Le corps tendu du chien s'affaissa ; ses mâchoires se relâchèrent ; il fut pris de tremblements, ses grognements se transformèrent en gémissements et il recula pour s'ébrouer, comme s'il était surpris par sa propre faiblesse. Des gouttes de sang jaillirent de son poil. Puis il tomba et ne bougea plus.

M. Brown lâcha son couteau et remonta sa cape imbibée de sang sur sa gorge. Il gisait contre le mur, les jambes coincées sous le chien, tandis que la vie quittait son corps.

Mais il avait réussi. Peut-être ne survivrait-il pas au chien, mais la fille était morte. Il avança la main, tâtonna dans l'obscurité ; ses doigts rencontrèrent les cheveux mouillés de sa victime.

C'est alors qu'une voix s'éleva à l'entrée de la ruelle.

– Chaka ?

Le tueur, dans un ultime sursaut, tenta de se redresser. Elle était là, une lanterne à la main. Tête nue, blonde... Ce visage, ce joli visage horrifié, et ces yeux !

Non, c'était impossible...

Il baissa la tête et écarta d'un geste brusque la cape qui recouvrait la fille morte.

Une énorme tache de vin s'étalait sur le côté de son visage, de la mâchoire au front.

Ce n'était pas la bonne... Il avait échoué.

Il bascula vers l'avant, dans un cauchemar éternel.

Sally se précipita et se laissa tomber à genoux dans l'espace étroit entre la jeune fille et le mur, posant sa lanterne sur les pavés, près de sa tête.

– Isabel... Isabel...

Elle posa les mains de chaque côté de son visage ; les paupières d'Isabel s'agitèrent et ses yeux s'écarquillèrent.

Elle semblait affolée, comme quelqu'un qui se réveille d'un mauvais rêve

– Sally... murmura-t-elle.

– Est-ce que..

– Il m'a poignardée... mais je ne.. la lame s'est prise... dans... dans mon corset... Quelle idiote... je me suis évanouie... Mais Chaka...

Sally eut l'impression qu'un dieu inconnu lui assénait un coup violent en plein cœur.

Elle reprit sa lanterne. La lumière tremblotante glissa sur le corps de l'homme, sur les rigoles de sang qui inondaient les pavés, puis elle éclaira la tête sombre et les yeux ternes du chien.

– Chaka !

Sa voix tremblait d'amour.

Le chien agonisant l'entendit ; il souleva la tête et remua la queue, une fois, deux fois, trois fois, avant que sa force gigantesque l'abandonne enfin. Sally se jeta à plat ventre sur le sol, serra la tête de l'animal contre elle et la couvrit de baisers en sanglotant. Ses larmes se mêlaient au sang du chien, pendant qu'elle criait son nom. Il essaya de répondre, mais, cerné par les ténèbres, il ne le pouvait plus. Sally était avec lui. Il n'avait rien à craindre. Et il mourut.

17
Le déménagement

Le temps ordinaire s'arrêta alors, et la nuit se mua en un affreux spectacle d'ombres traversé par des policiers, des curieux et un médecin qui soigna Isabel (elle n'avait qu'une légère blessure au flanc). Puis un homme grincheux conduisant une charrette fit son apparition : il devait emporter Chaka. Mais Sally n'était pas d'accord ; elle le paya pour transporter la dépouille du chien dans le jardin de son propriétaire et elle ajouta un demi-couronne en échange d'une bâche destinée à l'envelopper. Chaka serait enterré là où elle le désirait.

Isabel alla se coucher aussitôt après le départ du médecin, désorientée, meurtrie et tremblante. Sally répondit aux questions qu'on lui posa : oui, le chien était à elle ; non, elle ne savait pas pourquoi Mlle Meredith avait été attaquée ; non, elle ne connaissait pas l'assassin ; oui, Mlle Meredith vivait ici ; oui, elle promenait généralement le chien à cette heure-ci ; non ni elle ni Mlle Meredith n'avaient reçu de menaces...

Finalement, la police sembla accepter le fait que la jeune fille ait été victime d'un rôdeur, mais Sally sentait la perplexité des agents. L'homme était trop bien armé pour un simple voleur ; d'autre part, pourquoi s'attaquer à une personne accompagnée d'un chien alors qu'il y avait tellement de cibles plus faciles ? se demandaient-ils. Tout cela était étrange. Les policiers repartirent en secouant la tête. Il était plus de trois heures du matin quand Sally put enfin aller se coucher, et elle eut beau empiler les couvertures sur elle, elle tremblait de tout son corps.

Le lendemain, à la première heure, elle se rendit à son cabinet, et découvrit qu'il avait été pillé.

Ses dossiers, sa correspondance soigneusement classée, les documents concernant les titres boursiers et les économies de ses clients... tout cela avait disparu. Les étagères étaient vides, les tiroirs de son classeur béants.

Sally fut prise de vertiges. Elle avait l'impression de perdre la tête, comme si elle était entrée dans le mauvais bureau. Mais non... elle reconnaissait sa table et ses chaises, le vieux canapé affaissé. Elle se précipita dans le bureau du premier clerc de son propriétaire, celui qui percevait son loyer.

– Où sont mes dossiers ? Que s'est-il passé ?

Une expression de terreur passa sur le visage de l'homme, comme s'il avait vu un fantôme. Puis il se ressaisit et adopta un air distant.

– Désolé, je ne peux rien vous dire. Mais je dois préciser que j'ai reçu des informations fort troublantes concernant l'usage que vous faites de ce bureau. Quand la police est venue ce matin, ils...

– La police ? Qui a appelé la police ? Que voulaient-ils ?

– J'ai estimé qu'il était déplacé de leur poser la question. Ils ont emporté certains documents et...

– Vous les avez laissés emporter des affaires qui se trouvaient dans mon bureau ? Vous ont-ils remis un reçu, au moins ?

– Ce n'est pas moi qui m'interposerai entre un officier de police et son devoir. Et je vous prie de ne pas employer ce ton avec moi, mademoiselle.

– Avaient-ils un mandat ? De quel droit ont-ils pénétré dans mon cabinet ?

– Le droit de la Couronne !

– Dans ce cas, ils avaient forcément un mandat. L'avez-vous vu ?

– Bien sûr que non. Cette affaire ne me concerne pas.

– De quel poste de police venaient-ils ?

– Aucune idée. Et je dois ajouter...

– Vous avez laissé des policiers entrer dans mon cabinet et emporter des dossiers confidentiels, vous n'avez pas demandé de reçu, vous n'avez vu aucun mandat... Nous sommes en Angleterre, je vous le signale ! Vous avez entendu parler des mandats de perquisition, je suppose ? Qu'est-ce qui vous prouve que ces hommes étaient vraiment des officiers de police ?

Le clerc frappa du poing sur son bureau et se leva en s'écriant :

– Je refuse de me laisser traiter de cette façon par une vulgaire prostituée !

Ce mot sembla vibrer dans le silence qui suivit.

Le clerc gardait les yeux fixés sur le mur derrière Sally ; il n'osait pas croiser son regard.

Elle le toisa, des plaques rouges qui marbraient ses joues creuses aux doigts parcheminés qui agrippaient le rebord du bureau.

– J'ai honte pour vous, dit-elle. Je pensais que vous étiez un homme d'affaires. Je pensais que vous étiez clairvoyant et juste. Il fut un temps où j'aurais été furieuse contre vous... aujourd'hui, j'ai simplement honte.

Sur ces mots, elle lui tourna le dos et s'en alla.

Au poste de police le plus proche, le sergent de garde était un homme d'un certain âge, une sorte de vieil oncle, qui fronça les sourcils et fit claquer sa langue d'un air réprobateur lorsque Sally commença à lui raconter son histoire.

– Votre cabinet ? dit-il. Vous avez un cabinet, miss ? C'est très bien.

Elle le dévisagea. Comme il semblait l'écouter, elle poursuivit :

– Les policiers venaient-ils d'ici ?

– Je n'en sais rien, mademoiselle. Il y a beaucoup de policiers ici, vous savez.

– Vous êtes quand même au courant de ce qui se passe, non ? Ils ont emporté des documents. Ils ont dû les rapporter ici. Personne n'est revenu avec des documents, des dossiers ou des lettres provenant d'un cabinet de King Street ?

– Oh, c'est difficile à dire. Y a un tas de documents qui vont et qui viennent ici. Il faudrait être plus précise.

Il lécha son crayon à papier et Sally le vit adresser un clin d'œil à un jeune collègue assis derrière le bureau le plus proche, et elle vit le policier tourner la tête pour dissimuler un sourire.

– Laissez tomber, fit-elle, glaciale.

Instinctivement, elle tendit la main vers Chaka, cherchant le réconfort de son amour et de sa bonté, mais il n'y avait personne.

Les larmes coulaient sur ses joues et elle quitta le poste de police.

Elle arriva dans Burton Street dix minutes seulement après que Frederick fut rentré de son voyage dans le

Nord. Le jeune homme était fatigué, ébouriffé, pas rasé, car il avait passé la journée à bord d'un train omnibus, et il n'avait rien mangé depuis le déjeuner de la veille ; pourtant, il délaissa son café et ses toasts pour écouter attentivement ce que lui racontait Sally, puis il appela Jim.

– Voilà un travail pour Turner et Luckett, dit-il. Finis mon café, Sally.

Une heure plus tard, un fourgon de déménagement, tiré par un cheval gris efflanqué, s'arrêta devant Baltic House. Deux hommes portant des tabliers verts en descendirent, laissèrent le cheval avec une musette d'avoine et entrèrent en passant devant le portier.

– On vient chercher un chargement de dossiers, lui lança le plus grand des deux (un individu à la mine lugubre arborant une épaisse moustache). Paraît qu'on les a apportés ce matin. Faut les transporter à Hyde Park Gate.

– Ah, c'est sûrement là qu'est allé M. Bellmann, dit le portier. Mais je sais pas où qu'ils ont mis les dossiers. Vaut mieux demander au premier clerc, je crois que c'est lui qui s'en est occupé.

On envoya un commis se renseigner et, moins de cinq minutes plus tard, les déménageurs chargeaient à l'arrière de leur fourgon la première fournée de dossiers. Alors qu'ils revenaient chercher le reste, le portier leur demanda :

– Dites, vous avez un papier, je suppose ? J'aimerais y jeter un œil. Et y me faudra un reçu aussi.

– Oh, oui... tenez, répondit un des deux déménageurs. Continue, Bert, va chercher le reste.

Son collègue – qui arborait, lui, une moustache plus fine – s'éloigna, pendant que le portier déchiffrait laborieusement la lettre. Quand tous les dossiers furent dans le fourgon, le premier déménageur rédigea un reçu sur le papier à en-tête de sa société et le remit au portier avant de remonter à bord du véhicule. Pendant ce temps, le plus jeune débarrassait le cheval de sa musette. Lorsqu'ils repartirent, le portier les salua.

Dès qu'ils eurent tourné au coin de la rue, à l'abri des regards, le plus jeune des deux compères ouvrit la bouche pour la première fois :

– Bien joué, Fred.

– Bien joué, Jim.

Jim tirailla sur sa moustache, en grimaçant de douleur à cause de la colle.

- Non, pas comme ça, lui dit Frederick. Il faut tirer d'un coup sec, comme un homme.

Il prit la fausse moustache de Jim et l'arracha d'un geste brusque. Jim l'injuria copieusement ; de quoi faire rougir le cheval, se dit Frederick.

– Tu sais quoi ? dit Jim une fois sa tirade terminée. Je vais m'arrêter dans cette ruelle et tu vas descendre pour retourner le panneau. Et puis on va ôter nos tabliers, au cas où quelqu'un se réveillerait là-bas et se lancerait à notre poursuite...

Deux minutes plus tard, après avoir troqué leurs casquettes contre des chapeaux melon et retourné le panneau fixé sur le côté du fourgon (il indiquait maintenant : WILSON ET FRÈRES. ÉPICERIE EN GROS), ils reprirent le chemin de Burton Street.

– Oh, Fred ! Je n'en crois pas mes yeux !

Sally regardait à l'intérieur du fourgon garé dans la cour, derrière la boutique. Elle fit glisser sa main sur la pile de classeurs la plus proche, puis se retourna pour se jeter au cou du jeune homme.

Il la serra dans ses bras, et leur étreinte ne prit fin que lorsque des applaudissements éclatèrent quelque part au-dessus de leurs têtes. Frederick leva les yeux et découvrit un large sourire sur les visages des vitriers occupés à installer les carreaux du nouveau studio.

– Qu'est-ce qui vous amuse ? leur lança-t-il.

Mais il prit conscience de l'aspect comique de la situation et il sourit à son tour, imité en cela par Sally. Ils se réfugièrent dans la cuisine.

– Tu ne veux pas vérifier s'il ne manque rien ? proposa-t-il.

– Plus tard. Oh, Fred, merci ! merci !

Elle écarta les bras en signe d'impuissance et se laissa tomber sur une chaise, en larmes. Jim ouvrit une bouteille de bière et remplit trois verres. Frederick avala une longue gorgée.

– Comment avez-vous fait ? demanda-t-elle. C'est incroyable... J'étais persuadée d'avoir tout perdu.

– J'ai rédigé une lettre sur le papier à en-tête de la société Turner et Luckett, autorisant le transfert d'un certain nombre de dossiers au 47, Hyde Park Gate, expliqua Frederick. C'est tout.

La société Turner et Luckett n'existait pas. Frederick avait fait imprimer un certain nombre de documents à ce nom et ils s'étaient révélés fort utiles à plusieurs reprises. Sally hocha la tête et esquissa un sourire.

– J'ai deviné que tes documents se trouvaient à Baltic House, ajouta Frederick. De toute évidence, ils n'étaient pas au poste de police. Les hommes de Bellmann étaient sans doute déguisés en policiers pour impressionner l'employé de ton propriétaire ; peut-être même s'agissait-il de véritables policiers – je parie qu'il a suffisamment d'influence pour ordonner une pareille opération –, mais il est le seul à s'intéresser à ces papiers. Nous avons simplement attendu qu'il sorte de Baltic House. J'ai pensé que personne ne trouverait rien à redire au fait que les dossiers soient transférés au domicile de Bellmann.

– C'est pas la première fois qu'on fait le coup, ajouta Jim C'est amusant. Hein, Fred ? C'est stupéfiant. On peut entrer n'importe où avec un bout de papier et faire tout ce qu'on veut, ou presque.

– Si j'avais perdu ces...

A cette idée, Sally fut parcourue par un frisson glacé. Privée de ses dossiers, elle ne pouvait plus gérer les comptes de ses clients et, si jamais la Bourse prenait une mauvaise orientation, les conséquences pouvaient être désastreuses. Elle avait réalisé quelques bénéfices surprenants mais, parfois, elle avait échappé de peu à la catastrophe. Le plus important était d'avoir les informations sous la main et de pouvoir réagir très vite. Quand elle imaginait ce qu'elle aurait pu perdre...

– Pourriez-vous transporter tous mes dossiers chez M. Temple ? demanda-t-elle. Il n'y a pas assez de place pour les laisser ici et maintenant qu'ils savent où j'habite, ce n'est plus un endroit sûr.

– Je vais d'abord prendre un bain, répondit Frederick, après quoi je mangerai quelque chose, et ensuite, j'emporterai tout ce que tu veux où tu veux. En déjeunant, je te raconterai ce que j'ai découvert dans le Nord. Mais pas un mot à ce sujet tant que j'ai le ventre vide. Par contre, je peux te dire une chose, Jim : il faut à tout prix retrouver Mackinnon.

Sally avait changé, se dit Frederick pendant qu'il se rasait. La mort de Chaka ne l'avait pas seulement ébranlée, elle avait modifié quelque chose au plus profond d'elle-même. Cela se voyait dans son regard, dans le pli nouveau de sa bouche Frederick se sentait ému de manière presque insupportable. Quand elle était arrivée ce matin, le regard égaré, blanche comme un linge... C'était la première fois qu'il la voyait aussi désemparée, effrayée, dépendante de lui. Et la manière dont elle l'avait enlacé... Tout était en train de changer.

Au cours du déjeuner, Frederick leur parla d'Henry Waterman et du Canon à Vapeur, et Sally narra ce qu'elle avait découvert au Bureau des brevets. Webster, qui arrivait du studio, s'assit avec eux pour les écouter.

– Alors, que s'est-il passé, exactement ? demanda-t-il. Faites-moi un résumé.

- Bellmann et Nordenfels sont allés en Russie, commença Sally. Nordenfels a conçu cette arme et il l'a fait breveter là-bas, mais ils ne pouvaient pas la fabriquer en Russie. Il leur fallait un endroit où on avait l'expérience de la construction ferroviaire.

– Mais ils se sont disputés, enchaîna Frederick. Bellmann a tué Nordenfels, il a volé les plans du canon, il est venu ici et il a inventé... un inventeur nommé Hopkinson.

– Et il a fait breveter l'invention à son nom, conclut Sally. Il devait avoir de l'argent russe.

– Pourquoi ça ? demanda Webster.

– Quand sa fabrique d'allumettes a fait faillite, il n'avait plus rien. Mais quand il a débarqué dans ce pays en 73, il avait des moyens illimités. C'est juste une supposition, mais je pense qu'il était financé par le gouvernement russe. Ils voulaient fabriquer le Canon à Vapeur et ils ont donné à Bellmann les fonds dont il avait besoin. Toutes ses autres activités, le transport maritime, les achats de sociétés et les reventes d'actifs, ne sont que des couvertures. L'élément central, c'est le Canon à Vapeur...

Mais franchement, je ne vois pas qui pourrait se servir d'une telle arme.

– A mon avis, dit Webster, n'importe quel général se ferait couper le bras droit pour la posséder.

La jeune fille secoua la tête et Frederick sourit, car il reconnaissait la Sally stratège militaire.

– Premièrement, expliqua-t-elle, on ne peut l'utiliser que là où il y a une ligne de chemin de fer. Et vous ne pouvez pas demander à un ennemi d'attendre poliment que vos ingénieurs aient fini d'installer des voies. De plus, cette arme ne tire que sur les côtés, n'est-ce pas ?

– Oui, c'est ce que j'ai cru comprendre en écoutant M. Waterman, dit Frederick.

– Dans ce cas, cela signifie que la voie ferrée doit passer au milieu des positions ennemies. Autrement, il faudrait la faire avancer parallèlement à leurs lignes, et la moitié de votre puissance de feu serait dirigée face à vos propres troupes.

– Je comprends maintenant, dit Webster. C'est absurde.

- Oui. Si elle est conçue comme une arme de champ de bataille. Mais ce n'est peut-être pas le cas.

– Si elle ne sert pas pour les combats, dit Frederick, à quoi diable peut-elle bien servir ?

– Eh bien... Supposons, répondit Sally, que tu sois à la tête d'un pays et que tu n'aies pas confiance dans ton peuple. Tu redoutes une révolution. Si tu possèdes un certain nombre de lignes de chemin de fer qui relient les principales villes et les ports, et un certain nombre de Canons à Vapeur, tu n'as rien à craindre. C'est une arme idéale pour ce genre de situation. Elle ne sert pas à tuer les ennemis, mais ta propre population. C'est *vraiment* une arme diabolique.

Il s'ensuivit un moment de silence.

– Sal, je crois que tu as découvert le pot aux roses, dit Jim. Mais... est-ce que tu vas venir t'installer ici ou pas ? Ils vont découvrir que tu n'es pas morte. Et quand ils pigeront qu'on a récupéré tes dossiers, ils vont devenir dingues. Moi, je serais comme fou, à leur place. Et je pense que Mlle Meredith devrait venir vivre ici, elle aussi. On a assez de place.

– Oui, dit Sally, je crois que c'est préférable.

Elle évita de croiser le regard de Frederick.

Jim poursuivit :

– Et au sujet de Mackinnon, Fred ? Tu as découvert pourquoi Bellmann veut sa peau ? C'est quoi, cette histoire ?

Frederick leur raconta tout.

Pendant qu'il faisait son récit, Sally voyait le visage de Jim devenir de plus en plus rouge. Au bout d'un moment, il détourna la tête et se mit à griffonner avec son ongle sur le bois éraflé de la table de la cuisine.

– Et voilà l'explication, conclut Frederick. La loi écossaise. Là-bas, on peut se marier dès seize ans, sans le consentement de quiconque. J'aurais dû comprendre avant même d'aller à Netherbrigg : Gretna Green est le premier village après la frontière. Je pense que Nellie Budd a tout organisé par pure compassion sentimentale ; elle ne pouvait pas être amoureuse de lui. C'est la jalousie de Jessie qui lui a fait dire ça. Mais quel est le rôle de Wytham ? Et celui de la fille, nom d'une pipe ? On peut supposer que Bellmann connaît la vérité, étant donné que Windlesham est allé soutirer des renseignements à Mme Geary il y a un certain temps déjà. Visiblement, Mackinnon est en danger, mais...

– Il est en danger tant que personne ne connaît l'existence de ce mariage, souligna Webster. Dès que la nouvelle sera rendue publique, il n'aura plus rien à craindre. Bellmann lui-même n'osera plus le liquider, le monde entier connaîtrait son mobile. Vous croyez que le père de la fille est au courant ?

– Mme Geary dit que oui, répondit Frederick. Apparemment, il serait venu la voir et il aurait tenté de la soudoyer pour qu'elle garde le silence. Elle l'a envoyé sur les roses. Cette femme m'a bien plu, je dois dire. Austère, mais avec beaucoup d'humour. Et d'une grande franchise. Elle m'a promis de ne rien dire tant qu'on ne lui poserait pas de questions. Dans le cas contraire, personne ne pourrait l'empêcher de dire la vérité.

– Conclusion, Wytham connaissait l'existence de ce mariage, mais il a quand même organisé la photo de fiançailles et il les a annoncées dans le *Times*, dit Webster. Il est dans le pétrin, non ?

Sally ne dit rien. Elle pensait à Isabel Meredith.

Soudain, Jim se leva.

– Je vais prendre l'air, annonça-t-il, et, sans un regard autour de lui, il sortit.

- Qu'est-ce qui lui prend ? demanda Webster

Frederick émit un grognement.

– Ce garçon est amoureux, dit-il. J'avais complètement oublié. Sally, on va apporter tes dossiers chez M. Temple et ensuite, on ira à Islington chercher Mlle Meredith et tout ce que tu veux apporter ici. Après quoi, j'irai récupérer Jim et nous partirons à la recherche de Mackinnon. Ah, quelle affaire. Quelle affaire...

18
Hyde Park

C'était un après-midi sec et doux, et le soleil perçait par intermittence à travers les nuages. Jim marcha jusqu'à Hyde Park, les poings dans les poches et la mine renfrognée. Alistair Mackinnon eut de la chance de ne pas tomber sur lui.

Mais le temps qu'il arrive au parc, Jim s'était calmé. Il s'assit dans l'herbe, sous un arbre, à proximité de l'allée principale et s'amusa à promener ses doigts dans le tapis de feuilles mortes en regardant passer les calèches.

Ce n'était pas la bonne saison pour se promener dans le parc. En été, l'allée était tellement encombrée que les attelages avançaient à peine, mais les nombreux promeneurs s'en souciaient peu : ils ne venaient là que pour s'afficher, qui avec son fiancé, qui avec son landau ou sa victoria, ses chevaux gris ou bais ; pour être salué par Lady Ceci ou critiquer Miss Cela. En hiver, toute cette agitation sociale se déroulait derrière les portes closes des hôtels particuliers et le parc était laissé aux gens qui voulaient respirer l'air frais ou faire prendre un peu d'exercice à leurs chevaux.

Jim, lui, était là pour voir Lady Mary.

Depuis le jour où il l'avait aperçue pour la première fois dans le jardin d'hiver, toutes ses pensées restaient fixées sur elle, comme l'aiguille aimantée d'une boussole est inexorablement attirée par le nord. Il avait hanté Cavendish Square, il l'avait regardée entrer et sortir de chez elle, il l'avait entrevue par la fenêtre du salon...

Il était fou d'elle, il devait bien l'avouer. Des filles, il en avait connu des dizaines, des serveuses, des domestiques, des danseuses, des audacieuses et des timides, des provocantes et des guindées ; il avait parlé et flirté avec elles, il les avait emmenées au music-hall ou sur le fleuve. Il n'avait jamais eu de problème pour séduire les filles. Son physique n'avait rien de particulier mais, en sortant de l'adolescence, il avait acquis une sorte de beauté un peu brutale, due en grande partie à sa vitalité et à sa confiance en lui. Avec les filles, il était décontracté, il appréciait leur compagnie autant que leurs baisers : des baisers volés dans des courettes, ou des baisers plus longs, dans l'obscurité derrière la scène d'un théâtre, ou sous une tonnelle dans les anciens Jardins de Cremorne, avant qu'on les ferme.

Mais ce qu'il ressentait aujourd'hui n'avait rien de comparable. Certes, un gouffre social les séparait, elle, fille d'un comte, et lui, fils d'une blanchisseuse. Mais même s'ils avaient eu l'occasion de fréquenter le même monde, Jim aurait éprouvé le besoin de la traiter de manière différente, car *elle était* totalement différente. Chacun de ses gestes de ce jour-là, dans le jardin d'hiver, chacune des boucles de ses cheveux soyeux, chaque reflet ambré sur ses joues, le souvenir de son souffle doux sur son visage quand elle s'était penchée pour lui parler à voix basse... tout cela était infiniment précieux, et il n'avait pas la moindre idée de ce qu'il pouvait faire.

A part s'attacher à ses pas. Il avait appris qu'elle avait l'habitude de faire une promenade en voiture l'après-midi ; alors, il était venu au parc, à tout hasard. Au moment où passait un attelage, Jim leva les yeux de la feuille morte qu'il était en train de déchiqueter, et il se retrouva en train de contempler le visage de Lady Mary.

Elle se promenait à bord d'une ravissante victoria. Le cocher, coiffé d'un haut-de-forme, regardait droit devant lui en tenant son fouet comme il convenait, d'un air arrogant. La jeune fille était mollement appuyée contre les coussins du siège mais, lorsqu'elle aperçut Jim, elle se redressa aussitôt, ouvrit la bouche comme pour parler, esquissa un geste de la main… mais la voiture poursuivit son chemin et Lady Mary disparut.

Jim s'était levé, lui aussi, et il courait à quelques mètres derrière l'attelage, sans espoir de la rattraper. Mais soudain, il vit le cocher pencher la tête, comme pour écouter ce qu'on lui criait de l'intérieur de la voiture, et il retint ses chevaux.

Jim ferma les yeux. Une dizaine de mètres le séparaient de la victoria ; le bruit des sabots cessa et il entendit la voix de Lady Mary qui s'adressait au cocher. Puis la voiture repartit. Il ouvrit les yeux.

Elle attendait sous les arbres, vêtue d'un manteau d'astrakan, ses mains fines enfouies dans un manchon de la même fourrure ; un chapeau orné d'un ruban vert foncé reposait au sommet de son chignon. Elle était parfaite. Jim s'approcha d'elle comme dans un rêve. Il vit qu'il tendait les mains vers elle et qu'elle répondait de la même façon, tout cela sans réfléchir ; mais, soudain, ils reprirent conscience de leurs statuts respectifs et restèrent figés, face à face, dans un silence gêné.

Jim ôta sa casquette. C'était ce qu'il fallait faire devant les dames, se dit-il.

– J'ai dit au cocher que je voulais me promener un peu.

Elle paraissait aussi nerveuse que lui.

– Jolie voiture, dit-il.

Elle hocha la tête.

– Votre lèvre... vous êtes blessé...

Ayant dit cela, elle détourna la tête en rougissant.

Comme s'ils avaient pris une décision commune, ils se mirent à marcher à l'ombre des arbres, lentement.

– Vous vous promenez toujours seule ?

– Sans chaperon, vous voulez dire ? Dans le temps, j'avais une gouvernante, mais on l'a congédiée. Mon père n'a pas beaucoup d'argent. Ou plutôt, il n'en avait plus beaucoup. Oh, je ne sais pas quoi faire...

On aurait dit une petite fille, timide, à la fois enthousiaste et méfiante ; et son extraordinaire beauté avait aussi quelque chose d'enfantin. C'était comme si elle ne savait pas quoi en faire – comme si on venait de la mettre au monde.

– Vous avez quel âge ? demanda Jim.

– Dix-sept ans.

– Écoutez, dit-il d'une voix douce. On sait tout au sujet de Mackinnon.

La jeune fille s'arrêta et ferma les yeux.

– Et *lui*, il sait ? demanda-t-elle.

– Bellmann ? Oui. Et il le traque. Il a bien failli l'attraper l'autre soir... c'est comme ça que j'ai perdu ma dent. Vous ne pouviez pas espérer garder le secret. Votre père connaît la vérité, lui aussi ?

Elle fit « oui » de la tête. Ils se remirent en marche.

– Que puis-je faire ? J'ai l'impression d'être prisonnière. Comme quelqu'un qu'on a condamné à... à mort – ou presque. Je n'ai aucun moyen de m'échapper. Je vis dans un cauchemar.

– Parlez-moi de Mackinnon.

– Nous nous sommes rencontrés au cours d'un spectacle de charité qu'il a donné dans notre maison près de Netherbrigg. Nous avons réussi à nous retrouver par la suite et... sans doute suis-je tombée amoureuse. C'est arrivé de manière si soudaine. Nous devions nous marier et partir en Amérique. Une femme nommée Mme Budd nous a aidés à tout organiser. Mais quand est venu le moment de partir, Alistair n'a pas pu se décider à franchir le pas, et j'ai découvert que je ne pouvais pas disposer de mon argent. Nous n'avions donc plus rien... Mon père a essayé de faire annuler le mariage. Mais il n'y avait aucune raison valable car... nous avions passé la nuit dans la pension où logeait Alistair. Le mariage était donc légal, sur tous les plans. Il l'est toujours, je suppose. Et maintenant...

Sa voix se brisa et elle se mit à sangloter. Jim ne put s'en empêcher : il l'enlaça et appuya délicatement le visage de la jeune fille contre son épaule. Elle était si légère, ses cheveux chauds et propres étaient si doux... c'était un moment étrange, comme un rêve. Avant même de comprendre ce qu'il faisait, il l'embrassa.

Rien ne se produisit. L'instant passa ; puis elle s'écarta légèrement.

– Mais, si votre père sait tout... dit Jim, le souffle coupé.

– C'est à cause de l'argent, expliqua-t-elle. M. Bellmann va lui verser une somme importante quand nous serons mariés. Il ne sait pas que je le sais, mais c'est évident. Il est tellement criblé de dettes qu'il n'a pas osé refuser. Maintenant, il recherche Alistair lui aussi. S'ils ne le retrouvent pas avant que...

Sa voix se brisa de nouveau. Jim voulut l'enlacer encore, mais cette fois, elle l'évita délicatement, en secouant la tête.

– Si j'épouse M. Bellmann, je serai une criminelle. Une femme bigame. Et si je ne l'épouse pas, papa ira en prison. Je ne peux en parler à *personne.* Et s'ils retrouvent Alistair, ils feront une chose affreuse, je le sais...

Ils continuèrent à marcher à pas lents. Quelque part, un oiseau chantait. Le soleil éclairait le visage de Lady Mary et la lumière limpide de l'hiver mettait en valeur la perfection de son teint velouté, la délicatesse des os qui tendaient la peau de ses joues et de ses tempes. Jim avait la tête qui tournait et les jambes qui flageolaient, comme quelqu'un qui se remet tout juste d'une maladie grave. Il savait que cet instant ne pouvait pas s'éterniser; le cocher aurait bientôt terminé le tour du parc et il réapparaîtrait derrière eux.

– C'est comme notre jardin d'hiver ici, dit-elle. On dirait que rien d'autre n'existe. Je suis avec vous, mais j'ai l'impression d'être seule. Je regrette que les anciens jardins d'agrément n'existent plus. Comme Vauxhall ou Cremorne. Je pourrais y aller, déguisée, et admirer les lumières dans les arbres, les feux d'artifice, regarder les gens danser...

– Cremorne ne vous aurait pas plu. C'était un endroit miteux et sale, surtout à la fin. Mais c'était quand même bien le soir, quand on ne voyait pas la saleté. Vous n'aimez pas *faire* des choses, hein ? Vous préférez regarder. J'ai pas raison ?

Elle hocha la tête.

– Si. C'est juste. Je crois que je n'ai jamais rien fait de bien dans ma vie.

C'était une simple constatation : elle ne s'apitoyait pas sur son sort.

- Vous avez demandé au cocher de s'arrêter.

– Oui. Et je m'en réjouis. Il va sans doute le répéter à mon père… c'est même certain. Je lui expliquerai que j'avais envie de marcher.

Ils continuèrent à avancer, et au bout d'un moment, elle ajouta :

– *Vous*, vous faites des choses. Vous êtes détective… et photographe.

– Non, je ne suis pas vraiment photographe. Je… j'écris des pièces de théâtre.

– Vraiment ?

– Tout le temps. Mais personne n'en a encore jamais monté une seule.

– Vous allez faire fortune ?

– Forcément.

– Et vous serez célèbre ? Comme Shakespeare ?

– Évidemment.

– De quoi parlent vos pièces ?

– De meurtres. Comme chez Shakespeare.

« Mais ce n'étaient pas de *vrais* meurtres, pensa-t-il. Un meurtre *réel* serait trop horrible ; bien plus affreux que ces histoires de vampires. »

Ils poursuivirent leur chemin en flânant. Jim n'avait jamais éprouvé un tel bonheur, ni une telle appréhension.

– Je vous trouve… jolie, avoua-t-il. Belle. Je n'arrive pas à trouver les mots, mais je n'ai jamais vu quelqu'un comme vous. Jamais, nulle part. Vous êtes absolument… parfaite.

A son grand étonnement, il vit les yeux de Lady Mary se remplir de larmes.

– J'aimerais tellement... dit-elle d'une voix presque inaudible en reniflant. J'aimerais tellement qu'on puisse dire autre chose de moi. Je préférerais être déguisée. Ou porter un masque. On en revient toujours à la même chose, *la beauté.*

Dans sa bouche, ce mot paraissait haïssable.

– Vous êtes tout l'opposé de quelqu'un que j'ai rencontré l'autre jour, dit Jim. Elle n'est pas laide, mais elle a une énorme tache de vin sur le visage et elle ne supporte pas que les gens la regardent. Elle est amoureuse de... (*votre mari*, pensa-t-il)... d'un type. Elle sait qu'il ne l'aimera jamais, et pourtant...

– Oh, la pauvre. Comment s'appelle-t-elle ?

– Isabel. Mais parlons d'autre chose. Il va falloir mettre Bellmann hors d'état de nuire. Vous savez ce qu'il manigance ? Vous savez ce qu'il fabrique là-bas, à Barrow ? Vous ne pouvez pas épouser un monstre pareil. N'importe quel avocat digne de ce nom pourra prouver qu'on vous a obligée à l'épouser contre votre volonté. Vous ne serez pas arrêtée pour bigamie, ne vous en faites pas. Le plus sûr, ce serait de dévoiler la vérité, de mettre cette affaire sur la place publique. Au diable les dettes de votre père ! Il s'est fourré lui-même dans le pétrin, et maintenant, il vous fait subir cet enfer pour essayer de s'en sortir. Tant que ce mariage restera secret, nul n'est en sécurité, et surtout pas Mackinnon.

– Je ne veux pas le trahir, dit-elle.

– Hein ?

– Jamais je ne leur dirai où il se trouve ! Oh...

Elle regardait par-dessus l'épaule de Jim et une expression de désespoir déforma soudain ses jolis traits, comme l'ombre d'un nuage qui passe rapidement au-dessus d'un jardin baigné de soleil. Jim se retourna et vit la victoria qui revenait. Le cocher ne les avait pas encore aperçus.

Jim reporta aussitôt son attention sur la jeune fille.

– Vous voulez dire que vous savez où il se trouve ? Je parle de Mackinnon.

– Oui. Mais...

– Dites-le-moi ! Vite, avant que la voiture arrive ! Il faut qu'on sache... vous ne comprenez donc pas ?

Elle se mordit la lèvre, puis se décida.

– A Hampstead, dit-elle. 15, Kenton Gardens. Sous... sous le nom de... Stone. M. Stone.

Jim porta la main de Lady Mary à ses lèvres et y déposa un baiser. Leur rencontre prenait fin si brutalement...

– Vous pourrez revenir ? demanda-t-il.

Elle secoua la tête d'un air dépité, les yeux fixés sur la voiture qui approchait.

– Écrivez-moi, alors, dit Jim en cherchant frénétiquement dans sa poche une des cartes de visite de Fred. Jim Taylor. A cette adresse. Promettez-le-moi.

– C'est promis, répondit-elle, et, avec un ultime regard inquiet, elle lui prit la main.

Leurs doigts restèrent enlacés un instant, tandis que leurs corps s'éloignaient, puis le contact fut rompu et la jeune fille disparut entre les arbres. Jim resta immobile. Il vit Lady Mary se retourner, une seule fois, timidement et brièvement, puis il la perdit de vue, car un phénomène étrange venait de se produire : il avait les yeux pleins de larmes. Il les sécha du revers de la main d'un geste rageur, alors que l'attelage s'éloignait, puis disparaissait au milieu des autres véhicules, près de Hyde Park Corner.

Isabel, quand Sally lui avait annoncé la nouvelle du mariage de Mackinnon, s'était contentée de hocher la tête et de suivre Sally en silence quand elles étaient sorties pour prendre un fiacre. Toujours sans un mot, elle monta à côté de la jeune fille et dissimula son visage derrière son voile.

– Où en est votre blessure ? s'enquit Sally après que la voiture eut quitté la place. Souffrez-vous toujours ?

– Je ne la sens presque plus, répondit Isabel. Ce n'est rien.

Sally savait ce qu'elle voulait dire : *Comparé à ce que vous venez de m'apprendre.* Isabel serrait la petite boîte en fer contre elle ; la mort elle-même ne parviendrait pas à la lui arracher. Elles avaient jeté quelques affaires dans un grand sac en tapisserie et pris aussitôt la direction de Burton Street ; il faudrait réorganiser la répartition des chambres et Sally avait hâte de mettre Isabel au travail pour détourner, dans la mesure du possible, ses pensées de Mackinnon.

Leur arrivée se fit au milieu d'un beau désordre. Les vitriers quittaient à peine le studio que déjà l'entreprise de décoration apportait son matériel, afin de commencer le travail à la première heure le lundi matin. Les deux groupes d'artisans se croisaient et se gênaient mutuellement et, pendant ce temps, Webster commençait à perdre son calme.

Sally montra à Isabel la chambre qui serait la sienne : une charmante petite pièce au dernier étage, dotée d'une lucarne qui donnait sur la rue. Isabel s'assit sur le lit, tenant toujours sa boîte en fer.

– Sally ? murmura-t-elle.

Celle-ci s'assit à côté d'elle.

– Qu'y a-t-il ?

– Je ne peux pas rester ici. Non, écoutez-moi. Vous devez me laisser partir. Je porte malheur aux gens.

Sally répondit par un éclat de rire, mais Isabel secoua la tête avec fougue et lui agrippa la main.

– Ne riez pas ! Regardez ce que j'ai déjà fait... à ma logeuse, à vous, à votre chien... C'est à cause de moi, Sally ! Je vous le jure ! Partout où je vais, je sème le malheur. Je suis née avec cette malédiction. Vous devez me laisser partir. Je trouverai un endroit isolé à la campagne, je travaillerai la terre... Mais je ne dois pas rester ici avec vous et vos amis. Je vous ferai du mal...

– Je n'y crois pas un seul instant. En fait, vous serez un don du ciel pour les gens de la boutique ; ils ont terriblement besoin de quelqu'un pour s'occuper des tâches administratives. Je sais que vous n'êtes pas au mieux, mais si vous pouviez nous donner un petit coup de main pendant quelque temps, vous mériteriez votre poids en or. Sincèrement, Isabel, je ne suis pas en train de vous inventer une occupation par pure charité ; ce travail doit être fait. Je sais que la nouvelle concernant M. Mackinnon vous a abattue, mais la douleur s'atténuera avec le temps, et en attendant, nous avons besoin de vous ici.

Isabel finit par céder ; de toute façon, elle n'avait pas la force de protester. Elle demanda qu'on lui montre ce qu'elle devait faire, puis elle s'assit à sa place, silencieuse et pâle comme une prisonnière, et se mit au travail. Sally était inquiète à son sujet.

Mais elle n'eut pas le temps de se confier à Frederick, car à peine celui-ci était-il rentré de chez M. Temple que Jim fit une entrée fracassante.

– J'ai retrouvé Mackinnon, déclara-t-il. Il est à Hampstead. On va aller le chercher, Fred. Tu ferais bien de prendre ton bâton.

Le 15, Kenton Gardens était une charmante petite villa située dans une rue bordée d'arbres. Une femme d'un certain âge, sans doute la propriétaire, vint leur ouvrir la porte ; elle semblait surprise de les voir.

– Je ne sais pas si je dois... dit-elle. M. Stone est bien ici, mais les autres messieurs ont dit qu'il ne fallait surtout pas les déranger.

– Les « autres messieurs » ? dit Frederick.

– Oui. Ils sont arrivés il y a un quart d'heure environ. Je devrais peut-être monter leur demander...

– C'est très urgent, dit Frederick. Si nous pouvions voir directement M. Stone...

– Bon.

La propriétaire les laissa entrer et les conduisit au premier étage. Ils attendirent qu'elle soit redescendue pour s'approcher de la porte à pas feutrés et tendre l'oreille.

Ils perçurent une voix ; une voix rauque, comme si l'homme à qui elle appartenait avait du mal à respirer. Elle disait :

– Tu es un sale petit menteur, on ne peut pas te faire confiance. Je crois qu'on va commencer par te casser un doigt...

Frederick colla son oreille contre l'huis.

Ils entendirent Mackinnon rétorquer :

– Si vous faites ça, je *hurle*. La police va débarquer. Je vous préviens...

– Oh, tu nous préviens ? répéta la voix rauque. C'est intéressant. Je croyais que c'était plutôt l'inverse. Mais tu as raison en disant que tu vas hurler. C'est pourquoi on va t'enfoncer cette serviette dans le gosier, pour t'empêcher de beugler. Que penses-tu de ce plan ? Vas-y, Sackville. Enfonce ce truc bien au fond.

Jim et Frederick se regardèrent, les yeux brillants. Alors que leur parvenaient à travers la porte des bruits de lutte et des râles étouffés, Frederick chuchota :

– Sackville et Harris ! C'est notre jour de chance, Jim. Tu as apporté ton coup-de-poing américain ?

Jim hocha joyeusement la tête. C'était ce qu'il attendait.

– Allons-y ! dit-il.

Frederick tourna la poignée sans bruit et ils entrèrent.

Mackinnon était assis sur une chaise, les mains attachées dans le dos, bâillonné, les yeux exorbités.

Sackville était penché au-dessus de lui, son visage taillé à coups de serpe déformé par une grimace de perplexité. Harris, qui semblait avoir reçu un coup de sabot sur le nez, laissa échapper un petit cri de surprise, déglutit et recula d'un pas.

Frederick referma la porte derrière lui.

– Quelle stupidité, dit-il. Vous ne savez pas vous arrêter, hein ? Regardez votre pauvre nez ! Je pensais que vous auriez retenu la leçon, pourtant. Quant à vous, Mackinnon, ajouta-t-il, restez où vous êtes. J'ai deux mots à vous dire au sujet de ma montre.

Soudain, Harris fit un pas en avant, se jeta sur Frederick et tenta de le frapper avec une matraque en caoutchouc. Frederick esquiva et lui assena un coup sur le poignet avec son bâton ; après quoi, Jim lui sauta dessus comme un fox-terrier, dans une explosion de coups de poing, de tête, de genou et de coude.

Sackville repoussa brutalement la chaise sur laquelle se trouvait Mackinnon. Le magicien heurta la table de toilette en poussant un cri étouffé, puis s'écroula sur le flanc, face au mur, toujours bâillonné et attaché à la chaise brisée, pendant que Sackville se saisissait d'une autre chaise pour tenter d'assommer Frederick. Mais avant que la chaise ne s'abatte sur lui, celui-ci enfonça son bâton dans les côtes de la brute à la manière d'un escrimeur et lui fit perdre l'équilibre. Suivit un combat fougueux, au corps à corps.

Sackville était un colosse, mais Frederick était rapide et en pleine forme, et il avait l'avantage de ne pas avoir appris à boxer ; il n'avait donc aucun scrupule à utiliser ses pieds et à frapper en dessous de la ceinture. Quant à Jim, il estimait que tous les coups étaient permis dans un combat : le gars d'en face n'éprouvait généralement aucun scrupule, alors autant être le premier à frapper au bon endroit. La cible évidente étant le nez de Harris, Jim s'y attaqua d'emblée, d'un grand coup de tête, avant que son adversaire ne lui décoche un coup de pied dans les côtes.

La pièce n'était pas très grande ; un lit, une table de toilette, une commode, deux chaises et une penderie occupaient presque tout l'espace. Harris et Sackville étaient survoltés par la peur, Jim par la frustration et la colère, Frederick par le souvenir du visage tuméfié de Nellie Budd, inerte sur son lit d'hôpital. Aucun d'eux n'était disposé à épargner le mobilier. Au bout de quelques instants, le sol fut jonché d'éclats de bois, tandis que les meubles se brisaient contre les murs, sur les têtes, les dos, les bras...

Mackinnon avait réussi à ôter la serviette de sa bouche et il poussait des beuglements de terreur en s'agitant frénétiquement pour tenter de se libérer de ses liens. Lorsque Sackville trébucha sur lui, il hurla ; mais il eut le souffle coupé lorsque Jim, à son tour, s'effondra sur lui.

Frederick, sonné par un coup de poing de Sackville, saisit le pied d'une chaise et frappa le colosse à la tempe. Il le regarda s'écrouler sur le sol et, soudain, prit conscience du silence qui régnait dans la pièce.

Il secoua la tête et regarda autour de lui.

Jim, une main plaquée sur sa joue, était en garde, les jambes légèrement écartées. Le sang coulait entre ses doigts. Face à lui se tenait Harris… un couteau à la main.

– Fais attention, Fred, dit Jim calmement.

Harris repoussa du pied les débris de la penderie, puis se jeta sur le jeune détective, visant le ventre. Frederick voulut faire un bond sur le côté pour esquiver l'attaque, mais il sentit que sa jambe était retenue par l'étau de la main de Sackville. Il voulut alors frapper son agresseur avec son autre pied et perdit Jim de vue en tombant. Il bourra Sackville de coups de poing en se contorsionnant sauvagement ; c'est alors que Mackinnon, qui avait réussi à desserrer la corde qui le ligotait, tendit la main et agrippa le bras de Harris.

Celui-ci poussa un rugissement et se libéra d'un geste brusque ; Mackinnon poussa un grand cri. Mais Jim sut saisir l'occasion qui lui était offerte. Au moment où Harris se retournait, Jim lui écrasa son poing au milieu du visage. Jamais il n'avait frappé aussi fort. Harris s'écroula comme une masse.

– Bien joué, mon gars, dit Jim à Mackinnon.

Il grimaça : le sang coulait à flots de sa joue. Harris avait voulu lui crever l'œil, et il avait manqué sa cible d'un centimètre à peine.

– Ligotons-les avant qu'ils reprennent connaissance, dit Frederick. Mackinnon, vous avez de l'argent ? Donnez dix livres à votre logeuse pour le mobilier et aidez-nous à descendre ces énergumènes. Oh… dites au cocher qu'il va avoir de nouveaux passagers.

Pendant que Mackinnon s'empressait d'aller rassurer la propriétaire terrorisée, Jim et Frederick débarrassèrent les deux malfrats de leurs bretelles, de leurs ceintures et de leurs lacets, avant de les ficeler comme des rôtis. Ce n'était pas une tâche facile, car même si Harris et Sackville n'étaient pas en état de se débattre, Frederick était encore sonné par les coups qu'il avait reçus et Jim avait les mains enflées.

Ils réussirent malgré tout à les traîner au-dehors et à les installer à bord du fiacre. Frederick emprunta une corde au cocher et attacha ses prisonniers ensemble, par mesure de précaution. Le cocher regardait la scène avec un vif intérêt.

– Je les emmène où, patron ? demanda-t-il à Frederick. A Smithfield ?

Smithfield était la principale halle aux viandes de Londres. Frederick rit, sans pouvoir retenir une grimace de souffrance.

– Au poste de police de Streatham, dit-il. Aux bons soins de l'inspecteur Conway.

Il sortit l'une de ses cartes de visite, griffonna dessus : *De la part de Mme Nellie Budd*, et il la fixa sur la veste de Sackville avant de refermer la portière.

Satisfait, Jim regarda le fiacre s'éloigner.

– Si ce salopard veut se servir de son nez, dit-il, il lui faudra d'abord l'extraire de son visage avec une cuillère.

– Vous avez remboursé la propriétaire pour les dégâts ? demanda Frederick à Mackinnon. Préparez vos affaires. Vous allez venir vous installer à Burton Street pour le week-end. Pas de discussion. Oh, au fait, n'oubliez pas ma montre !

19
Le refuge

Il était trois heures de l'après-midi quand ils regagnèrent Burton Street. Sally appela un médecin pour soigner la blessure à la joue de Jim, qu'elle obligea à s'asseoir et à boire un verre de brandy. Elle installa un lit de camp pour le magicien dans la chambre de Jim, puis se rendit dans la boutique pour annoncer à Isabel que Mackinnon était là. La jeune femme blêmit, hocha la tête et se pencha de nouveau, sans un mot, au-dessus de son travail.

L'intervention du médecin n'améliora pas l'humeur de Jim. A peine sa blessure fut-elle pansée qu'il se rendit dans le nouveau studio et injuria copieusement les peintres. Mackinnon était assis dans la cuisine, blanc comme un linge ; Frederick fourrageait dans la boîte à biscuits.

– Ils vous ont fait mal ? demanda Frederick au magicien.

– Juste quelques bleus. Rien de terrible, je vous remercie.

– Vous avez bien fait d'agripper le poignet de ce type. Il aurait tué Jim…

La porte de derrière s'ouvrit et Jim, toujours furieux, fit son entrée. Il piocha un biscuit dans la boîte et s'allongea sur le divan.

– Ces peintres… tout ce qu'ils veulent, c'est travailler ! Aucune conversation ! Tu te souviens de la dernière fois, Fred, quand on a fait refaire le studio ? C'étaient de joyeux drilles, au moins. Un jour, ils ont envoyé Herbert chercher un tournevis pour gaucher. Quand il est revenu en disant qu'il en trouvait pas, ils se sont excusés en disant qu'en fait, ce qu'ils voulaient c'était cinq cents grammes de petits trous. Ils lui ont donné deux pence et ils l'ont envoyé chez Murphy pour en acheter. Le pauvre idiot ! Bon, qu'est-ce qu'on fait maintenant ?

– On va fermer la boutique, déclara Sally en entrant. J'ai dit à M. Blaine et aux autres de rentrer chez eux. Et on va boire une bonne tasse de thé, voilà ce qu'on va faire. J'ai pensé que Jim finirait les biscuits, alors j'ai acheté des muffins. J'espère que vous aimez les muffins, monsieur Mackinnon. Les peintres sont encore là ?

Beaucoup plus tard ce soir-là (Isabel était montée directement à sa chambre sans voir le magicien, Jim, meurtri et fatigué, s'était écroulé sur son lit, quant à Webster et Mackinnon, ils étaient allés se coucher tout simplement), Frederick et Sally se retrouvèrent seuls dans la cuisine.

Sally était pelotonnée dans un angle du vieux divan ; Frederick était affalé dans le fauteuil, de l'autre côté du feu, les pieds posés sur le seau à charbon. La lampe à pétrole projetait une lueur chaude sur la nappe à carreaux, sur les cartes avec lesquelles Mackinnon avait joué un moment, sur la carafe de whisky ambré et sur les cheveux blonds de Sally. Frederick se pencha en avant et posa son verre par terre, près du fauteuil.

– Figure-toi qu'il est intervenu dans la bagarre, dit-il. Je parle de Mackinnon. Il s'est saisi du couteau avec lequel Harris voulait poignarder Jim. Alors, quelles sont les options, Lockhart ? Tout d'abord, je pense qu'il faudrait annoncer ce mariage dans les journaux.

– Tu as raison, dit Sally. Nous irons à la *Gazette de Pall Mall* demain matin. Ensuite... je demanderai à M. Temple des conseils au sujet des brevets. Je crois qu'on a presque réussi à coincer Bellmann, mais le poisson n'est pas encore complètement ferré. Même si les brevets russes ont disparu, ce n'est pas une preuve accablante, c'est juste une présomption. Nous devons découvrir...

– Nous devons surtout découvrir jusqu'où s'étend son influence. Si les policiers qui sont venus à ton cabinet étaient de vrais policiers, cela veut dire qu'il a le bras long. Autrement dit, nous devons redoubler de prudence.

– Nous devons attendre le moment propice... Qui sont ces gens que Lord Wytham côtoyait au ministère des Affaires étrangères ? Si nous pouvons découvrir de quel domaine ils s'occupent, nous aurons une idée plus précise de ce qui se trame.

– Facile. Ils adorent les ragots, là-bas. J'irai traîner du côté de Whitehall lundi...

– Tu sais, avoua Sally au bout d'un moment, je ne vois toujours pas comment je vais pouvoir aider ma cliente à récupérer ses économies. A moins qu'il y ait une récompense... Mais oui, maintenant que j'y pense, il y en a une. Pour toute information concernant la disparition du *Ingrid Linde.* C'est la seule piste que nous n'avons pas encore explorée...

Elle se pencha en avant pour tisonner le feu. Les cendres tombèrent à travers la grille du foyer et une volée d'étincelles s'éleva en crépitant.

– Fred ? dit-elle.

– Hmm ?

– Je tiens à te dire que je suis désolée. Pour l'autre soir. J'ai été odieuse et depuis, je m'en veux. J'aime tellement travailler avec toi. On forme une excellente équipe, tous les deux. Alors, si tu veux toujours...

Sa voix se brisa ; Sally avait du mal à continuer. Frederick se redressa, tendit la main vers elle et l'obligea à tourner la tête vers lui.

C'est alors que la sonnette retentit dans la boutique déserte.

Frederick poussa un juron et se renversa dans son fauteuil.

– Qui ça peut bien être ? demanda-t-il.

Ils se regardèrent, puis jetèrent un coup d'œil à la pendule. Il était dix heures et demie.

– Je vais voir, dit Frederick en se levant. Ce ne sera pas long.

– Sois prudent, Fred.

Il traversa la boutique plongée dans l'obscurité et déverrouilla la porte. Devant lui, clignant des yeux sous le crachin, se tenait un homme frêle coiffé d'un chapeau melon et enveloppé dans un pardessus.

– Monsieur Garland, je suppose ?

C'était l'homme aux lunettes, le secrétaire de Bellmann. Surpris par le culot de cet individu, Frederick ne put s'empêcher de rire.

– Bonsoir, dit-il. Monsieur Windlesham, c'est bien cela ? Entrez donc.

Il s'écarta pour le laisser passer et le débarrassa de son manteau et de son chapeau.

– Sally, dit-il en revenant dans la cuisine avec le visiteur, je crois que tu connais ce monsieur...

Elle ouvrit de grands yeux.

– Pardonnez-moi de venir à cette heure tardive, dit le petit homme. Nous nous sommes déjà rencontrés, miss Lockhart, dans des circonstances regrettables. J'espérais néanmoins que vous, et M. Garland, me feriez l'honneur d'écouter la proposition que je souhaiterais vous soumettre.

Abasourdie, Sally regarda Frederick.

– J'ajoute, dit le petit homme, que je parle uniquement en mon nom. M. Bellmann ignore tout de ma présence ici.

Les deux hommes étaient toujours debout. Dans le silence qui suivit cette dernière remarque, Frederick offrit une chaise à Windlesham. Sally abandonna le divan pour s'asseoir avec eux autour de la table. Elle monta la mèche de la lampe et rangea les cartes à jouer.

– Je comprends parfaitement votre hésitation, dit Windlesham. Puis-je vous expliquer la raison de ma présence ici ?

– Faites, répondit Frederick. Mais je veux que le choses soient bien claires : vous ne travaillez pas pour Bellmann ?

– En fait, je suis toujours à son service. Mais j'estime désormais que l'intérêt du plus grand nombre m'oblige à rompre mon allégeance, si je puis m'exprimer ainsi. Je ne peux approuver l'entreprise dans laquelle s'est lancé M. Bellmann avec l'Étoile Polaire. J'ai beau essayer, je n'y parviens pas, miss Lockhart. A mes yeux, l'autorégulateur de Hopkinson est une chose monstrueuse qui ne doit pas se répandre à travers le monde. Si je viens vous trouver aujourd'hui, c'est parce que j'ai suivi avec une admiration grandissante vos activités, ainsi que celles de M. Garland, et je viens mettre à votre disposition tout ce que je sais. (Il ôta ses lunettes qui s'étaient embuées dans la chaleur de la pièce.) Je suppose que vous connaissez déjà l'existence de l'autorégulateur de Hopkinson ? Je n'en ai pas la preuve, mais le contraire me surprendrait...

– Le Canon à Vapeur, dit Frederick. Oui, nous savons. Et nous savons aussi qui est Hopkinson.

– Alias Nordenfels, précisa M. Windlesham en remettant ses lunettes, avec un petit sourire épanoui.

– Que voulez-vous en échange de vos informations ? demanda Sally.

Encore sous le choc de cette apparition, elle n'était nullement décidée à faire confiance à cet homme.

– J'exige simplement... comment dire ?... une confirmation protectrice de votre part. Quand le projet de M. Bellmann s'effondrera, comme cela va bientôt se produire, je veux que quelqu'un puisse certifier que je ne travaillais pas pour lui, mais que je l'espionnais. J'espérais que vous pourriez fournir ce témoignage.

– Pourquoi ne pas aller trouver la police ? demanda Frederick.

– Ce serait prématuré. L'influence de M. Bellmann est grande au sein de la police et de la justice. A ce stade, toute tentative serait vouée à l'échec. J'en suis convaincu. Nous nous retrouverions entraînés dans des procès en diffamation que nous perdrions, et cela ne servirait qu'à alerter les malfaiteurs. Non, ce n'est pas le moment de contacter la police ; attendons que l'organisation soit au bord de l'effondrement.

– Pourquoi s'effondrerait-elle ? demanda Frederick.

– A cause de son ampleur démesurée, répondit M. Windlesham. Si vous le souhaitez, je peux vous fournir les détails concernant les emprunts, l'émission de titres boursiers, les dividendes et ainsi de suite. Pour résumer, tout l'argent a été investi dans l'autorégulateur et la production n'avance pas. Ils sont confrontés à des pénuries de matériaux imprévues et à des difficultés au niveau des tests. Il s'agit d'une machine extraordinairement complexe. Là encore, je peux vous fournir des détails. Selon moi, M. Bellmann dispose encore de trois semaines avant la catastrophe. Certains faits nouveaux pourraient retarder l'échéance, comme l'acquisition d'un stock de graphite, par exemple, mais quoi qu'il arrive, la fin est proche.

– Qui est le client ? interrogea Sally. Qui achète ces Canons à Vapeur, ou autorégulateurs ?

– La Russie. Le tsar est de plus en plus préoccupé par la montée des mouvements anarchistes au sein de sa population. Et à l'heure de l'expansion vers la Sibérie – vous avez entendu parler de ce projet de chemin de fer ? –, on devine facilement l'usage qu'il pourrait faire de cette arme. Mais l'Étoile Polaire cherche activement d'autres clients. Les Prussiens sont intéressés. Les Mexicains ont envoyé un observateur sur le champ de tir. L'instant est critique. Si nous pouvons faire pencher la balance du bon côté...

– Parlez-nous de l'*Ingrid Linde*, demanda Sally.

– Ah ! Le navire qui a disparu. Ce... drame appartient à une époque antérieure de la carrière de M. Bellmann ; je ne travaillais pas encore pour lui, à ce moment-là. Mais je crois savoir que figurait sur la liste des passagers le nom d'un homme qui avait été témoin de la dispute entre M. Bellmann et Arne Nordenfels. La faillite de la Compagnie anglo-baltique signifiait, évidemment, que les activités maritimes de M. Bellmann pouvaient désormais prospérer sans aucun obstacle.

– J'aimerais posséder la preuve écrite de son implication dans cette disparition, exigea Sally.

– Ce ne sera pas facile. Je ferai des recherches. Je devrai me montrer extrêmement discret, mais je ferai de mon mieux.

– Vous avez évoqué l'influence de M. Bellmann, dit Frederick. Jusqu'où s'exerce-t-elle au sein du gouvernement ? Ou de l'administration ?

– Oh, très loin. La fortune de M. Bellmann lui a déjà rendu de grands services dans quelques affaires de licences d'exportation et de réglementation liées à des ventes d'armes. Vos investigations ont été particulièrement astucieuses, si je peux me permettre. Elles n'auraient pas tardé à embarrasser certaines personnes haut placées.

– Qui ? demanda Frederick. Vous ne nous avez encore rien dit que nous ne sachions déjà. Des noms, monsieur Windlesham, des noms !

– Sir James Nash, l'inspecteur général de l'Artillerie au ministère de la Guerre. Sir William Halloway-Clark, sous-secrétaire aux Affaires étrangères. L'ambassadeur en poste en Russie. Et plusieurs autres personnes moins en vue.

– La question a-t-elle été débattue au sein du Cabinet ? demanda Sally. Le gouvernement a-t-il autorisé la fabrication et la commercialisation de cette arme ?

– Oh, non ! Certainement pas. Les fonctionnaires que je vous ai cités agissent de manière illégale. Si cela venait à se savoir, le scandale serait énorme.

– Et Lord Wytham ? demanda Frederick. Quel est son rôle ?

– Ah ! (Le regard de M. Windlesham se mit à pétiller derrière ses lunettes.) Le père de la mariée ! Une belle histoire romantique, cette aventure écossaise, vous ne trouvez pas ? Avez-vous eu plus de chance que nos agents dans la recherche de ce jeune homme insaisissable ?

– Puisque ça vous intéresse, oui, répondit Frederick. Nous l'avons placé en lieu sûr. Il est à Londres, sous la protection d'un de mes bons amis. Il ne peut pas s'échapper, et vous ne le trouverez pas. Revenons-en à Lord Wytham.

– Bien. Ce n'est pas facile pour lui, dit M. Windlesham avec tristesse. On lui a confié un poste de directeur sur la base de ses nombreuses relations au sein du gouvernement. Il aurait pu être utile, mais cette... affaire écossaise va bientôt éclater ; M. Bellmann sait bien qu'elle ne peut rester secrète plus longtemps. C'est très embarrassant pour Lord Wytham... voire fatal.

– Je me demande ce que vous voulez dire par là, dit Frederick. Non, non, ne m'expliquez pas. Au fait, est-ce vous qui avez recruté Sackville et Harris ? Et l'homme qui a agressé Miss Lockhart l'autre soir ?

– Je suis obligé de plaider coupable, répondit M. Windlesham. J'ai agi à contrecœur, croyez-le bien, avec honte et regret et, depuis, je suis rongé par les remords et l'angoisse. Jamais je n'ai éprouvé un tel soulagement que ce matin en apprenant que vous étiez vivante, miss Lockhart. Quant à Mme Budd, j'ai fait en sorte que ses frais d'hospitalisation soient entièrement payés. J'ai agi à titre personnel, naturellement ; je pourrais difficilement inscrire ces dépenses sur les comptes de l'entreprise sans éveiller les soupçons.

– Mais pourquoi agresser cette femme ? demanda Frederick.

– Pour adresser un avertissement à Miss Lockhart. Si nous avions été mieux informés des qualités éminentes de cette jeune dame, nous aurions choisi une tactique différente. J'y étais opposé dès le départ; j'ai horreur de la violence sous toutes ses formes. Mais M. Bellmann a tranché.

Frederick observa Sally. Son visage était impénétrable.

– Tout cela était très intéressant, monsieur Windlesham, dit-il. Merci d'être venu. Il y a une station de fiacres au bout de la rue.

– Euh... et au sujet de ma proposition? Vous devez comprendre que j'ai pris de gros risques en venant ici...

– Il faut que nous y réfléchissions, dit Sally. Où peut-on vous contacter?

Le petit homme sortit une carte de visite de sa poche de gilet.

– C'est un bureau où l'on peut me joindre. Je n'y suis pas toujours, mais une lettre envoyée à cette adresse me parviendra en vingt-quatre heures... Miss Lockhart, monsieur Garland, puis-je vous demander une simple indication? Même vague? J'avoue que je commence à avoir peur...

Son visage s'était empourpré, ses yeux brillaient derrière ses lunettes.

– Certainement, répondit Frederick. Si jamais les choses tournent mal, rejoignez vite notre camp; au moins, vous ne serez pas touché par une de nos balles. En attendant, je vous conseille de rester où vous êtes. Qu'en pensez-vous?

– Oh, merci, monsieur Garland. Merci, miss Lockhart. Je suis terrorisé par toute forme de violence. M. Bellmann est un homme excessif et fougueux, il s'emporte pour un rien...

– En effet, nous l'avons constaté. Tenez, voici votre manteau et votre chapeau, dit Frederick en le raccompagnant à travers la boutique obscure. Nous vous écrirons. Bonne nuit.

Il verrouilla la porte et retourna dans la cuisine.

– Alors, qu'en penses-tu ? demanda-t-il.

– Je ne crois pas un mot de tout ça, dit Sally.

– Tant mieux. Car moi non plus. Lui, terrorisé par la violence ? C'est l'homme le plus calme que j'aie jamais vu. Il serait capable de commanditer un meurtre comme on passe commande au restaurant.

– Exactement ! Ça me revient maintenant... quand il m'a rendu visite et que Chaka lui a grogné après, il n'a même pas sourcillé. Il ment, c'est évident. Mais que manigance-t-il ?

– Je ne sais pas. Il cherche peut-être à gagner du temps. Ça prouve que nous sommes sur la bonne piste, non ?

Il s'assit face à elle et déplaça la lampe de façon à éclairer son visage. Elle le regarda d'un air grave.

– Oui, dit-elle. Fred, juste avant qu'il arrive...

– Je m'apprêtais à t'avouer quelque chose. L'autre jour, je t'ai dit que tu étais détestable et que je ne voulais plus rien faire avec toi... c'étaient des sottises. Je ne pourrais pas t'abandonner, Sally. Nous sommes liés jusqu'à la mort, et je ne veux pas qu'il en soit autrement.

Il sourit. Un sourire à la fois si rayonnant et si penaud que Sally sentit son cœur s'emballer.

– Sally... commença-t-il, mais elle l'arrêta.

– Chut, ne dis rien.

Et elle se leva, le regard pétillant. Elle se pencha en avant pour souffler la flamme de la lampe et ils demeurèrent debout l'un et l'autre dans la faible lueur du feu. Puis elle fit un mouvement involontaire vers lui ; la seconde suivante, ils étaient enlacés et pressaient maladroitement leurs visages l'un contre l'autre.

– Sally…

– Chut, murmura-t-elle. Tu ne dois pas parler. J'ai une bonne raison pour te le demander.

Alors, Frederick l'embrassa, sur les yeux, les joues, dans le cou et sur la bouche. Lorsqu'il essaya de nouveau de parler, Sally plaqua sa main sur ses lèvres.

– Ne dis rien ! glissa-t-elle dans son oreille. Si je t'entends prononcer un seul mot, je… je ne… Oh, Fred, Fred…

Elle le prit par la main, d'un geste autoritaire, impatient. Elle ouvrit la porte de l'escalier et, moins d'une minute plus tard, ils étaient dans sa chambre. Le feu s'était éteint, mais des braises rougeoyaient encore dans l'âtre et il faisait bon dans la pièce. Frederick referma la porte avec son coude et il embrassa de nouveau Sally ; ils restèrent enlacés comme des enfants, tremblant de tous leurs membres, assoiffés l'un de l'autre.

– Ne dis plus rien, ne dis plus rien… murmura-t-elle.

M. Windlesham ne se rendit pas à la station de fiacres au bout de la rue. Une voiture à cheval l'attendait au coin mais, quand il fut monté, elle ne démarra pas immédiatement ; le cocher attendit que l'homme aux lunettes d'or ait allumé une lampe et griffonné quelques notes dans un petit carnet. Au bout de quelques instants, un homme en tenue d'ouvrier sortit de la ruelle située derrière Burton Street et frappa au carreau. Le cheval, qui avait sans doute senti l'odeur que dégageaient les vêtements de cet homme – la peinture ? la térébenthine ? –, rua dans les brancards.

M. Windlesham abaissa sa vitre.

– Tout est en ordre, patron, lui glissa l'homme.

M. Windlesham prit dans sa poche un souverain et le lui tendit.

– Parfait, répondit-il. Merci bien. Bonne nuit.

L'homme salua en portant la main à sa casquette et repartit. Le cocher ôta le frein de la voiture, fit claquer son fouet et l'attelage prit la direction de l'ouest.

Frederick contemplait Sally. Elle avait les yeux lourds de sommeil, mais ils étincelaient, et sa bouche était douce.

– Sally… veux-tu m'épouser ?

– Bien sûr.

– « Bien sûr », répond-elle ! Comme ça ! Après tout ce temps…

– Oh, Fred, je t'aime ! Mais il a fallu si longtemps. Je suis navrée… Je pensais que je ne pourrais pas atteindre mon but professionnel si je me mariais. Ou même si j'avouais que je t'aimais. C'est idiot, je sais… Mais depuis hier soir, depuis qu'on a tué Chaka, j'ai compris que mon travail faisait partie de moi, mais que je ne lui appartiens pas. Et j'ai compris combien j'avais besoin de toi. Sais-tu quand je m'en suis rendu compte ? C'est au Bureau des brevets…

Il rit. Elle lui mordilla le nez.

– Ne te moque pas, dit-elle. C'est la vérité. Il n'y en a pas deux comme toi sur terre… J'ai changé, Fred. Je ne suis pas très douée pour réfléchir à toutes ces choses ni pour les exprimer, mais je ferai un effort. Et j'y arriverai, je te le promets.

Les braises moururent dans l'âtre en soupirant.

– T'ai-je dit que je t'aimais ? demanda Frederick. Je t'aime depuis le jour où tu es apparue sur cette horrible route sur la côte du Kent, pourchassée par Mme Holland. Tu te souviens de la tente sous laquelle tu t'es cachée ?

– Je me souviens de tout. Oh, Fred, c'est si loin...

Il l'embrassa de nouveau, plus tendrement, et il éteignit la flamme de la bougie entre ses doigts.

– Nous avons de la chance, dit-il.

– Nous la méritons, répondit-elle en se blottissant dans ses bras.

La voiture de M. Windlesham s'arrêta devant le 47, Hyde Park Gate. Le secrétaire donna son manteau et son chapeau au valet de pied et, une minute plus tard, on l'introduisit dans une vaste pièce.

– Eh bien ? demanda Axel Bellmann, assis derrière son bureau.

– Il est là-bas. Il y avait des cartes à jouer étalées sur la table. Peut-être étaient-ils en train de faire une partie tous les deux, mais elles étaient disposées comme si quelqu'un avait exécuté des tours avec. Dès que je suis rentré, elle les a rangées. Et quand j'ai parlé de l'Écosse, le jeune homme a jeté un regard involontaire en direction de l'escalier.

– Tout est en place ?

– Tout est prêt, monsieur Bellmann.

L'ombre d'un sourire se dessina sur le visage lourd du financier.

– Excellent, Windlesham. Voulez-vous boire un verre de brandy avec moi ?

– C'est très aimable à vous, monsieur Bellmann.

Ce dernier lui tendit un verre et M. Windlesham s'assit en prenant soin de ne pas froisser sa queue-de-pie.

– Ont-ils été séduits par votre proposition ?

– Oh, non. Pas une seule seconde, répondit le petit homme. Mais cela a suffi pour retenir leur attention le temps nécessaire. (Il sirota une gorgée de brandy.) Je dois avouer, monsieur Bellmann, que je suis très impressionné par ces deux jeunes gens. Quel dommage qu'on ne puisse pas envisager de s'entendre avec eux !

– Il est trop tard pour cela, Windlesham, dit Axel Bellmann, en se rasseyant derrière son bureau, avec un franc sourire cette fois. Beaucoup trop tard.

20
Insomnie

Jim n'arrivait pas à dormir.

Mackinnon ronflait doucement sur le lit de camp installé près de la porte : c'était un bruit horripilant. Jim avait envie de lui lancer une chaussure à la tête. Ah, quelle suffisance ! D'accord, il avait participé à la bagarre, mais ce n'était pas une raison pour ronfler comme ça ! Incapable de fermer l'œil, Jim pestait intérieurement.

C'était en partie à cause de Lady Mary, évidemment. Ce baiser... Dire qu'un moment tel que celui-là, si étrange et hors du temps, ne se reproduirait plus jamais ! Son amour pour elle le torturait. Comment avait-elle pu épouser ce... « Oh, arrête de penser à ça, Jim, se dit-il. C'est sans espoir. »

Sa joue était douloureuse. Il n'avait pas la moindre idée de ce que lui avait fait le médecin, mais depuis, il ressentait de tels élancements qu'il avait envie de pleurer. L'unique chose qui le soulageait, c'était de penser à Harris. Il devait être en piètre état, lui aussi.

Mais il n'y avait pas que cela. Quelque chose clochait. Après s'être tracassé toute la soirée, il avait fini par comprendre d'où venait ce malaise. C'étaient les peintres.

Non seulement il ne les connaissait pas, mais ils ne *ressemblaient* pas à des peintres. Certes, ils en avaient l'apparence, les vêtements, le matériel, mais… quand il était monté les voir, ils semblaient impatients de le voir partir. Trop impatients.

C'était louche.

Cette fichue affaire était bizarre depuis le début. Qui allait payer Frederick, Sally et Jim ? Qui allait les remercier pour avoir fait le ménage ? Est-ce qu'un gouvernement reconnaissant allait les récompenser ? Maudits soient Bellmann, Wytham, Mackinnon et toute la clique ! Qu'ils pourrissent en enfer !

Jim était plus éveillé que jamais. Et survolté, comme s'il venait d'apprendre qu'une bombe était cachée quelque part dans la pièce, prête à exploser. Tous ses sens étaient étrangement aiguisés : la respiration de Mackinnon lui tapait sur les nerfs, le contact des draps était brûlant, l'oreiller était trop dur… Inutile d'insister, il ne parviendrait pas à dormir.

Il balança les jambes sur le plancher et chercha ses pantoufles. Il allait descendre, s'asseoir dans la cuisine et écrire quelques pages en buvant une tasse de thé. Mackinnon remua sur son lit de camp au moment où Jim passa devant lui, et celui-ci en profita pour lui dire *sotto voce* ce qu'il pensait des magiciens et des Écossais en général. Puis il décrocha son peignoir suspendu derrière la porte et sortit sur le palier.

Il referma doucement la porte derrière lui… et renifla.

Son instinct ne l'avait pas trompé. Il courut jusqu'à la fenêtre du palier qui donnait sur la cour intérieure et ouvrit les rideaux.

La cour était en feu.

Incrédule, Jim se frotta les yeux. Le nouveau studio n'existait plus ; un mur de feu se dressait vers le ciel en grondant, et tout ce qui était en bois dans la cour – les planches, les brouettes, les échelles – brûlait également. Alors qu'il assistait à cette scène, horrifié, il vit la porte de derrière s'écrouler et les flammes s'engouffrer dans la maison...

En trois enjambées, il fut devant la chambre de Frederick. Il ouvrit la porte à la volée en hurlant :

– Au feu ! Au feu !

La pièce était vide. Il cria de plus belle :

– Au feu ! Réveillez-vous ! Au feu !

Puis il dévala l'escalier : il fallait alerter Webster et Sally qui couchaient au premier étage.

En entendant le premier cri de Jim, Frederick se redressa sur un coude. Couchée à côté de lui dans le lit étroit, Sally se réveilla en sursaut.

– Que se passe-t-il ? demanda-t-elle.

– C'est Jim... (Il enfila sa chemise et son pantalon.) Il y a le feu, on dirait. Lève-toi, mon amour. Vite !

Il ouvrit la porte au moment où Jim dégringolait l'escalier. Celui-ci ouvrit de grands yeux en voyant Frederick sortir de la chambre de Sally, mais ne s'arrêta pas.

– C'est grave ! dit-il en tambourinant à la porte de Webster. Monsieur Webster ! Réveillez-vous ! cria-t-il en pénétrant dans la chambre. Le nouveau studio est en feu, et je crois que la cuisine aussi...

– Exact, confirma Frederick. Monte vite au dernier étage pour dire à Ellie et à la cuisinière de descendre le plus vite possible. Oh, et Mlle Meredith aussi ! Mackinnon est réveillé ? Fais-les tous descendre.

Il n'y avait qu'un seul escalier, qui aboutissait à une porte s'ouvrant sur la cuisine. Frederick jeta un coup d'œil en bas avant de se retourner vers Sally. Celle-ci se tenait sur le seuil de sa chambre, ébouriffée, endormie, belle... Il la prit dans ses bras et la serra très fort contre lui ; elle se laissa faire. Ils s'embrassèrent avec passion, mais leur étreinte ne dura qu'une seconde.

– Apporte tes draps dans la pièce d'à côté, dit-il. Je vais descendre pour voir si on peut sortir par la boutique.

Mais lorsqu'il atteignit le pied de l'escalier et chercha la porte à tâtons dans le noir, il se rendit compte que c'était impossible. Le feu grondait dans la cuisine et la chaleur était insoutenable malgré la porte fermée. Il l'ouvrit, pour vérifier, et comprit qu'il avait commis une erreur, car les flammes se jetèrent sur lui comme un tigre et l'enveloppèrent. Il dérapa et perdit l'équilibre ; au moment où il s'effondrait sur le sol, il sentit un objet pesant tomber sur sa nuque et se briser. A grand-peine, il se redressa et parvint à sortir de la pièce en trébuchant, avant de claquer la porte brûlante derrière lui. Il était en feu. Ses cheveux grésillaient ; il arracha ce qui restait de sa chemise et se donna de grandes claques sur la tête pour éteindre les flammes.

– Fred ! Ça va, vieux ?

C'était Jim. Il se trouvait avec Ellie, la domestique, et Mme Griffiths, la vieille cuisinière, toutes les deux terrorisées et tremblantes. Frederick essaya de parler, mais il avait l'impression d'avoir avalé de la fumée. Sally sortit de la chambre de Webster et courut vers lui en poussant un cri d'effroi. Il la repoussa doucement et lui fit comprendre par gestes qu'elle devait attacher les draps ensemble.

- C'est déjà fait, répondit-elle, comprenant immédiatement qu'elle devait prendre les choses en main.

La chambre de Webster était située au-dessus du vieux studio et donnait sur la rue. Frederick ignorait si le feu s'était propagé jusque-là, mais la chambre de Sally se trouvait au-dessus de la cuisine et cela lui paraissait trop dangereux. En voyant descendre Mackinnon, tout tremblant, Frederick le poussa vers les autres.

– Aidez les femmes à sortir... par la fenêtre... ne prenez pas l'escalier...

– Non, je ne veux pas passer par la fenêtre ! J'ai le vertige ! cria le magicien, terrorisé.

– Vous n'avez qu'à brûler vif, alors ! répliqua Jim. (Il se tourna vers Webster.) Jetez votre matelas par la fenêtre et balancez-moi ce type ensuite. Fred... (Il entraîna Frederick à l'écart.) Y a un problème là-haut, dit-il à voix basse. Mlle Machin-Chose s'est enfermée. Elle dit qu'elle veut rester ici, tu entends ça ? Hé, ça va, vieux ?

Frederick hocha la tête.

– J'ai la tête qui tourne, dit-il d'une voix enrouée.

– Où tu étais ?

– En bas. C'est la fumée. Impossible de passer. Je parie que c'est un coup de Bellmann. Allons-y.

– Les peintres, dit Jim tandis qu'ils gravissaient l'escalier en courant. J'ai bien senti dès le départ que ces gars n'étaient pas clairs. J'aurais dû me lever plus tôt. J'ai deviné qu'il se passait quelque chose de bizarre. Dis donc, tu as une sacrée plaie à la nuque. Tu es au courant ?

Un truc m'est tombé dessus, marmonna Frederick.

A cet instant, un cri retentit à l'étage inférieur, suivi d'un énorme fracas lorsque le plancher de la chambre de Sally s'effondra dans la cuisine.

– Attends-moi ici, dit Jim, et il redescendit en trombe.

Mackinnon était finalement sorti par la fenêtre et

Mme Griffiths s'était courageusement laissée glisser en s'accrochant aux draps fins, mais ils avaient des problèmes avec Ellie. Elle avait la moitié du corps dans le vide, mais ne pouvait pas aller plus loin.

– Allez, vas-y, petite idiote ! lui criait Sally, mais Ellie se cramponnait aux draps, bouche ouverte et yeux exorbités, pétrifiée de peur.

– Il va falloir que tu descendes avec elle, Jim, dit Sally.

– Entendu. Mais passe d'abord, pour lui montrer l'exemple.

Il hissa Ellie à l'intérieur et la laissa tomber sur le sol, secouée de sanglots.

– Appelez Fred, lança-t-il à Webster. Dites-lui de continuer sans moi.

Webster s'exécuta.

– J'espère qu'il va réussir, dit-il. Le bâtiment ne va pas tarder à s'écrouler. Je vais aller l'aider...

– Non, restez là, ordonna Jim. Je vais faire descendre Ellie et ensuite je remonterai. Vérifiez simplement que les nœuds tiennent bon.

Webster hocha la tête et Jim sauta sur le rebord de la fenêtre, agile comme un singe.

– Ça va, Sal ? lança-t-il en se penchant au-dessus du vide.

Les maisons situées en face étaient illuminées comme un décor de théâtre et la foule commençait à s'assembler dans la rue. Arrivée en bas, Sally cria que tout allait bien ; Jim se retourna alors vers l'intérieur de la pièce.

– A toi maintenant, Ellie. Allons-y.

Elle le rejoignit sur le rebord de la fenêtre.

– Bon... Agrippe le drap comme ceci, lui dit-il.. oui, voilà. Je vais descendre en premier, un peu. pour te laisser de la place… c'est du bon coton, les draps ne risquent pas de se déchirer, je les ai piqués dans un hôtel chic… Oui, c'est bien… bravo, Ellie.

Sa voix s'éloignait à mesure qu'il descendait. Webster attendait en haut.

Arrivé au pied de l'escalier menant au dernier étage, Frederick dut s'arrêter, car le plancher s'inclinait. Du moins, c'était l'impression qu'il donnait. La maison ressemblait à un bateau ballotté par les flots ; le bois grinçait et craquait. Soudain, on entendit une explosion sourde qui venait du studio. Frederick songea aussitôt : « Les produits chimiques ! J'espère que Sally a eu le temps de s'échapper. »

Malgré tout, il gravit l'escalier étroit, sombre et chancelant. Ou était-ce lui qui titubait ? C'était un rêve. Un cauchemar.

Sur le palier régnait un calme trompeur, comme si l'incendie faisait rage à des centaines de kilomètres de là. Mais il avait du mal à respirer. Il sentait ses forces l'abandonner peu à peu ; le sang coulait dans son cou. Il leva le poing et frappa à la porte d'Isabel.

Une voix étouffée lui parvint :

– Non ! Laissez-moi en paix, je vous en prie.

– Ouvrez cette porte, au moins. Je suis blessé, je ne peux pas lutter avec vous.

Il entendit une clé qu'on tourne dans la serrure et une chaise qu'on déplace. Isabel ouvrit la porte : dans la lueur tamisée de la bougie, avec ses cheveux défaits et sa chemise de nuit, elle avait l'air d'une enfant qu'on a réveillée en pleine nuit. Frederick eut l'impression de plonger encore plus profondément dans son rêve.

– Oh, vous êtes… Que vous est-il arrivé ? s'exclama-t-elle en s'écartant pour le laisser entrer.

– Isabel, il faut venir avec moi... Le temps presse.

– Je sais, dit-elle. Il n'y en a plus pour longtemps. Mais je ne vous suivrai pas. Vous avez tous été si bons avec moi ici. Pourquoi fuir ?

Elle s'assit sur le lit. Autour d'elle était éparpillée une vingtaine, ou plus, de feuilles de papier ; des lettres couvertes d'une écriture nerveuse. Isabel vit le regard de Frederick.

– Oui, dit-elle, ce sont ses lettres. Quand je les relis, elles me rendent plus heureuse que n'importe quoi au monde. Je n'aurai jamais rien de mieux, même si je vis jusqu'à cent ans. Et si je vis, qu'est-ce qui m'attend ? La solitude, l'amertume et les regrets... Non, non, je vous en supplie, laissez-moi. *Par pitié.* Vous devez vous échapper... Pour Sally...

Ses yeux étaient brillants. Frederick, lui, avait la tête qui tournait ; il dut prendre appui sur la commode pour rester debout ; les paroles d'Isabel lui parvenaient clairement, mais de manière lointaine, comme déformées.

– Isabel, nom d'un chien, descendez et aidez-moi à sortir d'ici, même si vous ne voulez pas sauver votre peau ! Tous les autres ont fichu le camp et la maison va s'écrouler d'une minute à l'autre ! Vous savez que je ne bougerai pas d'ici tant que vous...

– Oh, comme vous êtes têtu ! C'est de la folie... Est-ce qu'*il* s'est échappé ?

– Oui, je vous l'ai dit. Tout le monde ! Venez, pour l'amour du ciel !

Elle paraissait bizarrement excitée, comme une adolescente qui va assister à son premier bal, ou comme une jeune et jolie mariée... Frederick se demanda avec angoisse s'il n'était pas déjà mort ; son esprit divaguait. Isabel ajouta quelque chose, mais il ne l'entendit pas. Il entendait un grondement sourd ; le feu ? Le plancher commençait à craquer.

Il arracha les rideaux et ouvrit la fenêtre en grand. Cette chambre donnait sur la rue, comme la fenêtre du palier à l'étage inférieur. S'ils sautaient, peut-être que...

Il se retourna vers le lit. Isabel était couchée, les bras en croix. Ses cheveux avaient glissé sur sa joue et le bas de son visage, si bien que seuls ses yeux et son front étaient visibles, mais Frederick s'aperçut qu'elle souriait, en extase.

Soudain, la colère s'empara de lui, face à un tel gâchis. Il traversa la chambre en trébuchant : il voulait conduire Isabel vers la fenêtre, de gré ou de force. Mais la jeune femme s'accrocha au matelas et Frederick se retrouva en train de traîner le lit à travers la pièce, jusqu'à ce que, ivre de douleur et d'épuisement, il s'écroule sur elle. « Ce serait si facile d'abandonner, se dit-il. Oh, mon Dieu, quel gâchis. »

La chaleur était devenue intense. L'air était envahi de bruits sinistres ; le rugissement du feu, semblable à un rideau sonore qui claque au vent, se mêlait à une sorte de musique... Des sons de cloches...

Isabel remua. Sa main trouva celle de Frederick et s'y accrocha.

– Sally ? dit-il

Cette femme aurait pu être Sally. Elle aussi s'était couchée près de lui... Sally était forte et intrépide, belle et sans pareille... Lady Mary était belle, mais Sally l'éclipsait totalement. Où était-elle ?

Curieusement, il avait l'impression de se noyer. La douleur l'enveloppait, il la sentait, mais elle ne le touchait pas. Il essayait de respirer et l'air entrait dans ses poumons meurtris, comme de l'eau.

Il allait mourir.

Il tourna la tête vers Sally pour l'embrasser une dernière fois, mais elle protesta en gémissant. Non. Sally n'aurait pas fait ça. Sally était ailleurs. Cette fille... il fallait la faire sortir d'ici et...

Frederick tendit la main vers la fenêtre au moment où le plancher s'effondrait.

21
Dans l'ombre

Il faisait encore nuit quand ils sortirent son corps. Sally avait attendu avec les autres dans une boutique située sur le trottoir d'en face, pendant que les pompiers combattaient l'incendie. Enveloppée dans une cape qu'on lui avait prêtée, elle tenait la main de Webster, immobile et muette.

Elle avait suivi tous les gestes des pompiers. Comme la nuit tirait à sa fin, il s'était mis à pleuvoir. Le feu s'était propagé si rapidement et de manière si intense qu'il avait fini par s'épuiser ; au petit matin, les pompiers purent enfin pénétrer dans les ruines fumantes et inondées, à la recherche de Frederick et d'Isabel.

Un cri retentit soudain au milieu des décombres. Plusieurs hommes se précipitèrent.

Sally se redressa et resserra les pans de sa cape.

– Tu es sûre que tu veux y aller ? demanda Webster.

– Oui.

Doucement, elle libéra sa main et s'avança dans la rue, sous le crachin, dans le froid et l'odeur des cendres.

Ils le descendaient si délicatement qu'elle crut qu'il était toujours vivant, mais il n'y avait aucune précipitation dans leurs gestes. Ils l'étendirent sur une civière dans la lumière dansante d'une lanterne et, en voyant Sally approcher, ils s'écartèrent. Un des hommes ôta son casque.

Elle s'agenouilla près de lui. Il semblait dormir. Elle appuya sa joue contre la sienne et se dit que sa peau était chaude. Elle posa sa main sur sa poitrine, à l'intérieur de laquelle, quelques heures plus tôt, elle avait entendu battre son cœur. Silencieux désormais. Où était-il parti ? Il était si chaud... C'était un mystère. Elle avait l'impression d'être en pierre. D'être morte, alors que lui semblait vivant.

Elle l'embrassa sur la bouche et se redressa. Le pompier qui avait ôté son casque se pencha pour tirer une couverture sur le visage de Frederick.

– Merci, lui dit Sally.

Sentant une main se poser sur la sienne, elle se retourna et fixa Webster d'un air absent.

– Il faut que j'y aille, dit-elle.

Jamais il n'avait paru aussi âgé. Sally aurait aimé le prendre dans ses bras, mais elle ne pouvait pas rester là une seconde de plus, de peur de s'effondrer. Or, elle avait une chose à faire. Elle dégagea sa main et s'éloigna.

Au cours des quarante-huit heures suivantes, Sally évolua dans une sorte de transe. Une seule idée l'obsédait ; elle était sourde à tout le reste. Une ou deux fois, la douleur faillit la submerger ; mais elle avait une tâche à accomplir – pour Fred. C'était une raison suffisante pour ne penser à rien d'autre, momentanément.

Elle ne garda aucun souvenir de son voyage dans le Nord, mais sans doute repassa-t-elle chez elle, car elle avait un sac de voyage et elle s'était changée. Elle arriva à Barrow le dimanche soir. Elle était suffisamment consciente pour remarquer le regard perplexe du patron de l'hôtel, surpris de voir une jeune femme voyager seule, mais pas suffisamment pour s'en soucier.

Elle se coucha aussitôt. Elle dormit très mal et se réveilla à plusieurs reprises sur son oreiller mouillé, désorientée, comme si elle éprouvait dans son sommeil des émotions qu'elle ne parvenait pas à identifier. Elle prit son petit déjeuner très tôt, régla sa note et, alors que le soleil qui tentait de percer à travers les nuages chargés de pluie dorait les rues pauvres, elle se mit en route. Comme elle ne connaissait pas le chemin, elle s'arrêta pour se renseigner à plusieurs reprises, car elle s'aperçut très vite qu'elle était incapable de mémoriser ce qu'on lui avait dit. Petit à petit, elle atteignit la périphérie de la ville ; enfin, à la sortie d'un virage, elle se retrouva face au lieu de naissance du Canon à Vapeur, l'empire d'Axel Bellmann, l'usine de l'Étoile Polaire.

C'était une sorte d'étroite vallée remplie de feu et d'acier ; les rails de chemin de fer scintillaient dans le soleil levant, au milieu des jets de vapeur et du martèlement des forges. Une voie ferrée y pénétrait par le sud et en ressortait par le nord et une douzaine de voies de garage se succédaient entre les bâtiments ; des engins d'aiguillage déplaçaient des convois de wagons à plate-forme pour décharger du charbon, du fer ou des pièces de machines. Les bâtiments étaient de fines structures de fer et de verre, agréables à l'œil et, malgré la présence des cheminées et des locomotives, tout était propre, brillant et neuf.

L'usine elle-même avait l'aspect d'une gigantesque et puissante machine, dotée d'un cerveau et d'une volonté propres. Et les hommes qui traversaient le champ de vision de Sally, sans compter ceux qu'elle ne pouvait pas voir, ressemblaient à des roues d'engrenage. Une construction en briques de trois étages se dressait au centre de la vallée. Là devait se trouver l'esprit qui actionnait tout cela.

L'entrée principale, ornée d'un porche gothique, s'ouvrait directement sur un quai situé devant une voie de garage. Des parterres de fleurs, vides, mais soigneusement ratissés, bordaient le quai. De l'autre côté de la maison, une allée pour les voitures à cheval montait en courbe vers une porte semblable, plus petite, et contournait le bâtiment jusqu'à une écurie devant laquelle un garçon était occupé à ratisser le gravier. Au sommet de la maison était planté un mât sans drapeau.

En contemplant ce décor animé, florissant et prospère, Sally éprouvait une étrange sensation, comme s'il s'échappait de cet endroit des effluves maléfiques. Quelque part, en ce lieu, on fabriquait une arme plus terrible que tout ce que le monde avait connu, et la force diabolique qui se trouvait à l'origine de cette arme avait fait irruption dans sa vie pour lui arracher ce qu'elle avait de plus cher. Parce qu'elle avait osé s'intéresser de trop près à ce qui se passait. Seul le mal absolu pouvait faire une chose pareille et sa présence était quasiment perceptible dans les reflets du soleil sur les panneaux de verre et les rails en acier, dans l'air qui frémissait au-dessus des cheminées.

Sally sentit son courage l'abandonner pendant quelques instants. Elle était terrorisée, car cette force maléfique ne représentait pas seulement un danger physique. Mais elle était venue jusqu'ici pour l'affronter. Elle ferma les yeux, respira profondément et le doute reflua.

Elle s'était arrêtée au sommet d'une pente herbeuse qui dominait la vallée. Elle descendit de quelques mètres pour se mettre à l'abri d'un bosquet et s'assit sur un tronc d'arbre couché pour observer plus attentivement les alentours.

A mesure que la matinée avançait, Sally remarquait de plus en plus de détails et elle commençait à percevoir le mode de fonctionnement de l'usine. Aucun des engins d'aiguillage, pas plus que les cheminées sur les toits des bâtiments, ne dégageaient la moindre fumée ; sans doute faisaient-ils brûler du coke, ce qui expliquerait la propreté de la vallée Toutefois, les trois grues qui servaient à soulever des tuyaux en acier ou des plaques de fer apportés par les wagons devaient être mues par une force différente : hydraulique peut-être, ou même électrique. Assurément, c'était l'électricité qui alimentait ce qui se passait dans le bâtiment le plus isolé, à en juger par les câbles qui le reliaient à une petite construction en brique située à proximité. Chaque fois qu'un engin d'aiguillage y conduisait des wagons, il s'arrêtait sur une voie de garage légèrement à l'écart. Là, les wagons étaient pris en charge par un autre engin, qui semblait tirer son énergie d'une sorte de câble. A un moment donné, cet engin tomba en panne et, au lieu d'utiliser une machine à vapeur pour convoyer les wagons, les ouvriers y attelèrent des chevaux.

Sally en conclut que c'était dans ce bâtiment, situé loin des autres, où l'on semblait craindre la moindre flamme, que les explosifs étaient stockés.

Elle observait tout cela sans bouger, sans le moindre sentiment, comme si elle n'était qu'un œil.

En fin d'après-midi, elle perçut les signes d'une activité nouvelle dans le bâtiment surmonté d'un mât sans drapeau. Au premier étage, des fenêtres s'ouvrirent, reflétant les rayons du soleil, et une domestique apparut à l'une d'elles ; elle semblait faire le ménage. La charrette d'un commerçant s'arrêta devant l'entrée et des paquets furent déchargés ; de la fumée s'échappa de deux des cheminées ; une autre domestique, ou bien la même, sortit pour astiquer les cuivres de la porte d'entrée, du côté du quai. Finalement, un peu avant le coucher du soleil, Sally fut récompensée de sa patience : un signal installé au bord de la voie ferrée principale changea, le sifflet d'une locomotive résonna dans la vallée, puis une machine à vapeur tractant un unique wagon apparut et traversa le dédale de voies de garage, en direction de la villa de brique.

La locomotive appartenait à la Grande Compagnie du Nord, mais le wagon était un véhicule privé, peint d'un beau bleu foncé et orné d'un emblème argenté sur les portières. Lorsqu'il s'arrêta devant le quai, un domestique – un majordome ou un régisseur – sortit de la maison pour ouvrir la portière du wagon. Quelques secondes plus tard, Axel Bellmann en descendit. Impossible de ne pas reconnaître, malgré la distance, sa carrure massive et le reflet métallique de ses cheveux blonds sous le haut-de-forme. Il entra dans la maison, tandis que deux valets déchargeaient ses bagages.

Pendant ce temps, la locomotive, séparée du wagon, repartit dans un nuage de vapeur. Au bout d'une ou deux minutes, une servante munie d'un balai, d'une pelle et d'un chiffon à poussière sortit de la maison par une porte située sur le côté et monta dans le wagon. Quelques instants plus tard, un drapeau portant le même emblème que celui qui figurait sur le wagon fut hissé en haut du mât. Sally le voyait clairement dans la lumière du soleil couchant : c'était une étoile argentée.

Des bagages, des domestiques, une maison... Bellmann était venu s'installer ici. Sally ne s'attendait pas à ce que ce soit aussi simple.

Ses membres étaient ankylosés. Elle avait aussi faim et soif, mais peu importait pour l'instant. Par contre, elle ne devait pas avoir de crampes. Elle se releva et marcha de long en large sous les arbres en regardant les ombres s'allonger, tandis que les lumières, derrière les fenêtres, semblaient devenir plus éclatantes et que le rythme de l'usine changeait. Quand la vallée fut envahie par l'obscurité, un coup de sifflet retentit et, quelques minutes plus tard, Sally vit les premières grappes humaines d'ouvriers franchir les grilles. Une certaine agitation continuait à régner dans les parties de l'usine où le processus de fabrication se poursuivait, grâce à une nouvelle équipe de travailleurs, mais les autres bâtiments furent fermés et un veilleur de nuit prit place devant chacun d'eux. La zone qui entourait le stock d'explosifs était violemment éclairée, comme une scène de théâtre, sans doute grâce à l'électricité ; le gravier blanc réfléchissait les lumières et l'ensemble avait un aspect irréel, comme une image projetée par une lanterne magique.

L'humidité était tombée en même temps que la nuit. L'herbe était déjà mouillée par la rosée. Sally ramassa son sac et, instinctivement, le plaqua sur sa poitrine comme un enfant et se surprit à sangloter.

Elle revoyait le visage serein de Frederick, sous la pluie, au milieu des cendres...

Elle faillit s'effondrer totalement lorsqu'une vague de pitié, de tristesse, d'amour et de frustration fit voler en éclats la barrière protectrice qui l'entourait, et elle cria à voix haute le nom de son amant. Mais, juste avant de céder au désespoir, elle se raccrocha à l'idée qui l'avait conduite jusque-là, comme un marin qui se noie s'accroche à un espar, et la vague reflua de nouveau.

Il fallait qu'elle bouge. Elle se fraya un passage au milieu des arbres en se concentrant sur ses mouvements : poser le pied gauche derrière cette racine, soulever sa jupe pour éviter ces épines... Finalement, quand elle se retrouva sur la route, elle avait repris le contrôle d'elle-même. Elle brossa sa jupe, ajusta sa cape et prit la direction de la vallée.

Comme elle s'y attendait, un homme montait la garde à l'entrée. Ce qu'elle n'avait pas prévu, en revanche, c'était l'aspect massif des grilles, la robustesse de leurs barreaux et l'éclat des lumières qui illuminaient le sol de gravier. L'uniforme du garde qui allait et venait devant le portail était frappé de l'emblème de l'Étoile Polaire sur la poitrine et sur le képi. Plein d'arrogance, il faisait tournoyer sa badine en toisant Sally. Elle frissonna.

– Je viens voir M. Bellmann, dit-elle.

– Il faudra attendre que j'aie reçu l'ordre de vous laisser entrer.

– Voulez-vous informer M. Bellmann que Miss Lockhart est arrivée ?

– Je n'ai pas le droit de quitter mon poste. Et je n'ai pas reçu ordre de laisser entrer qui que ce soit.

– Faites-lui porter un message, dans ce cas.

– Vous n'allez pas me dire ce que je dois faire...

– Il est temps que quelqu'un s'en charge, je crois. Faites porter un message à M. Bellmann immédiatement, ou soyez sûr qu'il saura vous le faire regretter.

– Et s'il n'est pas là ?

– Je l'ai vu arriver. Dites-lui que Miss Lockhart veut le voir. Prévenez-le immédiatement.

Elle l'affronta du regard. Après quelques secondes d'hésitation, l'homme fit demi-tour et entra dans sa guérite. Elle entendit une sonnerie retentir au loin. L'homme attendait. Très rapidement, Sally vit une lumière venir de la maison ; c'était un domestique qui tenait une lanterne. Arrivé à la grille, il observa Sally d'un air intrigué avant d'aller s'entretenir avec le garde.

Une minute plus tard, les deux hommes ressortirent de la guérite. Le garde ouvrit le portail et laissa entrer Sally.

– Je viens voir M. Bellmann, dit-elle au domestique. Pouvez-vous me conduire auprès de lui, je vous prie ?

– Si vous voulez bien me suivre, miss. Je vais voir si M. Bellmann accepte de vous recevoir.

Le garde referma le portail à clé derrière eux, et Sally suivit le domestique sur le chemin qui passait entre les hangars abritant les machines et les principales voies de garage, en direction de la maison. Leurs pas crissaient sur le gravier ; au passage, Sally crut entendre un bruit provenant des hangars situés sur sa gauche ; on aurait dit que quelqu'un faisait rouler de gigantesques fûts métalliques. Un peu plus loin résonnait une pulsation incessante, semblable aux battements du pouls d'un géant, accompagnée parfois de rafales de coups de marteau et du gémissement strident du métal contre la pierre. De l'un des bâtiments situés à l'écart du chemin, et dont les immenses portes métalliques étaient ouvertes, s'échappaient par moments une lumière aveuglante et infernale et une pluie d'étincelles lorsque coulait l'acier chauffé à blanc.

Tous ces bruits mettaient ses nerfs à rude épreuve. Elle ne pouvait s'empêcher de les trouver inhumains et monstrueux, semblables aux grincements atroces des instruments de torture. Plus ils avançaient à l'intérieur de ce monde de métal et de feu, plus Sally se sentait petite et fragile, et plus elle prenait conscience de la faim, de la soif et de la fatigue, de son mal de tête et de ses pieds trempés ; elle savait combien elle devait paraître négligée, faible et insignifiante.

Un jour, elle s'était trouvée au pied des chutes de Schaffhausen en Suisse, et elle s'était sentie écrasée par leur puissance. Si elle était tombée dans l'eau, elle aurait été emportée en un instant, comme si elle n'avait jamais existé. Elle éprouvait la même sensation à cet instant. Cette gigantesque entreprise, les millions investis, ce réseau vaste et complexe où se mêlaient industrie et économie, la complicité secrète de certains grands États, et les centaines, voire les milliers de vies directement menacées... que pouvait-elle opposer à cela ?

Mais peu importait.

Pour la première fois, elle s'autorisa à penser ouvertement à Fred. Confronté à une menace beaucoup plus forte que lui, qu'aurait-il fait ? Elle connaissait la réponse : il l'aurait affrontée avec calme et détermination, sans la moindre hésitation, joyeusement. Oh, comme elle aimait ce courage et cette ferveur ! Ce n'était jamais de l'inconscience ; il savait toujours ce qu'il faisait. Quel comportement héroïque avait été le sien dans la maison en flammes !

Sally trébucha sur le chemin sombre ; elle pleurait à chaudes larmes. Le domestique s'était arrêté un peu plus loin, tenant la lanterne à bout de bras. Au bout d'une minute (deux ? trois ?), elle se ressaisit, se tamponna les yeux avec son mouchoir en lambeaux et fit signe à l'homme de continuer.

Oui, voilà ce qu'elle ferait, se dit-elle : elle pèserait les risques et elle attaquerait malgré tout, joyeusement. Elle le ferait parce qu'elle l'aimait, ce cher Fred ; elle le ferait pour être digne de lui. Elle affronterait Bellmann. Comme Fred, elle ferait preuve de courage. Et pourtant, la peur lui rongeait les entrailles et elle avait du mal à mettre un pied devant l'autre.

Mais elle parvint à aller jusqu'au bout. La tête haute, les joues encore humides de larmes, elle gravit les marches du perron à la suite du domestique et pénétra dans la maison d'Axel Bellmann.

Le dimanche, en fin de matinée, Jim Taylor se réveilla avec une forte migraine et une violente douleur dans la jambe. Celle-ci était plâtrée jusqu'au genou, comme il put le constater en s'asseyant dans son lit.

Pendant une bonne minute, il eut du mal à se souvenir de quoi que ce soit. Puis la mémoire commença à lui revenir ; il laissa retomber sa tête sur les oreillers moelleux et ferma les yeux, mais pas longtemps. Il se souvenait que Frederick était remonté chercher cette pauvre folle d'Isabel Meredith, et il se souvenait d'avoir échappé à quelqu'un qui voulait le retenir, Webster, ou peut-être Mackinnon, pour se lancer à sa poursuite. Mais c'était tout.

Il se redressa à nouveau. Il se trouvait dans une chambre confortable, décorée avec un luxe discret. Il entendait les bruits de la rue à travers la fenêtre et il apercevait un arbre. Où diable était-il ?

– Oh oh ! cria-t-il.

Avisant un cordon de sonnette près du lit, il tira dessus d'un coup sec. Il essaya ensuite de poser par terre son pied valide, mais la douleur fut la plus forte et il cria de nouveau :

– Oh ! Fred ! Monsieur Webster !

La porte s'ouvrit et un individu compassé, tout de noir vêtu, entra. Jim le reconnut ; c'était Lucas, le domestique de Charles Bertram.

– Bonjour, monsieur Taylor.

– Lucas ! Je suis chez M. Bertram, c'est ça ?

– Exact, monsieur.

– Il est quelle heure ? Ça fait combien de temps que je suis ici ?

– Il est presque onze heures, monsieur Taylor. On vous a amené ici vers cinq heures du matin. Vous étiez inconscient, paraît-il. Vous remarquerez que le médecin s'est occupé de votre jambe.

– M. Bertram est-il ici ? Ou M. Garland ? Et M. Mackinnon, où est-il ?

– M. Bertram est allé donner un coup de main à Burton Street, monsieur. J'ignore où est M. Mackinnon.

– Et Miss Lockhart ? Et Frederick ? Le jeune M. Garland ? Comment va-t-il ?

Une expression compatissante passa sur le visage figé du domestique et Jim eut l'impression qu'une main de fer lui broyait le cœur.

– Je suis sincèrement navré, monsieur Taylor. M. Frederick Garland a trouvé la mort en essayant de sauver une jeune femme prisonnière des flammes…

Soudain, la pièce disparut dans un brouillard humide. Jim se laissa retomber sur les oreillers et entendit Lucas refermer doucement la porte derrière lui ; il se surprit alors à pleurer comme cela ne lui était pas arrivé depuis qu'il était gamin. Accablé de chagrin, il sanglotait sans retenue, criait, exprimait sa rage et son refus : le refus d'admettre qu'il pleurait, lui, Jim Taylor ; le refus de la mort de Frederick ; le refus de laisser Bellmann s'en tirer aussi facilement, car il savait ce qui s'était passé.

Bellmann avait assassiné Frederick, aussi sûrement que s'il lui avait planté un couteau en plein cœur. Il le paierait, nom d'un chien ! Comment cela avait-il pu arriver à Fred, après tous les combats auxquels ils avaient survécu ensemble ! Eux qui ne cessaient de se faire des farces, de se taquiner et de rire de bon cœur...

Un nouveau torrent de larmes le submergea. Les hommes ne pleuraient pas dans les histoires que Jim lisait et écrivait, mais ils pleuraient dans la vraie vie. Son père avait pleuré quand la phtisie avait emporté son épouse, la mère de Jim, lorsque celui-ci avait dix ans. Et le voisin, M. Solomon, il avait pleuré lui aussi quand le propriétaire avait jeté sa famille à la rue ; des pleurs accompagnés d'un déluge de jurons ; et Dick Mayhew, le champion des poids moyens, avait pleuré quand il avait perdu le titre face à Battling Bob Gorman. Il n'y avait aucune honte à ça.

Jim laissa donc libre cours à sa peine, puis il se redressa et tira de nouveau sur le cordon de la sonnette. Ignorant la douleur de sa jambe, il parvint à poser les pieds par terre. Quelques secondes plus tard, Lucas entra avec un plateau.

– Miss Lockhart, dit Jim. Vous savez où elle est ?

Lucas déposa le plateau sur la table de chevet et l'approcha de Jim, qui s'aperçut alors qu'il portait une chemise de nuit appartenant à Charles. Sur le plateau, il y avait du thé, des toasts et un oeuf à la coque.

– M. Bertram a dit qu'elle avait quitté Burton Street juste après... vous savez... quand les pompiers ont sorti le corps de M. Garland des décombres. Je ne saurais dire où elle est allée.

– Et Mackinnon ? Pardonnez-moi si je vous ai déjà posé la question. Je suis très perturbé. Savez-vous ce qui s'est passé ?

Pendant que Jim buvait son thé et beurrait quelques toasts, Lucas lui répéta ce qu'il avait entendu dire. Vers cinq heures du matin, Webster avait fait porter un message réclamant l'aide de Charles. Ce dernier s'était rendu aussitôt à Burton Street ; il avait constaté que Jim, qui était tombé en grimpant à la corde de draps pour tenter de rejoindre Frederick, avait besoin de soins. Il l'avait fait aussitôt transporter chez lui et avait ordonné à Lucas de faire venir un médecin ; pour l'heure, Charles était toujours à Burton Street et il risquait d'y rester un certain temps. Sally avait disparu, tout comme Mackinnon. Jim ferma les yeux.

– Il faut que je le retrouve, déclara Jim. M. Bertram vous a-t-il parlé de cette affaire, Lucas ?

– Non, monsieur. Mais j'ai compris, bien évidemment, qu'il se passait des choses inhabituelles. Je dois vous préciser, monsieur Taylor, que le médecin qui a soigné votre jambe a particulièrement insisté pour que vous restiez immobile. M. Bertram m'a demandé de préparer cette chambre et de vous installer confortablement pour un long séjour, monsieur. C'est pourquoi je vous conseillerais…

C'est très aimable à lui, et je le remercierai quand je le verrai. Mais je ne peux pas rester ici à me tourner les pouces. C'est urgent. Voulez-vous m'appeler un fiacre ? Et me trouver des vêtements ? Je suppose que les miens ont brûlé ou… Bon sang, j'étais en chemise de nuit ! Pouvez-vous me trouver quelque chose à mettre sur le dos ?

Un quart d'heure plus tard, vêtu d'un costume en tweed appartenant à Charles – et qui lui allait fort mal –, Jim roulait en direction d'Islington. Quand le fiacre s'arrêta devant la maison où demeurait Sally, Jim cria au cocher de l'attendre, puis il gravit les marches en s'appuyant sur une canne empruntée à Lucas et sonna à la porte.

Quelques secondes plus tard, le propriétaire de Sally lui ouvrit. C'était un vieil ami ; il avait travaillé pour Frederick dans le temps, avant l'arrivée de Sally, et il connaissait bien toute la bande. Il paraissait soucieux.

- Sally est ici ? demanda Jim.

– Non, elle est partie de très bonne heure, répondit M. Molloy. Elle est rentrée vers cinq heures du matin, il me semble, elle s'est changée et elle a décampé. Elle avait l'air dans tous ses états, la pauvre. Qu'est-ce qui se passe, Jim ? Et qu'est-il arrivé à ta jambe ?

– Écoutez-moi, vieux. Y a eu un incendie à Burton Street. Fred est mort. Désolé de vous annoncer la nouvelle aussi brutalement, mais il faut que je retrouve Sally, car elle va se fourrer dans le pétrin. Elle n'a pas dit où elle allait ?

Le petit homme avait blêmi. Il secoua la tête d'un air abattu.

– M. Fred… Je n'arrive pas à y croire.

– Désolé, l'ami. C'est la vérité. Votre dame est à la maison ?

– Oui. Mais…

– Dites-lui d'attendre Sally, au cas où elle reviendrait. Et si vous voulez vous rendre utile, le mieux, c'est d'aller à Burton Street. A mon avis, ils cracheront pas sur un coup de main. Oh… (Une idée venait de lui traverser l'esprit et il regardait autour de lui dans le vestibule bien rangé.) Vous auriez un objet appartenant à Sally ? Tenez, je vais prendre ça.

Surpris, M. Molloy vit Jim décrocher de la patère un bonnet que Sally portait souvent.

– Où allez-vous ? demanda le propriétaire. Qu'est-ce qui se passe, Jim ?

– Je dois la retrouver, répondit Jim qui clopinait déjà dans l'escalier. Allez donc aider M. Webster, c'est ce qu'il y a de mieux à faire.

Il remonta à bord du fiacre en serrant les dents.

– A Hampstead ! ordonna-t-il au cocher. Kenton Gardens, au numéro 15.

La logeuse de Mackinnon eut un mouvement de recul en ouvrant la porte.

– Ne vous en faites pas, madame, la rassura Jim. Y aura pas d'histoires aujourd'hui. M. Mackinnon est là ?

Elle opina.

– Mais...

– Parfait. Je vais entrer, si vous le permettez. Attendez-moi ! cria-t-il au cocher.

Il boitait bas et transpirait à grosses gouttes sous l'effet de la douleur. Finalement, il s'assit sur les marches et se hissa sur les fesses, à reculons. La logeuse le regardait d'un air abasourdi.

Arrivé devant la chambre de Mackinnon, il se remit debout et frappa violemment à la porte avec sa canne.

– Mackinnon ! Ouvrez-moi !

Silence à l'intérieur. Jim frappa de nouveau.

– Ouvrez, bon sang ! Pour l'amour du ciel, Mackinnon, c'est Jim Taylor ! Je ne vais pas vous faire de mal. J'ai besoin de votre aide...

Il y eut un bruit de pas sur le plancher, puis une clé tourna dans la serrure. Mackinnon ouvrit la porte ; il était pâle, méfiant et à moitié endormi, ce qui porta la colère de Jim à son paroxysme. Ce misérable ver était venu se terrer ici pour dormir ! Au prix d'un gros effort, il parvint néanmoins à se calmer.

– Laissez-moi entrer, s'il vous plaît. J'ai besoin de m'asseoir...

La logeuse n'avait pas perdu de temps pour remplacer le mobilier ; et si la chambre portait encore les cicatrices du combat de la veille, le lit et la penderie étaient tout neufs.

– Sally, dit Jim en s'asseyant. Où est-elle allée ? Vous avez une idée ?

– Non, répondit Mackinnon.

– Il faut qu'on la retrouve. Il y a un tour que vous savez faire, je sais pas comment on appelle ça... C'est pas vraiment un tour, c'est plutôt un truc psychique... j'ai lu un article là-dessus. Je pense que vous êtes un vrai médium, pas vrai ? Au moins de temps en temps. Prenez ça.

Il tendit le bonnet de Sally à Mackinnon, qui le prit et le posa à côté de lui en se laissant tomber sur le lit.

– Les médiums touchent un objet, se concentrent dessus et, euh... sentent l'endroit où se trouve la personne à qui il appartient, reprit Jim. C'est bien ça ? Vous pouvez y arriver ?

– Oui, répondit Mackinnon en passant sa langue sur ses lèvres sèches. Quelquefois. Mais...

– Allez-y, alors. Ce bonnet est à Sally. Elle le mettait souvent. Vous devez absolument me dire où elle est, et tout de suite. Allez-y, je ne vous interromprai pas. Par contre, si vous avez une goutte de brandy, c'est pas de refus...

Mackinnon jeta un coup d'œil à la jambe de Jim et sortit une flasque en argent du tiroir de la table de chevet. Jim but une longue gorgée et retint son souffle pendant que le liquide brûlant descendait dans sa gorge. Le magicien prit le bonnet entre ses longues mains.

– Je ne peux vous faire aucune promesse, dit-il. Si je ne vois rien, je ne peux rien dire non plus. Et le moment est mal choisi pour... oui, je sais, je sais. Laissez-moi me concentrer.

Assis sur le lit, il ferma les yeux.

La jambe de Jim était parcourue d'élancements horribles. Sa tête aussi le faisait souffrir. Il but au goulot une autre gorgée de brandy et, cette fois, il laissa le liquide couler lentement, en fermant les yeux comme Mackinnon. Encore une gorgée, puis il revissa le bouchon de la flasque et la glissa dans sa poche.

– Le Nord... dit Mackinnon au bout d'une minute. Elle va dans le Nord. Je crois qu'elle est dans un train. . Je perçois un emblème argenté. Peut-être une étoile. . Oui, c'est ça. Ce pourrait être sa destination.

– L'Étoile Polaire ! s'exclama Jim. C'est logique. Elle va dans le Nord, vous pensez ?

– Oui, aucun doute.

– Où ?

– Elle n'a pas fini de voyager. Et ce n'est pas une science exacte, vous savez.

– Je m'en doute. Mais vous pouvez savoir si c'est plutôt nord-est ou nord-ouest ? Et jusqu'où au nord ?

– La vision faiblit. Il ne faut pas poser autant de questions, dit Mackinnon d'un ton de réprimande. Voilà, tout a disparu.

Il laissa tomber le bonnet sur le lit et se leva. Jim l'imita en prenant appui sur sa canne.

– Habillez-vous, dit-il. Je ne sais pas quand vous avez quitté Burton Street. Vous ignorez peut-être que Fred est mort. C'était le meilleur ami que j'aie jamais eu, et je risque pas d'en retrouver un meilleur. Et voilà que Sally est partie se fourrer dans le pétrin par-dessus le marché ;

c'est pour ça qu'on va la retrouver, vous et moi. Si elle disparaissait elle aussi, je ne sais pas ce que je ferais, car je l'aime. Savez-vous ce que ça veut dire, aimer ? Je l'aime comme j'aimais Fred, comme une amie. Où qu'elle aille, j'irai, et vous avez intérêt à venir avec moi, car tout ça est arrivé à cause de vous. Alors, habillez-vous et passez-moi les horaires des chemins de fer.

Sans un mot, Mackinnon lui tendit l'épais guide et commença à s'habiller pendant que Jim tournait les pages d'une main tremblante.

22
Puissance et service

La maison de Bellmann était meublée avec un luxe quelque peu ostentatoire ; il y régnait une chaleur oppressante. Le domestique pria Sally d'attendre dans le hall et lui offrit une chaise, mais celle-ci était trop près du radiateur et Sally préféra rester debout devant la fenêtre. Il y avait en elle un bloc de glace qu'elle ne voulait pas laisser fondre.

Une ou deux minutes plus tard, l'homme revint et dit :

– M. Bellmann va vous recevoir, miss Lockhart. Suivez-moi, je vous prie.

Au moment où ils quittaient le hall, une pendule sonna neuf heures et Sally fut surprise de constater que la journée était finie. Était-elle en train de perdre toute notion du temps ? Elle se sentait de plus en plus loin du monde réel. Ses mains tremblaient et une douleur sourde palpitait dans sa tête

Elle suivit le domestique dans un couloir au sol recouvert d'un épais tapis et s'arrêta lorsqu'il frappa à une porte.

– Miss Lockhart, monsieur, annonça-t-il.

Axel Bellmann était en tenue de soirée. Apparemment, il venait de dîner seul, à en juger par la carafe de brandy et le verre unique posés au milieu des papiers éparpillés sur le bureau. Il se leva et s'approcha d'elle, la main tendue. Sally, dont les oreilles bourdonnaient, entendit la porte se refermer et lâcha son sac. Il tomba à ses pieds, sur le tapis moelleux. L'industriel se pencha aussitôt pour le ramasser et conduisit la jeune fille jusqu'à une chaise.

Rougissant de sa propre bêtise, elle s'aperçut qu'elle était sur le point de le gifler. Le gifler ! Comme si cela pouvait changer quoi que ce soit !

– Puis-je vous offrir un verre de brandy, miss Lockhart ?

Elle fit non de la tête.

– Une boisson chaude, peut-être ? Il fait froid, ce soir. Voulez-vous un café ?

– Non, rien. Merci, parvint-elle à répondre.

Il s'assit en face d'elle et croisa les jambes. Sally détourna le regard. La pièce dans laquelle ils se trouvaient était encore plus chaude que le hall : un gros radiateur en fonte avait été installé sous la fenêtre et un bon feu brûlait dans la cheminée. Un feu de coke, constata-t-elle. Tous les meubles étaient neufs. Les gravures, aux murs, représentaient des scènes de chasse au renard ; au-dessus de la cheminée et entre les fenêtres étaient accrochés divers trophées : des bois, une tête de cerf et une tête de renard. L'un des murs était entièrement recouvert de rayonnages bourrés de livres, mais aucun ne semblait avoir jamais été ouvert. Cette pièce donnait l'impression d'avoir été commandée sur catalogue, avec tous les accessoires nécessaires au bureau d'un riche gentleman.

Puis le regard de Sally se posa sur Bellmann.

Dans les yeux de l'industriel brillait une lueur de pitié.

C'était comme si on l'avait entièrement déshabillée pour la jeter sous une tempête de neige. Elle dut retenir son souffle et détourner la tête, mais son regard, malgré elle, revint au visage de Bellmann et elle constata qu'elle ne s'était pas trompée : on pouvait y lire de la compassion, de la compréhension et de la tendresse – à moins qu'elle fût totalement incapable de déchiffrer les expressions humaines. Ce regard exprimait aussi la puissance, une force inébranlable qu'elle n'avait pas rencontrée depuis son enfance, la nuit où elle s'était réveillée d'un cauchemar pour se jeter dans les bras de son père et avait compris – si fort était l'amour qu'elle lisait dans ses yeux – qu'elle n'avait rien à craindre et que nul danger ne pouvait la menacer en ce monde.

– Vous avez tué Frederick Garland, murmura-t-elle.

– Vous l'aimiez ? demanda Bellmann.

Elle hocha la tête. Elle ne faisait pas confiance à sa voix.

– Dans ce cas, c'est qu'il devait mériter votre amour. La première fois que vous êtes venue me voir, j'ai tout de suite senti que vous étiez une jeune femme remarquable. Le fait que vous soyez ici ce soir prouve que j'avais raison. Miss Lockhart, vous avez droit de connaître la vérité. Demandez-moi ce que vous voulez, je promets de vous répondre en toute sincérité. Je vous dirai tout, si vous le souhaitez.

– Avez-vous tué Nordenfels ?

C'était la première chose qui lui était venue à l'esprit.

– Oui.

– Pourquoi ?

– Nous n'étions pas d'accord au sujet de l'avenir de l'autorégulateur. Il avait fini par prendre cette machine en grippe et il voulait détruire tous ses plans pour qu'elle ne soit jamais fabriquée. Moi, j'y voyais au contraire un moyen de propager le bonheur humain. Nous nous sommes disputés et battus en duel comme deux gentlemen, et il a perdu.

Sa voix était calme, son ton empreint de franchise et de sincérité, mais Sally ne comprenait pas ce qu'il voulait dire.

– Le bonheur humain ?

– Vous souhaitez que je vous explique ?

Elle opina.

– L'autorégulateur est une invention trop effrayante pour être utilisée, tout simplement. Quand on en aura produit un nombre suffisant, les guerres cesseront, la civilisation se développera dans la paix et dans l'harmonie pour la première fois depuis que le monde est monde.

Elle essayait de suivre son raisonnement. Puis elle demanda :

– Êtes-vous à l'origine de la disparition de l'*Ingrid Linde* ?

– Le bateau à vapeur ? Oui, c'est moi. Voulez-vous savoir comment j'ai procédé ?

Sally, encore une fois, hocha simplement la tête ; elle était incapable de parler.

– Dans la salle des machines de ce bateau se trouvait un système de gazéification, comme sur la plupart des navires fonctionnant au charbon. Ce système brûlait une partie du charbon afin de fournir du gaz pour l'éclairage et ainsi de suite. Le gaz produit était stocké dans d'énormes réservoirs métalliques. Très sûrs. Toujours dans la salle des machines, sur l'arbre qui fait tourner l'hélice, il y avait un compteur automatique. Il enregistrait chaque tour d'hélice et indiquait au mécanicien à quel moment il devait graisser les paliers. A l'intérieur de ce compteur j'ai soudé plusieurs broches métalliques qui devaient s'aligner lorsque le compteur atteignait un certain chiffre, un chiffre indiquant que le navire se trouvait quelque part en pleine mer. A ce moment-là, les broches déclencheraient un circuit électrique qui allumerait une bougie que j'avais placée au préalable dans le principal réservoir de gaz. Naturellement, je n'étais pas sur place pour assister au phénomène, mais à en juger par le résultat, mon système a parfaitement fonctionné, n'est-ce pas ?

Sally avait la nausée.

- Mais... pourquoi ?

– Premièrement, pour accélérer le déclin de la Compagnie anglo-baltique, ce qui était indispensable pour des raisons financières. Vous l'aviez déjà compris quand vous m'avez rendu visite à Baltic House ; c'était très astucieux de votre part, mais vous ne pouviez pas connaître la deuxième raison, qui était la présence à bord de ce bateau d'un envoyé du gouvernement mexicain se rendant à Moscou, avec des documents qui auraient incité mes financiers russes à me retirer leur soutien. Les conséquences auraient été dramatiques. Aujourd'hui, je suis sur le point de signer un contrat avec ce même gouvernement mexicain ; on peut donc dire que tout le monde en a profité : les ouvriers et leurs familles, dans ce pays et au Mexique. Il y a à Barrow des enfants qui pourront manger à leur faim et aller à l'école grâce à ce que j'ai fait. Il y a au Mexique des familles qui pourront avoir des médicaments, de l'eau potable, de quoi transporter le produit de leurs fermes, la sécurité, l'éducation... tout cela parce que j'ai coulé l'*Ingrid Linde.* C'était un geste totalement humain, et si je devais le refaire, je recommencerais sans la moindre hésitation.

– Et tous ces innocents qui ont trouvé la mort ?

– Je ne peux pas faire semblant de pleurer la mort de personnes que je ne connaissais pas. Nul ne le peut. Ceux qui prétendent le contraire mentent. Ce sont des sornettes, comme on dit chez vous. Je vous ai promis la vérité : je ne regrette pas d'avoir tué ces gens. Si je n'avais pas coulé ce bateau, beaucoup plus d'innocents seraient morts : de faim, de pauvreté, par ignorance et à cause de la guerre. C'était un geste charitable.

Bien qu'assise, Sally avait la tête qui tournait. Elle ferma les yeux et tenta de surmonter son malaise, de faire resurgir l'image de Fred dans son esprit ; elle ne devait pas oublier pourquoi elle était là.

Enfin, elle demanda :

– Quelles sont vos relations avec le gouvernement britannique ? Quand M. Windlesham nous a rendu visite à Burton Street samedi soir, il nous a donné les noms de certains hauts fonctionnaires... Pourquoi avez-vous besoin de ces appuis ? Et d'ailleurs, pourquoi M. Windlesham est-il venu nous voir ? Nous ne l'avons pas cru un seul instant quand il nous a dit que l'Étoile Polaire était au bord de la faillite. Je pense que c'est vous qui l'avez envoyé.

– Évidemment. Je l'ai envoyé pour vous espionner. Mais vous me parliez du gouvernement... c'est une question très intéressante et très délicate... Évidemment, vous savez que les véritables agissements du gouvernement ont lieu loin des yeux du public. Mais peut-être ignoriez-vous que les ministres eux-mêmes ne sont pas au fait de certaines choses, y compris les ministres concernés au premier chef par telle ou telle décision. Il en va de même dans tous les États, évidemment, mais c'est surtout vrai en Grande-Bretagne. Grace aux contacts que j'ai établis par l'intermédiaire de Lord

Wytham (qui ignorait tout de leur objectif), j'ai réussi à m'emparer des leviers du véritable pouvoir dans ce pays. Mais je vais vous dire une chose, miss Lockhart : neuf cent quatre-vingt-dix-neuf fois sur mille, ce pouvoir secret, cette autorité invisible que personne n'a choisie ni élue, œuvre pour le bien général. Dans l'intérêt des citoyens ordinaires. A de très nombreux égards, même s'ils sont incapables de le comprendre, ces gens ordinaires vivent bien mieux grâce à ce contrôle bienveillant, cette main cachée et paternelle qui est là pour guider et protéger. Parmi tous ces gens véritablement puissants – et, comme je vous l'ai expliqué, ce ne sont pas toujours les hommes qui semblent, aux yeux du monde, détenir le pouvoir – il existe une sorte de fraternité, un idéal, presque une franc-maçonnerie du service. La vie des employés de l'Étoile Polaire s'est-elle améliorée ? Est-elle meilleure qu'à l'époque où ils fabriquaient des locomotives ? Évidemment. Allez donc voir chez eux. Visitez les écoles. Inspectez l'hôpital que nous venons de faire construire. Allez assister à un match de football sur le terrain de sport que nous avons installé. Ce sont des gens prospères, en bonne santé et heureux. Ils ne savent pas pourquoi, mais vous et moi, si. Quand les guerres auront enfin cessé, quand la paix régnera partout dans le monde, ils ne sauront toujours pas pourquoi ; ils mettront cela sur le compte d'une meilleure éducation, ou sur l'évolution du cerveau humain, l'amélioration du système économique, l'augmentation du nombre de fidèles dans les églises ou la réfection des égouts. Mais nous, nous saurons. Nous saurons que la véritable raison, c'est cette arme trop horrible pour être utilisée. Mais peu importe qu'ils ignorent tout ; laissons-les profiter des avantages, c'est tout ce qui compte.

Sally l'écoutait, tête baissée. Tout cela lui échappait.

– Quel est votre *but* ? demanda-t-elle.

– Le pouvoir, répondit Bellmann. Le pouvoir est une chose fascinante. Voulez-vous que je vous explique pourquoi ? Il est versatile. Prenez l'argent, par exemple. Avec de l'argent, vous employez des hommes, de la force de travail pour construire une usine, et dans cette usine, vous faites brûler du charbon, c'est le pouvoir de la chaleur, avec lequel vous transformez l'eau en vapeur, puis vous injectez le pouvoir de la vapeur dans les cylindres d'un moteur pour obtenir un pouvoir mécanique et, avec ce pouvoir mécanique, vous construisez d'autres moteurs, vous les vendez et vous les transformez en pouvoir financier, en argent. Ou bien vous utilisez vos machines à vapeur pour construire un barrage destiné à retenir d'énormes quantités d'eau, puis des canalisations et des valves pour faire circuler cette eau sous pression, afin d'alimenter une dynamo, si bien que le pouvoir de l'argent se transforme en pouvoir de l'eau qui se transforme à son tour en pouvoir électrique, et les transformations continuent ainsi à l'infini. On peut aussi employer le mot « énergie », évidemment. Un poète anglais a paraît-il écrit – c'est Windlesham qui me l'a dit, je n'ai pas le temps de lire de la poésie – : « L'énergie est le plaisir éternel. » Je ne pourrais pas mieux dire. C'est peut-être pour ça que les poètes existent.

Sally ne savait que répondre. Quelque part au fond d'elle-même, elle pensait qu'il avait tort, et qu'il existait des arguments pour réfuter tout ce qu'il disait, mais elle savait aussi qu'elle ne les trouverait pas – pas maintenant. Cet homme était trop fort, et elle était trop fatiguée. Se sentant chanceler, elle s'obligea à se tenir droite et à redresser la tête.

– Vous avez tort, dit-elle d'une voix à peine audible. Au sujet de ces gens. Je sais ce qu'ils pensent. Vos ouvriers détestent le Canon à Vapeur. Ils savent ce qu'il représente et ils le détestent. Vous savez bien que le peuple britannique ne tolérerait pas qu'on construise cet engin s'il connaissait sa véritable nature, et c'est pourquoi vous gardez le secret. C'est une arme de tyran, une arme de lâche. Vous vous méprenez sur notre compte, monsieur Bellmann. Vous vous méprenez sur le compte de vos ouvriers et sur le mien.

– Oh, non, je ne me méprends pas sur votre compte, répondit-il. Je vous admire depuis le premier jour. Vous possédez un authentique courage, mais vous êtes innocente. Ces gens dont vous parlez, voulez-vous que je vous dise la vérité ? S'ils savaient, ils n'auraient aucun scrupule à fabriquer l'arme la plus terrifiante qu'on ait jamais inventée, absolument aucun ; ils n'y penseraient même pas. Ils toucheraient leur salaire, profiteraient de leur terrain de sport, seraient fiers de leurs enfants et, d'ailleurs, ils finiraient même par être fiers de cette arme. Ils y planteraient le drapeau britannique et en feraient des chansons pour les music-halls. Évidemment, il existe quelques idéalistes, des pacifistes, des gens inoffensifs. Il y a de la place pour eux. Mais la majorité des gens sont tels que je les décris, pas tels que vous les décrivez. La réalité est de mon côté. Je vous ai promis la vérité, la voici.

Et Sally savait qu'il avait raison. Elle le regarda à nouveau, attentivement : il était toujours assis dans son fauteuil, calme et détendu, puissant, les jambes croisées, les mains posées sur les accoudoirs. Ses cheveux brillaient comme de l'or dans la lueur de la lampe. Sally constata pour la première fois qu'il n'y avait aucune ride sur son visage ; il était habité par une étrange sagesse lumineuse, non dénuée d'humour, comme s'il proclamait à chaque minute : *La douleur, la souffrance et la tristesse, oui, elles existent, mais elles ne sont pas tout, et elles passent. Le monde est merveilleux, comme les reflets du soleil sur l'eau. L'énergie est le plaisir éternel...*

– Vous savez, reprit-il après un long silence, j'ai commis une erreur en convoitant la main de Lady Mary Wytham. Certes, elle est très belle et ses relations m'auraient été extrêmement utiles, mais c'était une erreur. Cela m'a conduit à me lancer dans une poursuite ridicule pour retrouver cet Écossais grotesque, Mackinnon... Mais vous savez tout cela. Il est trop tard pour faire quoi que ce soit maintenant : les fiançailles ont été rompues. Wytham en souffrira terriblement mais, après tout, c'est entièrement sa faute. Je me demande si... Une idée m'est venue, miss Lockhart. Vous pouvez la considérer comme un pur caprice, mais c'est bien plus que cela, croyez-moi. Voici ce que je pense : c'est *vous* la jeune femme que je devrais épouser. Vous êtes forte, courageuse, intelligente et pleine de ressources. La beauté de Lady Mary se fanera. La vôtre n'est pas aussi éblouissante, mais c'est une beauté de l'esprit et de la personnalité, et elle ne cessera de croître. Vous êtes faite pour moi. Nous nous sommes affrontés, chacun de nous a pris la mesure de l'autre. Puis-je vous poser une question à mon tour ? Je sais que vous y répondrez en toute franchise. De l'inimitié que vous éprouviez pour moi n'est-il pas né une sorte de respect ?

– Si, murmura-t-elle.

Il la tenait prisonnière de son regard étincelant et elle n'osait pas détourner la tête.

– Nous sommes en désaccord sur de nombreux points, ajouta-t-il. C'est très bien. Vous possédez un esprit indépendant. Peut-être réussirez-vous à me faire changer d'avis sur certains points, peut-être parviendrai-je aussi à vous convaincre du bien-fondé de mon point de vue. Une chose est sûre, vous ne serez pas simplement passive et décorative, comme l'aurait été Lady Mary. Même si elle avait librement accepté de m'épouser, je pense qu'elle n'aurait pas été heureuse. Mais vous, miss Lockhart, je sens que vous êtes une femme pour qui le bonheur passe au second plan. Ce que vous recherchez, c'est l'activité et un but. Deux choses que je peux vous promettre, et bien d'autres. Comprenez-vous ce que je suis en train de vous dire ? Je vous demande en mariage. Et pas seulement cela. Je vous propose aussi une association. Ensemble, vous et moi, nous serions magnifiques. Et qui sait ? Dans les rares moments où vous aurez le temps de vous pencher sur vous-même, au milieu de tout ce travail, peut-être découvrirez-vous une sensation difficile à nommer, jusqu'à ce que vous vous souveniez qu'il s'agit d'une conséquence du travail, appelée bonheur. Miss Lockhart... (Il se pencha en avant et prit les mains de Sally dans les siennes.)... voulez-vous m'épouser ?

Sally était hébétée. Elle s'attendait à affronter la colère, le mépris et la violence, et elle s'y était préparée, mais face à *cela*, elle demeurait sans voix. Elle n'essaya pas de retirer ses mains. Sa tête bourdonnait. Maintenant qu'ils se touchaient véritablement, elle sentait comme jamais la force de cet homme. Sa personnalité était hypnotique, sa peau vibrante d'énergie électrique. Ses yeux la subjuguaient : le flot de ses paroles était irrésistible. Sally dut lutter pour trouver la force de parler.

– Je...

Elle n'eut pas le temps d'en dire plus, car on frappa avec insistance à la porte.

Bellmann lâcha les mains de Sally et tourna la tête.

– Qu'y a-t-il ?

Le domestique ouvrit la porte et Alistair Mackinnon entra. Sally, au bord de l'évanouissement, s'affaissa sur son siège.

Le magicien était terrorisé, cela se voyait. Il était trempé (de toute évidence, il pleuvait à verse dehors) et ses mains tremblaient. Ses yeux glissèrent de Sally à Bellmann, écarquillés par la peur.

– Je viens pour… chercher Miss Lockhart, dit-il d'une voix faible.

Bellmann ne bougea pas.

– Miss Lockhart, dit Mackinnon en détachant enfin ses yeux de Bellmann. Jim Taylor et moi sommes venus pour… pour vous ramener chez vous. Jim est… il est blessé. Il a la jambe cassée. Il n'a pas pu marcher jusqu'ici, il attend à la grille. Nous sommes venus car… (Ses yeux se posèrent brièvement sur Bellmann.) Il faut que vous partiez, maintenant.

Sally savait quelle quantité de courage il avait dû puiser tout au fond de lui pour oser entrer dans la demeure de l'homme qui cherchait à le tuer et trouver la force de parler.

– C'est trop tard, monsieur Mackinnon, lui dit-elle.

Elle s'obligea à se tenir bien droite encore une fois, aussi droite que Mlle Susan Walsh quand elle était venue à son cabinet et, au prix d'un effort qui faillit avoir raison de sa résistance, elle maîtrisa sa voix pour déclarer :

– M. Bellmann vient de me demander en mariage. Je suis sur le point de décider si j'accepte ou si je refuse sa proposition.

L'incrédulité de Mackinnon était manifeste. Sans quitter Bellmann des yeux, elle ajouta :

– Tout dépend s'il a les moyens de m'épouser. Ma main coûtera à M. Bellmann trois mille deux cent soixante-dix livres. C'est la somme que je lui ai réclamée il y a un certain temps déjà. A l'époque, je n'avais rien à lui vendre en échange. Mais maintenant la situation a peut-être évolué...

Mackinnon, désemparé et impuissant, était incapable de dire un mot. Il sursauta lorsque le financier éclata de rire.

– Ah, ah, ah ! J'avais raison ! Vous êtes faite pour moi ! Évidemment que vous aurez cet argent. En or ? Sur-le-champ ?

Sally fit oui de la tête. Bellmann se leva alors et prit une clé fixée à sa chaîne de montre. Il ouvrit un petit coffre-fort installé derrière le bureau et, sous les yeux de Sally et de Mackinnon, en sortit trois petits sacs scellés qu'il lança sur le bureau. Il ouvrit un quatrième sac et le renversa. Un flot de pièces brillantes se déversa sur le sous-main. Très vite, il compta deux cent soixante-dix livres, les remit dans le sac ouvert et poussa les quatre sacs vers Sally.

– Voilà, cette somme est à vous, dit-il. Au penny près.

Elle se leva. Les dés étaient lancés, il était impossible de faire demi-tour. Elle prit les sacs d'or et les tendit à Mackinnon. Les mains du magicien tremblaient encore plus que les siennes.

– Rendez-moi ce service, je vous prie, dit-elle. Apportez cet argent à Mlle Susan Walsh. Elle habite dans Benfleet Avenue, au numéro 3, à Croydon. Vous vous en souviendrez ?

Mackinnon répéta le nom et l'adresse. Puis il ajouta, d'une voix mal assurée :

– Mais Jim... Il m'a obligé à venir jusqu'ici... Je ne peux pas..

– Chut, dit Sally. Tout est fini maintenant. Je vais épouser M. Bellmann. Partez, je vous en prie. Et dites à Jim que... Non, ne lui dites rien. Partez, c'est tout.

Il ressemblait à un enfant perdu. Après un dernier regard en direction de Bellmann, il esquissa un signe de tête et sortit de la pièce.

Dès que la porte se fut refermée derrière lui, Sally se laissa tomber dans un fauteuil et Bellmann se précipita aussitôt pour s'agenouiller devant elle. C'était comme un barrage qui cède. Il lui prit les mains et elle eut l'impression que toute cette force dont il n'avait cessé de parler, toutes ces métaphores et ces transformations, avaient atteint en lui leur stade ultime : il était la puissance de la vapeur, la puissance électrique, la puissance mécanique, la puissance financière faites homme. Il lui couvrait les mains de baisers qui semblaient chargés des mêmes crépitements qui parcouraient les câbles électriques le long des voies ferrées.

Mais c'était fait maintenant. C'était presque fini.

– Je suis fatiguée, dit-elle. J'ai envie de dormir. Mais avant de me coucher, j'aimerais voir le Canon à Vapeur. Pouvez-vous me le montrer ? Ce serait dommage d'être venue jusqu'ici et de ne pas le voir.

– Mais certainement ! répondit Bellmann en se relevant aussitôt pour tirer sur le cordon de la sonnette. C'est le meilleur moment pour l'admirer. J'adore voir une usine la nuit. Nous faisons de gros progrès au niveau de l'éclairage électrique, figurez-vous. Que connaissez-vous à l'artillerie, ma chère ?

Sally se leva et ramassa son gros sac posé par terre. Tout serait facile maintenant, tant qu'elle maîtriserait sa voix, tant qu'elle ne tremblerait pas.

- A vrai dire, répondit-elle, je connais un certain nombre de choses. Mais je suis toujours disposée à en apprendre davantage.

Bellmann laissa échapper un éclat de rire joyeux.

Le garde verrouilla le portail derrière Mackinnon. En courant et en trébuchant sous la pluie battante, les sacs de pièces d'or serrés contre sa poitrine, le magicien regagna le fiacre où Jim l'attendait avec la flasque de brandy, délirant à moitié sous l'effet de la douleur.

Tout d'abord, Jim ne comprit pas ce que lui disait Mackinnon. Celui-ci dut agiter les sacs pour lui faire entendre le tintement des pièces.

– Elle va l'épouser ? C'est ce qu'elle a dit ?

– Oui. C'était comme une sorte d'échange. Elle s'est vendue contre cet or ! Et j'ai dû promettre de le porter à une dame qui habite à Croydon…

– Sa cliente, expliqua Jim. Celle qui a perdu ses economies… à cause de la compagnie de Bellmann… Oh, pauvre imbécile, comment as-tu pu la laisser faire une chose pareille ?

– Moi ? Je ne pouvais pas… C'est elle qui commandait, Jim, vous savez combien elle est autoritaire…

– Non, ce n'est pas ce que je voulais dire, l'ami. Vous avez été parfait. Vous avez eu le courage d'y aller. On est quittes maintenant. Je parlais de *moi.* Oh, bon sang, cette foutue guibole ! Je ne sais plus ce que je raconte. Je suis inquiet, Mackinnon. Je pense qu'elle va… Si j'avais mon bâton, peut-être que je pourrais…

Jim poussa un nouveau gémissement. La flasque de brandy effectua un dernier trajet jusqu'à ses lèvres et tomba sur le plancher du fiacre, effrayant le cheval. Dehors, la pluie avait redoublé de violence. Mackinnon essuya avec sa manche la sueur qui coulait sur le front de Jim, mais celui-ci ne s'en aperçut même pas.

– Aidez-moi à descendre, marmonna-t-il. Elle mijote quelque chose je n'aime pas ça. Allez, venez, donnez-moi un coup de main...

D'un bras, Bellmann serrait tendrement les pans de la cape imperméable qu'il avait jetée sur les épaules de Sally et, de l'autre main, il tenait un parapluie grand ouvert au-dessus de leurs têtes. Ils marchaient d'un pas vif sur le chemin de gravier en direction du bâtiment où se trouvait le Canon à Vapeur. Il avait donné ordre d'illuminer toutes les installations ; les lumières projetaient des lueurs jaunâtres au milieu d'un halo de brume et d'un rideau de gouttes d'eau.

Le bâtiment avait été baptisé Atelier n° 1. Comme Sally l'avait remarqué en observant la vallée, il était construit à l'écart des autres installations et ils durent traverser une grande zone découverte, sous la pluie battante, avant d'atteindre l'abri du mur. Le gardien, prévenu de leur arrivée, fit coulisser l'immense porte en fer et ils furent accueillis par un souffle de chaleur et de lumière.

– Faites sortir tous les ouvriers pendant une demi-heure, ordonna Bellmann au contremaître qui était venu à leur rencontre. Ils peuvent aller à la cantine pour se désaltérer et se reposer. Je leur accorde une pause supplémentaire. Je m'occuperai de la chaudière. Je veux que le bâtiment soit entièrement vide pour accueillir mon invitée.

Sally se tint à l'écart pendant que la douzaine d'ouvriers présents posaient leurs outils et quittaient les lieux. Certains lui jetèrent un regard intrigué ; d'autres gardèrent les yeux baissés en passant devant Bellmann. Il y avait dans leur attitude une étrange retenue qu'elle n'arrivait pas expliquer : mais, soudain, elle comprit que c'était de la peur.

Quand le dernier ouvrier fut sorti et que la grande porte coulissante eut été refermée, Bellmann aida Sally à monter sur une plate-forme qui dominait toute la longueur du bâtiment. Il se tourna alors vers elle et dit :

– Voici mon domaine, Sally.

Cela ressemblait à un hangar pour locomotives. Il y avait trois voies ferrées parallèles, et sur chacune d'elles était posé ce qui ressemblait à un gros wagon de marchandises en construction. Le plus éloigné des trois n'était encore qu'un châssis, mais Sally apercevait la lourde charpente métallique qui renfermerait la chaudière et, supposait-elle, le mécanisme de tir. L'engin du milieu était presque terminé ; il ne manquait que la carrosserie. C'était une masse incroyablement complexe de tuyaux, un tel enchevêtrement que l'œil s'y égarait. Une grue mobile fixée à une poutre maintenait en suspension une partie de la chaudière.

Le troisième engin était terminé. Il se dressait devant eux sur ses rails, brillamment éclairé par un feu rougeoyant que Sally entrapercevait à travers une petite fenêtre située à l'arrière. On aurait dit un wagon de marchandises normal ; un fourgon en bois, surmonté d'un toit métallique. Au centre du toit se trouvait une petite cheminée coiffée d'un capuchon. Seule bizarrerie, les innombrables petits trous sur le côté que Henry Waterman avait décrits à Frederick : des rangées et des rangées de minuscules points noirs qui, vus de la plate-forme, ressemblaient à des rivets ou à des têtes de clou.

– Voulez-vous l'admirer de plus près ? proposa Bellmann. Si vous aimez les armes, celle-ci va vous fasciner.

Mais nous devons surveiller la pression, sinon, le contremaître va nous tirer les oreilles. Ils font des essais ce soir…

Il la conduisit vers l'arrière du wagon, grimpa sur le marchepied et ouvrit la porte ; puis il se pencha pour hisser Sally à l'intérieur du petit compartiment. Cela ressemblait à une version miniature de ce qu'elle avait vu dans de nombreuses locomotives, à cette différence près que le fourneau, rougeoyant, se trouvait sur le côté. Les commandes étaient légèrement différentes ; au lieu d'actionner des pistons dans leurs cylindres, la chaudière projetait de la vapeur dans diverses sections réparties à l'intérieur du wagon et étiquetées Chambres 1 à 20, Bâbord et Tribord.

Un passage étroit permettait d'accéder au cœur de la machine. Il était illuminé par la lueur d'une lampe électrique.

– Où est la chaudière ? demanda Sally.

– Ah ! La chaudière, c'est la chambre secrète, répondit Bellmann. Rien à voir avec les modèles traditionnels. Un chef-d'œuvre. Beaucoup plus plate et compacte que toutes les autres, forcément, pour laisser de la place à l'artillerie. Nulle part ailleurs qu'ici, on ne pouvait atteindre une telle perfection.

– L'artilleur s'assoit ici ? demanda Sally.

Elle était surprise par la fermeté de sa voix.

– Oh, non. Il est en plein milieu. Suivez-moi…

Se mouvant avec délicatesse en dépit de sa silhouette massive, il se faufila dans le passage qui s'ouvrait devant eux. En quatre ou cinq pas, ils se retrouvèrent dans un compartiment assez grand pour accueillir une personne, où se trouvaient un fauteuil pivotant et une profusion d'interrupteurs et de leviers installés sur un tableau de bord en acajou verni. Une lampe électrique était allumée au plafond. De chaque côté, des râteliers métalliques s'enfonçaient dans l'obscurité et Sally distingua des rangées et des rangées de cartouches scintillantes. La chaleur était étouffante.

– Comment l'artilleur fait-il pour voir au-dehors ? demanda encore Sally.

Bellmann leva le bras et tira sur une poignée qu'elle n'avait pas remarquée. Du plafond descendit alors, len tement et sans bruit, un long tube recouvert de tissu.

– A l'intérieur, un agencement de miroirs permet de regarder à travers le trou de la fausse cheminée, sur le toit. L'artilleur a ainsi une vision parfaite, à trois cent soixante degrés ; il lui suffit de tourner le tube. C'est un procédé de mon invention.

– Cet engin est donc prêt à tirer ?

– Oui. Nous allons le tester demain matin sur le champ de tir en présence d'un visiteur venu de Prusse. Vous pourrez m'accompagner. Je peux vous assurer que vous ne serez pas déçue. J'aimerais vous montrer la tuyauterie, Sally. Tout autour de ce compartiment, il y a environ huit kilomètres de tuyaux ! L'artilleur communique avec le mécanicien par le biais d'un système de télégraphe et il contrôle les tirs grâce à ces leviers que vous voyez là. Nous avons relié un mécanisme de Jacquard aux percuteurs, et en sélectionnant le schéma de tir sur ce diagramme, en fonction des instructions figurant sur le télégraphe électrique qui se trouve ici, l'artilleur peut tirer de trente-six façons différentes. Ma chère Sally, cette arme est le plus beau mécanisme que l'esprit de l'homme ait jamais conçu…

Sally resta muette quelques secondes ; la chaleur lui faisait tourner la tête.

– Les munitions sont en place ? interrogea-t-elle enfin.

– Oui. Il ne manque rien. Le canon est prêt à tirer !

Bellmann avait adopté une pose triomphante, la main sur le dossier du fauteuil pivotant ; il occupait le seul espace disponible à l'intérieur du compartiment. Sally, elle, se tenait à l'entrée de l'étroit passage et elle se sentit soudain envahie par un sentiment de liberté retrouvée, semblable à une immense et froide clarté. C'était le moment qu'elle attendait ; c'était pour cela qu'elle était venue.

Glissant la main dans son sac, elle en sortit le petit pistolet belge qu'elle conservait dans un étui en toile cirée. Avec son pouce, elle arma le chien.

Bellmann entendit le déclic. Incrédule, il regarda la main de la jeune fille, puis son visage. Elle soutint son regard sans broncher.

Le visage de Fred sous la pluie, ses bras nus dans la lumière des bougies, ses yeux verts rieurs…

– Vous avez tué Frederick Garland, dit-elle pour la deuxième fois de la soirée.

Bellmann ouvrit la bouche, mais elle leva son arme et enchaîna :

– Et je l'aimais. Qu'est-ce qui vous fait croire que vous pourriez le remplacer ? Aussi longtemps que je vivrai, rien de ce que je posséderai ne pourra jamais le remplacer. C'était un garçon courageux et bon qui avait foi dans la bonté humaine, monsieur Bellmann ; il comprenait des choses que vous ne comprendrez jamais, comme l'honnêteté, la démocratie, la vérité et l'honneur. Tout ce que vous m'avez dit dans ce bureau m'a donné envie de vomir et m'a terrifiée car, l'espace d'un instant, j'ai cru que vous aviez raison, au sujet des gens, au sujet du monde.. Mais vous avez tort. Vous avez beau être puissant, rusé et influent, vous avez beau être persuadé de savoir mieux que personne comment fonctionne le monde, vous avez *tort*, car vous ne savez pas ce qu'est la loyauté, vous ne savez pas ce qu'est l'amour, vous ne comprenez pas les gens comme Frederick Garland...

Les yeux de Bellmann lançaient des éclairs, mais Sally rassembla ses dernières forces pour lui tenir tête.

– Et qu'importe votre puissance, reprit-elle. Même si vous contrôliez le monde entier, distribuant à tous les habitants de cette terre les écoles, les hôpitaux et les terrains de sport dont vous avez décrété qu'ils avaient besoin, même si tous étaient en bonne santé et prospères, et même si des statues de vous étaient érigées dans toutes les villes du monde, vous auriez toujours tort, car le monde que vous voulez créer repose sur la peur, la tromperie, le meurtre et le mensonge...

Bellmann fit un pas vers elle en levant son poing énorme. Sally resta où elle était et leva le canon de son pistolet.

– Ne bougez pas !

Sa voix s'était remise à trembler et elle dut se servir de sa main gauche pour stabiliser le pistolet.

– Je suis venue pour récupérer l'argent de ma cliente. Lors de notre première rencontre, je vous ai dit que je le récupérerais, c'est chose faite. Vous épouser ? Ah ! Comment *osez-vous* imaginer que vous êtes digne de m'épouser ? Il n'y avait qu'un seul homme que j'aurais pu épouser et vous l'avez tué. Et...

Un violent sanglot la secoua, alors que l'image de Frederick lui apparaissait clairement. Bellmann disparut dans une explosion de larmes ; Frederick était là, tout près d'elle. D'une voix tremblante, elle chuchota :

– Est-ce que j'ai parlé comme il fallait, Fred ? Ai-je été bonne ? Maintenant, je peux te rejoindre, mon amour...

Elle pointa son arme sur les rangées de cartouches et pressa la détente

Jim venait d'agripper la grille au moment où se produisit la première explosion ; son autre main était appuyée sur l'épaule de Mackinnon. Ils avaient décidé de faire le tour de l'enceinte, car le garde refusait de quitter sa guerite. La pluie battante les cinglait comme des milliers de minuscules fouets.

Ils entendirent tout d'abord un grondement sourd, comme un coup de tonnerre. Il fut suivi, une ou deux secondes plus tard, d'une autre détonation plus forte. Jim et Mackinnon aperçurent soudain un flamboiement sur leur gauche et un jet enflammé jaillit de la porte déformée d'un bâtiment isolé.

Aussitôt, les cloches se mirent à sonner. Du bâtiment le plus proche, des hommes sortirent en courant, pour revenir aussitôt se mettre à l'abri lorsqu'une salve de nouvelles explosions succéda aux deux premières.

– Elle l'a fait, commenta Jim. Elle a tout fait sauter. Je savais bien qu'elle projetait un truc insensé... Oh, Sally, Sally...

Le bâtiment qui abritait le Canon à Vapeur penchait de manière inquiétante. Ils le distinguaient dans la lumière des lanternes que tenaient les hommes qui s'étaient de nouveau rassemblés à l'extérieur et dans la lueur des flammes dansant autour de la porte. A en juger par les cris et les vociférations, Jim sentait que les ouvriers redoutaient de nouvelles explosions. C'était la panique : une sirène joignit son hurlement sinistre au tintement strident des cloches.

Jim secoua Mackinnon par l'épaule.

– Venez, dit-il, ils ouvrent le portail ! Regardez ! On va la retrouver ! On va la sortir de là !

Il fit demi-tour et repartit en clopinant, tel un démon estropié. Le magicien hésita un instant, paralysé par la peur, puis il se ressaisit et emboîta le pas à Jim.

Suivirent trois heures de fureur. Trois heures passées à déplacer des poutres effondrées, à écarter des morceaux de métal tordus, des briques fracassées et des fragments de bois éclaté ; trois heures de mains brûlées, d'ongles arrachés, de jointures éraflées, de soudaines poussées d'espoir.

Les pompiers avaient été appelés immédiatement ; avec l'aide de l'équipe d'intervention du site, ils eurent très vite maîtrisé l'incendie. Apparemment, l'explosion du premier engin avait non seulement fait sauter toutes les munitions se trouvant à bord, mais aussi celles qui étaient stockées à proximité et attendaient d'être chargées. L'engin lui-même était réduit à un tas de tôle ; celui d'à côté était probablement irréparable, car la grue s'était effondrée sur le fourgon. Les murs du bâtiment étaient encore debout, miraculeusement, mais certaines parties du toit s'étaient effondrées : c'était là que les sauveteurs formaient une chaîne humaine pour déblayer les débris et déplacer avec prudence les grandes poutres.

Mackinnon s'escrimait au cœur des décombres, au côté de Jim. Une parcelle de l'énergie démoniaque du jeune homme semblait être passée en lui car il continuait à se démener malgré la douleur, l'épuisement et le danger. A une ou deux reprises, Jim se tourna vers lui et hocha la tête d'un air crispé mais approbateur, comme si le magicien était désormais son égal.

Ils découvrirent Sally dans un recoin, sous le toit effondré, au moment où la pluie commençait se calmer.

L'un des ouvriers de l'Étoile Polaire poussa un grand cri. Plié en deux, il agitait le bras et indiquait un endroit qu'ils n'avaient pas encore inspecté. En quelques secondes, des mains se réunirent pour soulever l'épaisse poutre en bois qui avait protégé Sally du mur qui s'était écroulé sur elle. Un par un, les morceaux de pierre et de fer qui pesaient sur la poutre furent déblayés.

Jim s'accroupit et parvint à saisir sa main. Il voyait à ses pieds les cheveux blonds de Sally, salis de poussière et de débris. Elle était totalement immobile.

Puis, soudain, elle cligna des paupières. Au même moment, Jim agrippa son poignet et il sentit le pouls qui battait régulièrement.

– Sally !

Il repoussa les cheveux collés sur son front et se pencha pour approcher son visage du sien.

– Sally... tout va bien . on va te tirer de là... Allez, réveille-toi, on a du boulot qui nous attend à la maison...

– Jim ? murmura-t-elle.

Elle ouvrit les yeux et les referma aussitôt, mais elle l'avait vu et elle l'avait entendu ; elle serra sa main dans la sienne.

– Espèce de petite idiote, murmura Jim avant de perdre connaissance.

23
Le verger

Sally avait survécu, en fait, grâce à Bellmann. Comme il occupait le compartiment, elle était restée dans le passage ; en outre, l'industriel avait laissé la porte arrière ouverte. La première déflagration l'avait projetée à l'extérieur et quand les munitions, en explosant, avaient fait sauter la chaudière, comme elle l'avait prévu, Sally était hors de portée de ses effets les plus dévastateurs.

Bellmann, lui, avait été tué sur le coup ; ils retrouvèrent au matin ce qui restait de son corps.

Sally était très secouée, mais hormis quelques bleus et un poignet foulé, elle était indemne. Alistair Mackinnon envoya un télégramme à Charles Bertram, qui arriva dans la journée pour prendre les choses en main : il confia Jim, encore une fois, à son médecin, trouva un autre médecin pour Sally et s'occupa de l'enquête relative à l'accident.

Car tout le monde était convaincu qu'il s'agissait d'un accident. A en croire les articles publiés dans les journaux, M. Bellmann, le propriétaire des lieux, faisait visiter son usine à un invité lorsqu'un défaut insoupçonné avait provoqué un dangereux excès de pression dans l'une des chaudières. Nulle part il n'était fait allusion à la présence de munitions, ni à ce qu'on fabriquait dans cette usine. Cela ressemblait à un banal accident industriel ; tragique, évidemment, car il avait causé la mort du célèbre patron et bienfaiteur, en l'honneur duquel une messe serait dite dans l'église de la paroisse.

Sally, elle, rentra à Londres. Et, petit à petit, elle revint à la vie.

Le problème le plus urgent, c'étaient les affaires. Ses dossiers étaient à l'abri chez M. Temple, mais l'entreprise Garland et Lockhart n'existait plus. Fort heureusement, Sally avait renouvelé l'assurance quelques mois plus tôt, ils pourraient donc remplacer le stock sans trop de difficultés, mais elle savait qu'une entreprise ne se réduisait pas à ses actifs matériels. Après avoir trouvé un studio miteux dans le quartier de Hammersmith, elle remit tout le personnel au travail, payant les salaires avec son propre argent en attendant le retour des bénéfices. Elle fit paraître des annonces publicitaires dans tous les journaux en promettant que toutes les commandes seraient honorées avec un retard ne dépassant pas une semaine. Elle acheta un nouvel appareil photo de studio, fit imprimer de nouvelles feuilles à en-tête, prit de nouvelles commandes. Elle menaça, emprunta, soudoya, fit travailler le personnel jusqu'à l'épuisement, mais cela porta ses fruits. Moins d'un mois plus tard, le chiffre d'affaires remontait. Sally priait pour que cela continue ainsi, car ses propres économies commençaient à fondre comme neige au soleil.

Elle se faisait du souci pour Webster. Tout ce qu'il avait réalisé, le travail de toute une vie dans le domaine de la photographie, toutes ces images magnifiques et irremplaçables qu'il avait capturées sur verre et sur papier s'étaient volatilisés, comme s'ils n'avaient jamais existé. Comme s'il avait vécu soixante ans sans rien faire de ses dix doigts.

Impuissante, Sally le regardait vaquer sans joie à ses tâches quotidiennes, puis se retirer le soir venu dans sa chambre pour retrouver le réconfort d'une bouteille de whisky. C'était un homme solide, elle le savait ; mais elle savait aussi qu'il aimait Frederick comme le fils qu'il n'avait jamais eu, et elle ne pouvait que deviner la tragédie que représentait pour lui la perte de tout son travail.

Le studio qu'elle avait déniché à Hammersmith était trop petit ; il ne permettait de réaliser que de simples portraits, et il était mal situé ; l'endroit le plus proche qu'ils avaient trouvé pour installer la boutique se situait dans un bâtiment misérable à trois rues de là, et le fait que les deux parties de l'entreprise soient ainsi séparées occasionnait un surcroît de travail pour chacun.

Mais si Sally prenait la peine de chercher un meilleur emplacement, l'argent ne rentrerait pas dans les caisses pendant le déménagement. Durant la journée, elle réussissait à chasser ce problème de ses pensées mais, la nuit, il la hantait. Dans l'obscurité, elle se sentait différente, fragile et angoissée. Elle restait longtemps éveillée, pleurait et parlait à voix basse avec un fantôme.

Un matin, Sally prit le train pour Croydon ; elle voulait rendre visite à Mlle Susan Walsh.

L'ancienne institutrice donnait un cours privé à une élève lorsque Sally se présenta, mais elle fut à ce point bouleversée par l'apparence de la jeune femme qu'elle renvoya son élève en lui demandant de revenir plus tard. Elle installa Sally devant le feu et lui servit un verre de sherry. Transie, fatiguée, mais reconnaissante, Sally lui remit un chèque correspondant aux intérêts qu'aurait dû lui rapporter l'argent que Bellmann lui avait volé, puis elle éclata en sanglots, ce qui la mit en colère.

– Ma pauvre enfant ! s'exclama Mlle Walsh. Que vous est-il donc arrivé ?

Une heure plus tard, elle connaissait toute l'histoire Quand Sally eut terminé son récit, la vieille dame secoua la tête d'un air abasourdi. Puis elle prit le chèque et le posa sur les genoux de sa visiteuse.

– Je veux que vous investissiez cet argent dans votre entreprise, déclara-t-elle.

– Mais...

Mlle Walsh, d'un regard, fit taire ses protestations.

– Le dernier conseil que vous m'avez donné, dit-elle d'un ton sec, n'était pas très judicieux, vous en conviendrez. Cette fois-ci, miss Lockhart, j'emploierai mon argent comme bon me semble. J'estime que la société Garland et Lockhart représente un placement plus sûr que n'importe quelle entreprise de transport maritime.

Elle demeura intraitable. Si l'émancipation des femmes avait un sens, dit-elle, une femme devait avoir le droit d'en soutenir une autre de la manière dont elle le souhaitait. Voilà pourquoi elle ne voulait plus entendre aucune remarque à ce sujet. Au lieu de cela, elles partagèrent le déjeuner de Mlle Walsh, composé de soupe et de fromage, et elles parlèrent de Cambridge. Elles se quittèrent les meilleures amies du monde.

Jim passa trois semaines au lit. Il avait aggravé sa blessure en partant à la recherche de Sally et le médecin craignait pour sa jambe : peut-être boiterait-il toute sa vie. Il occupa son temps (dans une chambre inoccupée de la maison de Trembleur Molloy à Islington) à lire des romans d'aventures, s'emportant fréquemment devant la faiblesse des intrigues, et à écrire son propre roman, qu'il déchirait en mille morceaux dans de tout aussi fréquents accès de colère. Il découpa et monta soigneusement un petit théâtre miniature et tenta de bâtir une histoire en manipulant les petits personnages en carton, avant de finir par perdre patience. Il écrivit six lettres à Lady Mary et il les jeta toutes à la poubelle. Il tournait et virait dans son lit, repoussait rageusement les couvertures car la douleur le faisait transpirer, et puisait, pour maudire son état, dans les réserves les plus insoupçonnées de son vocabulaire – la violence de ses jurons aurait pu détacher la peinture des murs.

Peut-être aurait-il fini par envoyer une lettre à Lady Mary mais, quinze jour après leur retour à Londres, il reçut des nouvelles de Mackinnon.

Celui-ci avait décidé, expliquait-il dans sa lettre, de partir en Amérique avec sa femme. Là-bas, il pourrait développer son art dans un environnement moins étriqué et plus prometteur que celui du music-hall anglais, et remplir ses obligations d'homme marié sans avoir à surmonter les obstacles qui s'étaient dressés jusqu'à présent sur son chemin.

Jim montra la lettre à Sally.

– Je me demande combien de temps ça va durer, commenta-t-il d'un ton amer. Remarque, il a été très bien à la fin, ce vieux Mackinnon. Il a mis la main à la pâte pour te retrouver. Et il n'a pas fichu le camp avec l'or, comme il l'aurait fait dans le temps. Souhaitons-lui bonne chance… non ? Mais si jamais il la maltraite..

Intérieurement, Jim se demandait comment le magicien avait réussi à persuader cette belle jeune fille rêveuse de partager la vie d'un artiste de music-hall, et de quelle manière avait réagi son père en apprenant son départ.

Mais Lord Wytham avait bien d'autres soucis. Très vite, il avait compris que Bellmann savait depuis le début que Lady Mary était déjà mariée et le mettait au défi de l'avouer. Il avait deviné également qu'il ne verrait jamais la couleur de l'argent réclamé en échange de sa fille. Il était pris au piège. S'il avouait qu'il connaissait l'existence de ce mariage, il perdait l'argent de Bellmann, mais s'il ne disait rien, il encourait le risque d'être condamné pour incitation à la bigamie. Il n'arrivait pas à décider quelle issue était la plus terrible. Sa seule chance était de feindre d'ignorer l'existence de ce mariage, en priant pour que la nouvelle éclate rapidement, tout en essayant de se rendre indispensable à Bellmann – l'ancien ministre voulait au moins assurer son poste au sein de la société.

Mais il sentait bien qu'il avait déjà cessé d'être utile. Il n'avait rien compris aux discussions qui s'étaient déroulées au cours des conseils d'administration auxquels il avait assisté. Il avait fait toutes les présentations qu'il pouvait et son influence au sein de l'administration, s'il en avait jamais eu, était à présent négligeable.

Et puis il y avait eu l'accident de Barrow. Dans les milieux financiers, la mort de Bellmann provoqua une vive émotion. Bien que l'enquête ait conclu à un accident, des rumeurs commencèrent à circuler selon lesquelles le « drame de l'Étoile Polaire », comme on l'appelait, était étroitement lié à certaines irrégularités que l'on retrouvait dans d'autres entreprises appartenant à

Bellmann. Un certain M. Windlesham, disait-on, aidait les autorités dans leurs recherches. Le prix de l'action de la société l'Étoile Polaire s'effondra. Parallèlement, par pure coïncidence semblait-il, un certain nombre de fonctionnaires du gouvernement démissionnèrent ou furent discrètement évincés. On en parla peu dans les journaux. Peu de temps après, l'Étoile Polaire fit faillite. Celle de Lord Wytham suivit de près.

Partir en Amérique avec Mackinnon, se disait Jim, était en fin de compte la meilleure chose que pouvait faire Lady Mary, et il lui souhaitait d'être heureuse.

Les ingénieurs de l'Étoile Polaire retrouvèrent du travail dans d'autres entreprises. Certains furent engagés pas Armstrong-Vickers, les célèbres armuriers, mais ils n'emportèrent pas avec eux les plans de l'autorégulateur de Hopkinson ; on racontait que quelqu'un s'était introduit dans l'usine pour détruire tous les documents. L'usine rouvrit ses portes sous la forme d'une coopérative fabriquant des cycles, mais les ouvriers ne possédaient pas un capital suffisant ; elle fut vendue et redevint finalement une fabrique de locomotives, qui prospéra.

Dès que Jim put se lever, il rendit visite à Nellie Budd.

Elle s'était remise de son agression, grâce au soutien de sa sœur, mais elle avait beaucoup maigri et perdu une grande partie de sa vivacité. En la voyant ainsi, Jim se réjouit de tous les coups qu'il avait assenés à Sackville et à Harris. Jessie était repartie chez elle dans le Nord, expliqua Nellie. Elle allait vendre sa maison de Streatham pour la rejoindre. Elles s'étaient réconciliées. De toute façon, elle en avait assez de ces histoires de spiritisme ; dès qu'elle serait un peu plus vaillante, elles mettraient au point toutes les deux un numéro de télépathie et se produiraient ensemble dans les music-halls. Jim promit d'aller les applaudir.

Et le temps passa.

Peu à peu, Sally prit conscience que, dans ce monde, rien n'était jamais clair ni simple, et que la réalité, si tragique fût-elle, se teintait souvent d'ironie.

Isabel Meredith, par exemple. Les deux êtres que Sally aimait le plus au monde, Chaka et Frederick, avaient donné leur vie pour Isabel. Sally avait de bonnes raisons de maudire son souvenir, et pourtant, elle n'y arrivait pas. Elle n'éprouvait que de la pitié.

Et puis, il y avait les photographies. Au fil des ans, Frederick avait pris plusieurs photos de Jim, de nombreux clichés de Sally, mais il n'existait aucune photo de lui. Il avait vécu entouré d'appareils photo, d'objectifs, de plaques, d'émulsions, et personne n'avait jamais fixé ce beau visage rieur. Pas un dessin, pas une esquisse, rien.

Et enfin, il y avait la plus grande de toutes les ironies : elle-même. Elle n'arrivait pas à trouver de mots pour exprimer ce qui se modifiait insensiblement en elle, mais elle savait qu'elle serait bientôt obligée de faire face aux conséquences de cette transformation.

Un jour, à la fin du mois d'avril, Charles Bertram leur annonça une surprise. C'était un dimanche, doux et ensoleillé ; il les conduisit tous à Twickenham à bord d'une charrette anglaise, en refusant de leur révéler ce qu'ils allaient découvrir.

– Vous verrez bien.

Ce fut la seule chose qu'il consentit à dire.

Il s'agissait en fait d'une maison inhabitée avec un grand jardin envahi par la végétation. Le stuc de la façade s'écaillait, mais toutes les fenêtres étaient intactes et les proportions agréables. Cette maison avait soixante-dix ans, leur expliqua Charles. Elle était saine, sèche... et hantée.

– Le propriétaire est un riche brasseur, dit-il en ouvrant le portail. Il est prêt à la louer à n'importe quel prix. Apparemment, une Dame Blanche erre dans les couloirs du dernier étage. Elle est parfaitement inoffensive, mais elle fait peur aux gens. Si vous voulez bien me suivre, madame et messieurs...

Il ouvrit la porte à double battant qui donnait sur une grande pièce ensoleillée face au jardin. Une table y était dressée pour le déjeuner ; il y avait du faisan, de la salade, du vin et des fruits.

– Nom d'une pipe, Charlie ! s'exclama Jim. En voilà une bonne surprise, l'ami ! Bien joué !

– Bravo, Charles, dit Webster.

– J'ai envoyé mon valet en éclaireur, expliqua Charles. Sally ? dit-il en tirant une chaise.

La jeune fille s'assit et demanda :

– Cette maison est vraiment hantée ?

– C'est ce que prétend le propriétaire. Il s'est montré très franc sur ce sujet. Je pense qu'il a perdu tout espoir de la louer, mais regardez un peu cet espace ! dit-il en débouchant la bouteille de vin.

Webster contemplait le jardin.

– C'est un verger, là-bas ? Il y a assez de place dans l'herbe pour... je me demande si..

- Des rails, dit Charles. Parallèles au mur là-bas, vous voyez ?

Webster suivit la direction de son doigt.

- Oui, oui... un véritable décor. Aussi grand qu'on pouvait le souhaiter. Et le soleil est juste au bon endroit..

– On installera une verrière, ajouta Charles. Comme ça, on pourra s'en servir par tous les temps. Et il y a énormément de place derrière l'écurie : je vous montrerai après le déjeuner. Il y a de quoi construire un studio digne de ce nom, et un atelier aussi. Évidemment, il faudra engager un charpentier à temps plein.

– Tu as dit que le loyer n'était pas très élevé ? demanda Sally.

– J'ai les chiffres ici. Les gens ne veulent pas d'un fantôme, quel que soit le prix.

– Je parie qu'elle s'ennuie, cette Dame Blanche, dit Jim. On lui trouvera du boulot.

Après le déjeuner, Charles dit :

- Sally, j'ai quelque chose pour toi. Ce n'est peut-être pas le bon moment, mais nous sommes tous réunis. Je l'ai retrouvée l'autre jour. J'ai pensé que cela te ferait plaisir...

Il sortit une enveloppe de sa poche.

– Je l'ai prise il y a trois ou quatre mois, dit-il. On avait reçu un nouvel objectif pour le Voigtländer et il n'y avait personne d'autre pour l'essayer, alors j'ai demandé à Frederick...

Sally ouvrit l'enveloppe : il était là, devant elle.

C'était un portrait en pied, merveilleusement net et clair, qui exprimait toute la vie et la chaleur que seul Charles, à part Webster, semblait capable de capter chez un sujet. Frederick était *là*, vivant, rieur, plein d'énergie ; c'était une photographie miraculeuse.

Incapable de dire un mot à cause des larmes qui coulaient sur ses joues, elle se jeta au cou de Charles et l'embrassa.

– Merci, dit-elle quand elle put de nouveau parler. C'est le plus beau cadeau que je..

« Non, pas le plus beau », songea-t-elle un peu plus tard, seule dans le verger. Le plus beau, c'était impossible. On ne pouvait pas ressusciter les gens, quoi qu'en disent les adeptes du spiritisme. Ce domaine demeurait une zone mystérieuse où les demi-mensonges côtoyaient les demi-miracles ; mieux valait ne pas s'en préoccuper et s'en tenir aux véritables miracles, comme la photographie. Un rectangle de papier, en noir et blanc, qui renfermait la vie ! Elle ne se lassait pas de la regarder, émerveillée. Ce n'était pas suffisant, car ce n'était pas *lui*, et en même temps, c'était lui ; et de toute façon, elle devrait s'en contenter, car il n'avait plus d'autre vie.

Et pourtant… ironie encore… si.

– Viens, dit-elle en s'adressant à la photo. Le moment est venu de leur annoncer.

Elle les trouva autour de la table, en train de discuter de la maison, du nombre de pièces, du prix de la location, de la possibilité de faire des travaux d'agrandissement et ils lui firent une place au milieu d'eux, comme leur égale, leur associée.

Sally s'assit et dit :

– Je pense que nous devrions la prendre. C'est ce qu'on peut rêver de mieux, Charles, c'est exactement ce qu'on cherche. Je me contrefiche du fantôme. Il y a tellement de place… Mais je ne sais pas pourquoi je vous dis ça. Je voulais vous dire tout autre chose Je vais mettre au monde l'enfant de Frederick. Êtes-vous choqués ? S'il était encore de ce monde, nous serions mariés aujourd'hui. Non, vous n'êtes pas choqués, évidemment. Voilà, c'est fait, je l'ai dit. Je vais avoir un bébé de Frederick. C'est ce que je suis venue vous annoncer.

Elle se sentait rougir. Elle posa la photo sur la table en l'appuyant contre la bouteille de vin. Puis elle les regarda tour à tour : Webster, d'abord, Jim ensuite et enfin Charles, et sur le visage de chacun d'eux, elle vit le même sourire. Presque comme si *eux aussi* avaient fait une chose dont ils pouvaient être fiers.

– Et voilà, dit-elle

TABLE DES MATIÈRES

PHILIP PULLMAN

L'AUTEUR

Philip Pullman est né en Angleterre, à Norwich, en 1946. Il a vécu durant son enfance en Australie et au Zimbabwe où il a effectué une partie de sa scolarité. Diplômé de l'université d'Oxford, il a longtemps enseigné dans cette ville où il vit toujours avec sa femme.

Il est, dès son plus jeune âge, passionné par les contes. Très vite, il veut devenir écrivain – terme qu'il juge cependant inapproprié. Philip Pullman adopte une position modeste par rapport à la création littéraire : pour lui, il ne fait qu'écrire des histoires. Derrière cette discrétion, se cache un homme de caractère. A travers ses personnages, on peut percevoir une vision positive de l'homme. Philip Pullman a contruit une œuvre à son image, tout à la fois rigoureuse et fantaisiste, dynamique et originale.

La plupart des livres de Philip Pullman sont destinés à la jeunesse, mais il écrit aussi pour les adultes et signe, à l'intention des jeunes spectateurs, des adaptations théâtrales d'œuvres littéraires célèbres.

Il est l'auteur de la célèbre trilogie ***A la croisée des mondes***, publiée par Gallimard Jeunesse. Le troisième tome, *Le Miroir d'ambre*, a reçu le prix Whitbread 2001, l'une des deux plus prestigieuses récompenses anglaises, attribuée pour la première fois de l'histoire des prix littéraires à une œuvre de littérature de jeunesse.

Il a également publié aux éditions Gallimard Jeunesse *J'étais un rat !* dans la collection Folio Junior, et *La Magie de Lila*, *Le Comte Karlstein* et *Le Pacte du Diable* dans la collection Folio Cadet.

Découvrez une autre aventure de

SALLY LOCKHART

parue en Folio Junior

LA MALÉDICTION DU RUBIS

Lorsque son père disparaît en mer de Chine dans des conditions suspectes, la jeune et intrépide Sally Lockhart se retrouve livrée à elle-même dans le Londres inquiétant de l'époque victorienne... Sans qu'elle le sache encore, un grand danger rôde autour d'elle. Parviendra-t-elle à percer le secret du rubis fabuleux qui excite les convoitises et sème la mort autour de lui ?

Il semble être au cœur du mystère..

Connaissez-vous la célèbre trilogie
de **Philip Pullman**
parue chez Gallimard Jeunesse ?

A LA CROISÉE DES MONDES

LES ROYAUMES DU NORD

Quand Roger, le meilleur ami de Lyra, disparaît, victime des ravisseurs qui opèrent dans tout le pays, elle n'hésite pas à se lancer sur ses traces. Un voyage vers le Grand Nord, périlleux et exaltant, qui lui apportera la révélation de ses extraordinaires pouvoirs et la conduira à la croisée des mondes

LA TOUR DES ANGES

Le jeune Will, à la recherche de son père disparu depuis de longues années, est persuadé d'avoir tué un homme. Dans sa fuite, il franchit une brèche presque invisible qui lui permet de passer dans un monde parallèle. Là, à Cittàgazze, la ville au-delà de l'Aurore, il rencontre Lyra, l'héroïne des Royaumes du Nord. Elle aussi cherche à rejoindre son père, elle aussi est investie d'une mission dont elle ne connaît pas encore toute l'importance. Ensemble, les deux enfants devront lutter contre les forces obscures du mal et, pour accomplir leur quête pénétrer dans la mystérieuse tour des Anges…

LE MIROIR D'AMBRE

Lyra, l'héroïne des Royaumes du Nord *et de* La Tour des Anges, *est retenue prisonnière par sa mère, l'ambitieuse et cruelle Mme Coulter qui, pour mieux s'assurer de sa docilité, l'a plongée dans un sommeil artificiel. Will, le compagnon de Lyra, armé du poignard subtil, s'est lancé à sa recherche, escorté de deux anges, Balthamos et Baruch. Avec leur aide, il parviendra à délivrer son amie. Mais, à son réveil, Lyra lui annonce qu'une mission encore plus périlleuse, presque désespérée, les attend : ils doivent descendre dans le monde des morts...*

Conteur magistral, Philip Pullman conclut sa trilogie par une succession d'aventures, de batailles et d'explorations menées à un rythme effréné. Au-delà du destin de ses deux héros, il esquisse aussi un éblouissant raccourci de l'aventure humaine.

Mise en pages : Didier Gatepaille

Loi n° 49-956 du 16 juillet 1949
sur les publications destinées à la jeunesse
ISBN : 2-07-053850-8
Numéro d'édition : 147214
Numéro d'impression : 80795
Premier dépôt légal : septembre 2003
Dépôt légal : août 2006
Imprimé en France sur les presses de la Société Nouvelle Firmin-Didot